165

新知
文库

XINZHI

The Puzzler
One Man's Quest to Solve the
Most Baffling Puzzles Ever, from
Crosswords to Jigsaws to the
Meaning of Life

The Puzzler: One Man's Quest to Solve the Most Baffling Puzzles Ever,
from Crosswords to Jigsaws to the Meaning of Life
Copyright © 2022 by A.J. Jacobs
Greg Pliska's Original Puzzles © 2022 by Greg Pliska
All rights reserved including the right of reproduction in whole or in part in any form.
This edition published by arrangement with Crown, an imprint of Random House,
a division of Penguin Random House LLC

解 谜

向18种经典谜题的巅峰发起挑战

［美］A.J.雅各布斯 著　肖斌斌 译

生活·讀書·新知 三联书店

Simplified Chinese Copyright © 2024 by SDX Joint Publishing Company.
All Rights Reserved.

本作品简体中文版权由生活·读书·新知三联书店所有。
未经许可，不得翻印。

图书在版编目（CIP）数据

解谜：向 18 种经典谜题的巅峰发起挑战 /（美）
A.J. 雅各布斯著；肖斌斌译. —北京：生活·读书·
新知三联书店，2024.4
（新知文库）
书名原文：The Puzzler
ISBN 978-7-108-07735-6

Ⅰ.①解⋯ Ⅱ.①A⋯ ②肖⋯ Ⅲ.①智力游戏
Ⅳ.① G898.2

中国国家版本馆 CIP 数据核字 (2023) 第 196206 号

责任编辑	丁立松
装帧设计	陆智昌　薛　宇
责任校对	张　睿
责任印制	李思佳

出版发行　生活·讀書·新知 三联书店
　　　　　（北京市东城区美术馆东街 22 号 100010）
网　　址　www.sdxjpc.com
经　　销　新华书店
印　　刷　河北松源印刷有限公司
版　　次　2024 年 4 月北京第 1 版
　　　　　2024 年 4 月北京第 1 次印刷
开　　本　635 毫米 ×965 毫米　1/16　印张 28.75
字　　数　366 千字　图 169 幅
印　　数　0,001–5,000 册
定　　价　68.00 元

（印装查询：01064002715；邮购查询：01084010542）

新知文库

出版说明

在今天三联书店的前身——生活书店、读书出版社和新知书店的出版史上，介绍新知识和新观念的图书曾占有很大比重。熟悉三联的读者也都会记得，20世纪80年代后期，我们曾以"新知文库"的名义，出版过一批译介西方现代人文社会科学知识的图书。今年是生活·读书·新知三联书店恢复独立建制20周年，我们再次推出"新知文库"，正是为了接续这一传统。

近半个世纪以来，无论在自然科学方面，还是在人文社会科学方面，知识都在以前所未有的速度更新。涉及自然环境、社会文化等领域的新发现、新探索和新成果层出不穷，并以同样前所未有的深度和广度影响人类的社会和生活。了解这种知识成果的内容，思考其与我们生活的关系，固然是明了社会变迁趋势的必需，但更为重要的，乃是通过知识演进的背景和过程，领悟和体会隐藏其中的理性精神和科学规律。

"新知文库"拟选编一些介绍人文社会科学和自然科学新知识及其如何被发现和传播的图书，陆续出版。希望读者能在愉悦的阅读中获取新知，开阔视野，启迪思维，激发好奇心和想象力。

生活·讀書·新知三联书店
2006年3月

献给我最爱的解谜搭档：
朱莉、贾斯珀、赞恩和卢卡斯

目 录

Content

1	引 言
9	第一章　填字游戏
33	第二章　谜题之谜
41	第三章　魔方
61	第四章　回文字谜
79	第五章　画谜
91	第六章　拼图
121	第七章　迷宫
141	第八章　数学和逻辑谜题
161	第九章　暗语和密码
179	第十章　视觉谜题
201	第十一章　数独和聪明格
217	第十二章　国际象棋谜题
237	第十三章　谜语
253	第十四章　日本机关盒
265	第十五章　争议谜题
273	第十六章　藏词游戏
287	第十七章　寻物解谜和解谜大赛

305　第十八章　无尽谜题

315　格雷格谜题大挑战
360　参考答案
410　参考资料
423　致　谢
428　图片来源

引 言

Introduction

几年前的一个冬日上午，我收到一封电子邮件，内容令人无比兴奋。至少我当时是那么想的。

这封电子邮件来自一个朋友，他告诉我在当天《纽约时报》的填字游戏里，纵向第一个词的答案是……我的名字。

对应的线索是："A. J. _____，《我的大英百科狂想曲》①一书的作者。"

我当时的第一反应是，**这是我一生中最伟大的时刻**。诚然，我的婚姻，还有孩子们的出生也都令我感觉美妙。但是自己的名字居然会在填字游戏中出现，对于从小痴迷此道的我而言，这就是美梦成真！

过了两三个小时，我又收到一封电子邮

---

① The Know-It-All 是本书作者记录了自己"把《大英百科全书》从头到尾读一遍"这一计划的执行过程的书。——译者注。如无特别说明，脚注均为译者注

件,然后一切全都变了味。这封电子邮件来自我的内弟。他向我表示祝贺,但也特意指出我的名字是出现在《纽约时报》周六版的字谜当中。填字游戏爱好者们都知道,周六的字谜是一周中最难解的。周一的最简单,之后每天都越来越难,到了周六,想要完成挑战可谓困难透顶。

周六的填字游戏十分变态,比周日的还难,因为它提供的线索十分生僻。打个比方,弗朗西斯科·戈雅①的籍贯(Aragonese,阿拉贡人),或者情景喜剧《我的汽车老妈》②中汽车老妈的配音演员(Ann Sothern,安·萨森)。全是正常人不可能知道的东西。

所以,我内弟的含蓄——或者至少按我自己的理解——表明,我的名字出现在周六的填字游戏中绝非赞美。不同于被周一或周二的字谜提及,这实际证明了别人根本没听说过我,我简直就是无名小卒的代名词。

该死。我明白他什么意思。毫无疑问,我的理解有些歪,而且从理性上说,我不能让这封电子邮件破坏我的好心情。但我还是忍不住。一旦看到消极的一面,我就会非常熟练地把注意力都转过来。这就像是联邦快递标志的那个箭头③,我不可能视而不见。我的人生亮点如今被加了个难堪的注脚。

又过了两三年,我的填字游戏探险生涯迎来了另一次转折。我参加了一个播客节目,讲到了这段让我的情绪大起大落的故事。

哦,结果收听那个节目的听众里刚好有个《纽约时报》的填字游戏设计师。老天保佑他一切顺利。他可怜我的遭遇,决心让我摆脱身陷周末字谜不为人知而带来的心理阴影。他设计了一个填字游戏,横

---

① Francisco Goya,西班牙著名浪漫主义画家;代表作:《裸体的玛哈》《着衣的玛哈》《阳伞》《巨人》《少女们》《查理四世一家》等。
② My Mother the Car是60年代美国的一部奇幻喜剧,男主的母亲死后转世附身在一辆老爷车上。
③ FEDEX的字母E和X之间的空白形状。

向第一个词就是我的名字，之后提请在周二的杂志上刊登。声名显赫的填字游戏编辑威尔·肖茨批准了这个字谜。

这让我的人生迎来了真正的伟大时刻。我有自知之明，把我放在周二的填字游戏里确实是抬举我。周二版应该收录拜登、Lady Gaga这类响当当的名字。能偷偷摸摸潜入名人堂，我内心非常激动。我想说的是，虽然我还没登上周一的填字游戏，但这也已经超出我的预期。

我给那位填字游戏设计师发了电子邮件表示感谢，后来我们俩就成了朋友。当时他回复我说不用客气。不过他也承认，作为弥补，他不得不把相应的纵向线索写得极其简单，就像《电视指南》(TV Guide)上的填字游戏那么简单。我对此倒没什么意见。

正如我之前透露的，这桩因填字游戏引发的精彩往事令我得意忘形并非没有来由。原因就是，我这一生都为谜题痴狂。

这份热情部分来自我的家庭。我父亲服役时驻扎在韩国，而我母亲则留在美国国内。他们俩通过来回邮寄同一份填字游戏来保持联系，每次只填一两个单词。这种交流方式没什么效率可言，但是却很浪漫。

所以，我早早就接触到填字游戏了。但是提到谜题，我还是很博爱的。迷宫、密码、谜语、逻辑难题，所有形式我都来者不拒。年轻的时候，我既不用担心会被校队刷掉，也没有一个接一个的约会打发时间，我把闲暇时间都花在了解谜上。我的书架上摆满了诸如《智力游戏》《脑筋急转弯》《头脑风暴》这类让人绞尽脑汁想答案的图书。我在学校的Radio Shack[①]电脑上编写迷宫程序。我还做过《游戏》(Games)杂志上的上百个常识匹配益智游戏。解谜是我的精神慰藉。

---

① 美国电子产品零售商，在20世纪70年代末推出的微型台式计算机TRS-80是当时最畅销的个人电脑。

后来我年纪渐增，这份热情却丝毫不减。像我的父亲和母亲一样，我和一个解谜爱好者结了婚。实际上，谜题就是她的工作。我的妻子朱莉任职的公司为企业及个人设计寻宝游戏。我们经常在周末带着三个儿子一起玩密室逃脱或者珠玑妙算（Mastermind）①。几年前我过生日，我的儿子赞恩精心设计了集数独、魔方、回文游戏于一体的智力挑战。我用了两个星期才完成，他对此反应平淡。我甚至想培养我家的狗斯黛拉爱上解谜。我特意给它买了"狗狗解谜"，它得打开盒子上的开关才能得到狗饼干。生产商宣称这种设计可以给狗狗带来持续的刺激，不过据我猜想，斯黛拉的脑子里想的很有可能是："你就是个混蛋，下次最好拿勺子舀花生酱喂我。"

时光退回到几年前，那个填字游戏横向第一条是我的名字的时候，我从偶尔体验一回填字游戏变成了乐此不疲，或许我在潜意识里希望能再次看到我的名字。我每天都玩《纽约时报》的填字游戏。起初，如果难度较高的话，我只能写出零星几个词。但在多年练习之后，我终于有把握可以完成周六的填字游戏。

我对谜题的痴迷成了一个问题。有一天，我突发奇想，认为人的一生中还有许多别的事情要做，索性完全放弃解谜。我盘算着这样一来每个星期可以节省出几个小时。谁知道我能用这些时间来获得什么成就？我可能开始制作播客，参加铁人三项，或者去建造一个谷仓！

我的实验以失败收场。两个月之后，我故态复萌，而且比从前更为痴迷。每天的开始和结束我都要接触各种谜题。现在，早上一睁眼，我就拿起苹果手机玩《纽约时报》的"拼字蜜蜂"（Spelling Bee），这个根据字母拼单词的游戏让人上瘾又抓狂［什么？！你跟我说没有"ottomen"这个词？那"ottoman"（奥斯曼土耳其人；无靠背长椅）的复数是什么？］。临睡前，我会玩Wordle②和《纽约时

---

① 益智类棋盘游戏。
② 网页拼字游戏。

报》的填字游戏。

自从我重拾这一爱好,我意识到,关于谜题有两个方面很重要。

1)我并不擅长解谜。

我的意思是,我的水平还过得去。但随着我开始结识真正的解谜者,我深刻地了解了这一不同人群。好比假如我从事的是篮球运动,我打校内联赛表现相当出色,但绝对不是勒布朗·詹姆斯和凯文·杜兰特[①]的对手。

2)解谜可以让我们变得更好。

好吧,这种说法更像是我在给自己的行为找正当理由,好让我在解谜上花费大量脑力这件事显得更合理。但无论理由是否正当,我都对此深信不疑:解谜不是浪费时间。通过解谜,我们会变得更善于思考,更有创造力,更敏锐,更有恒心。

我所说的并不只是预防老年痴呆,保持头脑机敏。的确有一些说服力不那么强的证据表明,常玩填字游戏或许有助于延缓认知能力衰退(有用的不单是填字游戏,只要动脑就可能有这种功效,无论是玩填字游戏还是学习一门新的语言)。

我说的是更宏观的层面。根据我的个人经验,谜题可以改变我们的世界观。它们能推动我们采纳一种特殊的思维模式,即对从科学到人际关系的世间万物永远保持好奇,渴望找出问题的解决办法。

这些领悟激发了本书的创作灵感。我决定欣然接受自己的这种热情,深入探索谜题世界。我发誓要与世界上最伟大的解谜者、谜题设计师、谜题收藏者打成一片,了解他们的秘密。我会努力破解最难解的谜题,从拼图到填字游戏,再到数独,所有种类统统都不放过。

我希望我的探索与发现能让你觉得有趣、有用,无论你对谜题感到痴迷、怀疑,或是强烈的恐惧。

[①] 二人均为美职篮顶级球员。

我可以告诉你的是，我之前没有料到这个过程有多么令人着迷。我当然也没想到会在新冠疫情中为本书部分内容做调研。在所有人被迫居家的时候，各类解谜游戏的热度以自经济大萧条以来最迅猛的势头增长。正如一位《纽约时报》填字游戏设计师罗斯·特鲁多在疫情最严重时期写下的那样，解谜与广大同好是他"对抗焦虑、愤怒和抑郁的一剂良药"。他补充道："我爱你们大家。我们会渡过难关的。"

当可以外出时，我所到之处无不与美妙的谜题相关。我和家人在西班牙参加世界拼图锦标赛。我去日本富士山脚下拜访设计机关盒的艺术家，他们制作的木质机关盒十分精巧，售价高达数千美元。

我了解了各类谜题的惊人历史，解谜或许是人类最古老的娱乐。我明白了解谜怎样在宗教事务、爱情，甚至战争中发挥作用。比如英国情报部门曾经用《每日电讯报》上的填字游戏招募人才破译纳粹的代码，再比如贝内迪克特·阿诺德[①]如何用公开发售的图书编码传送密信（这种办法稍加变化如今仍在使用）。

我见到了用脚还原魔方的世界纪录保持者本人。我向加里·卡斯帕罗夫[②]讨教破解棋局之道。我造访中央情报局，看到了声名远播的克里普托斯（Kryptos）雕塑，上面的密码至今还未完全破译。我冥思苦想，试图解开有着641,453,134,591,872,261,694,522,936,731,324,693种可能，但只有一个答案的谜题。

我见识到了谜题的阴暗面，知道了解谜在某种程度上与偏执狂和强迫症有重叠。此外，我也开始喜欢上了从前丝毫不感兴趣的谜题。我与科学家们交流，探讨我们为何如此被谜题所吸引，为何每天有大约5000万人玩填字游戏，以及为何区区魔方的销量能超过4.5亿。

最后，我得出一个看似十分武断的结论，但是我打算努力地说服

[①] Benedict Arnold，美国独立战争时期大陆军的著名将领，后来成了美国独立事业最大的叛徒。

[②] Garry Kasparov，国际象棋特级大师。

你，好让你在读完本书的时候接受它。这个结论就是，解谜可以拯救世界。或者至少是有助于拯救世界。

谜题可以教我们用新的眼光看待事物，与他人在情感上产生共鸣，还可以教我们学会合作。如果我们把整个世界看作一系列谜题，而不是一系列冲突，我们就可以有更多、更好的解决方案，而我们比以往任何时候都更需要这些解决方案。

但本书并非一味讨论谜题的意义，它也是一本谜题集。我在书中介绍了我最喜爱的古老谜题。当你读到最早的填字游戏诞生于1913年的时候还可以顺便解谜，这样不是很好吗？本书收录了数十个历史谜题，涵盖所有类别。

谜题与聪明才智密切相关，因此我也想过在书里介绍一些新的谜题。我考虑过自行编写，但我很快意识到，设计动脑游戏是门艺术，其中要领需要下很大功夫才能掌握。所以，我找来格雷格·普里斯卡做搭档，他是世界上最具才华的谜题设计师之一，同时还是名字讨喜的开心嬉戏谜题设计公司（Exaltation of Larks）的创始人。本书第315页开始是他制作的18个谜题，每一个对应本书的一个章节。

最后一点也很重要：我和格雷格在这篇引言中也藏了一个谜题。更准确地说，是个密码，你可以凭该密码登录thepuzzlerbook.com看到一系列谜题。第一个找到密码并解开这些谜题的读者将得到1万美元的奖金。

我觉得既然我是写一本关于谜题的书，书中应该包含一个待解之谜，不然实在说不过去。小时候，我最喜欢的书里有一本《假面舞会》（Masquerade），该书出版于1979年，作者是一位叫作基特·威廉姆斯（Kit Williams）的英国艺术家。书中的精美插图包含了一尊黄金兔子雕塑埋藏于英格兰某地的线索。这本书引发了轩然大波，而且不全是好的方面。成千上万的寻宝人在英国到处挖掘庭院和花园。威廉姆斯本人收到了几次死亡威胁，他的住所也曾在凌晨3点迎来许多为达目的不择手段的不速之客。

　　我想避免这类隐患。首先，奖励不是埋在某处，所以请别破坏草地。其次，无论你是否得奖，我都希望你能喜欢本书的其他章节——难解的谜题除外，我希望它们先令你费尽心机，再给你带去豁然开朗的喜悦。

第一章

填字游戏

Crosswords

　　每晚10∶01,《纽约时报》会在线上发布第二天的填字游戏。我之所以知道,是因为从10∶00开始,我就像个无可救药的瘾君子一样疯狂刷新浏览器。

　　非解谜爱好者可能会感到奇怪的是,接下来的20分钟(左右)并不仅仅是对智力的考验。这段时间同样是情感体验,有时令人感到身心俱疫。那些黑色和白色的方形格子,至少对我来说,具备电视剧的所有戏剧效果,堪比克里斯·洛克[①]单口喜剧专场的所有桥段(填字游戏相当困难时更是如此)。

　　当然,我也从中体会到挫败感。

　　甚至是愤怒。这不是什么令人自豪的事,但我确实曾对着电脑比中指(气死我了,我写

[①] Chris Rock,美国喜剧演员,曾担任过第88届奥斯卡颁奖典礼主持,因拿对亚裔的刻板印象开玩笑而广受争议,在第94届奥斯卡颁奖典礼上因嘲讽威尔·史密斯的妻子而遭他掌掴。

不出名字的那条东欧河流！）。

当我终于根据线索想出答案时，则有如释重负的感觉。特别是在改变思维定式的时候——啊，原来是表示人体躯干的trunk，不是大象鼻子那个trunk①。这是种让人飘飘然的默契，就像是我和填字游戏设计师之间心有灵犀（明明刚才我还冲着这个填字游戏做不雅手势）。

我对自己抵御诱惑的能力颇感自豪。有一个线索是"Caps Lock"（大写字母锁定键）上方的按键，我强忍着没有低头看笔记本键盘。如果你愿意，可以用"英雄"来称呼我，不过那毕竟是你要用的字眼，我可没强迫你。（顺便说一下，答案是TAB，制表键。）

当堕入谜题设计师挖好的陷阱时，我感到很丢脸。觉察到自己有偏见时，我会羞愧难当——上周的填字游戏里有一条线索是关于拳击手的，我搜肠刮肚地想着我所知道的每一位男性拳击手。结果答案是LAILA ALI（莱拉·阿里），一位女性拳击手。

知识上的空白则让我保持谦逊，从20世纪30年代的棒球运动员到意大利奶酪的种类，有许多东西都超出我的知识范围。构成我们这个世界的东西或微小或巨大，或古老或新颖，或伟大崇高或荒谬可笑，它们的种类之丰富令我心生敬畏。

有绝望（接连看了14条线索，我居然一无所知！），也有突如其来的盲目乐观（我想出横向第12条的答案了，还有什么能难住我！）。

有时还有恐惧。如果我费尽心思也难以完成，我会感到不寒而栗，这说明我不断老化的脑子正在变成一团糨糊。这种恐惧激励着我。不把这些格子填满我誓不罢休，哪怕试遍几百种字母组合也在所不惜。（我之前说过用20分钟"左右"，所谓的"左右"可能要持续到后半夜。）

之后就是如释重负般的喜悦。我可以告诉自己，我的头脑目前还

---

① Trunk一词在英语中有"象鼻"，也有"躯干"的意思。

是灵活如初。不管怎么说，我经常会拼错几个字母，但这种事情不值得张扬，你知我知就好。

这就是为什么我想通过探讨我最先爱上的填字游戏来开始这场谜题之旅。之后的章节，我还想研究所有类型的谜题——数字谜题、金属绳套解锁、"复古法式纠缠谜题"（我曾看过谜题类型一览表，对这个略显暧昧的名字很感兴趣），总之是知无不言。

不过，我们还是先从填字游戏开始。

遇见偶像

我的第一站是去拜访让我摆脱心情纠结的人物：正是他创作了《纽约时报》周二版的那个填字游戏，把我的名字列入答案。他叫彼得·戈登。我的运气非常好：他可不是籍籍无名的普通填字游戏设计人员，他是谜题界的传奇人物，出了名的创意丰富、思路刁钻。

他编写着一个可供订阅的填字游戏栏目"火球字谜"（Fireball Crosswords），每周更新。这个系列难度很高，比《纽约时报》周六版还难。该栏目的宣传口号是"有多难？不妨明确告诉你，是让你做不出来的那么难"。

我想要进入彼得的内心世界。一位最了不起的谜题设计师可以教我更轻松地填字解谜吗？或者让我更善于思考？他是否可以解释，我为何如此沉迷于这些角落里标着数字的方框呢？

我乘火车去了纽约市郊区的大颈镇。彼得开着他的迷你库珀到车站接我。他戴着一副褐色眼镜，一头红黄色的头发，留着短短的络腮胡——一副精力过剩的模样（他语速很快，还老是把手指关节掰得"咔咔"响）。

"你准备好见识填字游戏的魔法了吗？"他问道。

我当然准备好了。我们到了他家，他领着我看这看那。我看到好几摞分类极为详细的参考书：有本书里收录了三千部电影的最后一句台词，还有本《你怎样拼写哈根达斯？》(*How Do You Spell Häagen-Dazs*)教你认识奇怪的品牌。

起居室里有面墙上挂着个以巨大的填字游戏为图案的拼布。

"这是我用来向妻子求婚的填字游戏，"彼得说道，"我的妻姐把它做成了拼布。"

这个填字游戏原来刊登在长岛的报纸《新闻日报》上。线索都是关于他妻子的点点滴滴，比如她最喜欢的饮料（Diet Coke，健怡可乐）、彼得对她的爱称（honeybun，亲爱的）等。

当然，最重要的线索是横向第48条，答案是WILL YOU MARRY ME（你愿意嫁给我吗）。这条线索非常简单，字面就是"求婚"（proposal）。彼得妻子的（口头）回应是，是的，她愿意。

彼得的家庭办公室在厨房附近，我们坐在里面，身边的报纸和便签本摞得老高。他启动台式机，打开一个数据库文件，里面有彼得多年从事填字游戏设计和编辑积累的所有词条，总共有232974个。

这些词条按字母顺序排序，第一个是"AAA"，对应线索"小型家用电池的型号"（small battery size）。

最后一个是"ZZZQUILPUREZZZS"（一种治咳嗽的夜用药）。

"你最喜欢自己写的哪一条线索？"我问道。

"滚一边去。（Fuck off.）"彼得得意地说道。

"你说什么？"

"答案是AHEM（嗯哼，英语表示清嗓子的感叹词），线索是'滚一边去'（fuck off）。"

我没懂。

"'Ahem'是你假装咳嗽时发出的声音，"彼得解释道，"所以线索实际是'假咳嗽'（faux cough）。我特意写的这一条，这样如果有人问起我最喜欢的线索，我就可以说'fuck off'[①]。听了之后怎么理解

[①] Fuck off 与 faux cough 的发音极为接近。

都由他去。"

正如我之前提到过的那样：思路刁钻。我问彼得他对完全沉湎于填字游戏的人有何看法，包括他自己、我，还有数以百万计的填字游戏拥趸。

"好吧，生活就是个谜题，"他说道，"你应该跟谁结婚？这是个谜。你应该从事什么工作？这也是个谜。有这么多待解之谜，你很难知道是否找到了最优解。但是填字游戏就不同了，正确答案只有一个。所以这给人一种安慰。"

我点了点头：谜题提供的，是一种你无法在这个令人费解的现实世界中获得的确定性。这是一个有说服力的理论，但不是唯一的一个，关于这个话题我在下一章会继续讨论。

彼得把眼镜推到额头上，身子往前探，打开填字游戏制作软件新建了一个空白的网格。他先是在一些方框里双击，把它们变成黑色。然后，他输入一些备选的词条，以主题词作为开始。今天要设计的填字游戏与新闻相关，所以主题词都是丑闻缠身的政客以及最新上映的电影。

我很快明白了一件事。解开谜题很难，创造谜题更难，像彼得这样创造出色的谜题难上加难。太多的限制，太多的圈套，还有保持原创的巨大压力。填字游戏的设计有很多准则，要时刻牢记的是：

- 避免填字游戏中经常出现的词。如果你做过一些填字游戏，你肯定见过这类词。比如OONA（奥娜·卓别林的名字），或者ELAND（大角斑羚，非洲的一种羚羊）。对于填字游戏的作者而言，这些词具有巨大的优势：它们有较多的元音字母和常见的辅音字母。但它们同时也很别扭，而且鲜为人知，所以只能在用元音字母来关联一个更有趣的交叉词汇时使用它们。"就像生活的方方面面，"彼得说，"设计填字游戏也要权衡取舍。"
- 远离可怕的"纳蒂克"。"纳蒂克"是填字游戏设计中最不能接受的错误之一。它指的是两个相对生僻的词交叉在一起，这样两个词都很难猜。"纳蒂克"一语源自《纽约时报》2008年的一期填字游戏，其中N. C. WYETH（20世纪早期美国现实主义画家）和NATICK——波士顿的一个不知名郊区——相交（对不起了，来自纳蒂克的读者们）。

- 一定要极其准确。解谜者对于笔误持零容忍的态度。彼得曾经在输入约翰·韦恩的电影 *Neath the Arizona Skies*（《在亚利桑那州的天空下》）时漏掉了定冠词the，引起了非常可怕的后果！

所有的答案都要能放进15×15的对称网格，不能超过78个词。如果说艺术就是在限制之中发挥创造力，那么设计填字游戏的难度更胜一筹，因为这个过程的条条框框比创作俳句或者百老汇音乐剧还要多。

词语纵横

我们休息了一下去吃午饭。彼得给我看了他在《纽约时报》上发表的第一个填字游戏，那是在1989年。他说："当时，杂志上没有署名信息，我开始做这个填字游戏时，才知道这算我设计的。"

这就带来一个问题：有史以来的第一个填字游戏是什么样子的？第一位像彼得·戈登这样的填字游戏设计师又是何许人也？

原来，填字游戏居然还是个相当现代的发明——第一个正式的填字游戏是由一位叫亚瑟·威恩的小提琴手设计的，1913年刊登于某一期《纽约世界报》(*The New York World*)（这家报纸留给世人的遗产中，还有极尽煽动、夸张之能事，不那么令人愉快的"黄色新闻"）。

在我拜访彼得之后又过了几天，我把有史以来第一个填字游戏——或者按当时的叫法，词语纵横——打印出来，并试着做了做。我遇到的不是惊喜，而是惊讶：完成这个填字游戏还是非常麻烦的。

假如你也想试试，请看下页（答案见360页）：

（从FUN开始的）词语纵横

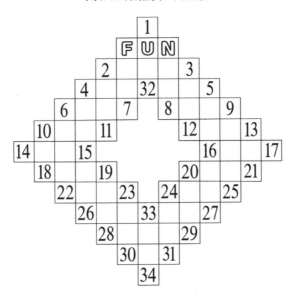

在小方格中填入符合下列定义的单词：

2-3. 专拣便宜货的人喜欢的事
4-5. 一种书面确认形式
6-7. 就是这样，仅此而已
10-11. 一种鸟
14-15. 更少的反义词
18-19. 如何形容本字谜
22-23. 一种肉食动物
26-27. 一天的结束
28-29. 躲避
30-31. is的复数形式
8-9. 种庄稼
12-13. 长条木头或铁
16-17. 艺术家们学着做的事
20-21. 固定
24-25. 海边有的东西

10-18. 桃榔纤维
6-22. 我们都应该成为的样子
4-26. 白日梦
2-11. 爪
19-28. 鸽子
F-7. 头的一部分
23-30. 俄国的一条河流
1-32. 统治
33-34. 一种带香味的植物
N-8. 拳头
24-31. 支持
3-12. 船的一部分
20-29. 一
5-27. 交换
9-25. 陷入泥沼
13-21. 少年

它为何如此富有挑战性？我想出了足可挽回面子的借口。我觉得问题不在于我，而在于它本身。这个填字游戏十分蹩脚，至少按现代标准看是如此。它犯了几个设计填字游戏不该犯的错误，包括：

- 答案DOVE（鸽子）出现了两次，这是填字游戏的大忌。
- 晦涩难懂的线索太多，比如"桄榔纤维"，答案是DOH（现在解谜者们都知道，DOH对应的线索应该是"霍默·辛普森宣泄情绪的口头禅"①，但在1913年，《辛普森一家》还没开播）。
- 多数线索不够巧妙。

然而我不应该对亚瑟·威恩那么苛刻。他毕竟是我所钟爱的事物的开创者。任何艺术形式的首创几乎都不会是光芒四射的典范。我也没指望自己在玩雅达利的乒乓球游戏Pong②的时候，对游戏画面的质量赞不绝口。

重要的是，威恩的创作一飞冲天。填字游戏开始走红，出现在数以百计的报纸和畅销书上。你甚至还能看到一部出品于1925年、与填字游戏有关的百老汇戏剧，或者听到一首当年红极一时的歌曲，歌名是《妈，你就像个填字游戏，可把我搞糊涂了（好在爹会理解你）》③。

但是，当时有家报纸**没有**刊登填字游戏，那就是《纽约时报》，报社方面认为填字游戏太低端，太肤浅。

《纽约时报》非但不刊登填字游戏，还经常发表有关填字游戏是如何邪恶的文章。下面是20世纪20年代至30年代的几个新闻标题，填字游戏对社会带来的危害从中可见一斑：

《匹兹堡牧师表示玩填字游戏是"心态幼稚的标志"》

---

① 霍默·辛普森（Homer Simpson）是美国喜剧动画片《辛普森一家》中的父亲角色，每当遇到不顺心时就会说D'oh。
② 雅达利是街机游戏的始祖，Pong是一款模拟双人打乒乓球的游戏，面世于1972年。
③ *Cross-word Mamma, You Puzzle Me*（*But Papa's Gonna Figure You Out*）是20世纪20年代的歌曲，大意为某男对某女的行为感到困惑，她向他表白，但又对他不理不睬或者与其他男士有亲密举动。

《丈夫射杀妻子然后自杀,起因竟是她拒绝帮忙做填字游戏》

《填字游戏引发头疼,推动眼镜行业发展:眼部疲劳是视觉受损前兆》

此外还有诸如图书馆的词典被窃、家长沉迷填字游戏而忽视孩子、运动员对填字游戏上瘾后忘记训练等各种报道。这些填字游戏果真为祸不浅!它们与赌博和卖淫同属低劣行径!这类新闻让我喜欢的宅男式消遣看起来既躁动又危险,我甚至觉得有些刺激。由此引发了我在本书中将要探讨的问题:谜题究竟是让人成瘾的危险事物,还是使头脑敏锐的重要工具?

1942年2月15日,《纽约时报》终于屈服于大众压力,刊登了该报第一个填字游戏。担任指导编辑的,是为《纽约时报》填字游戏开宗立派的非凡人物玛格丽特·佩瑟尔布里奇·法勒(Margaret Petherbridge Farrar)。玛格丽特进行了几项重要的改进,包括布局对称、词语勘误,以及弃用两个字母的词。

此后,《纽约时报》的填字游戏蓬勃发展,如今每天试图完成该报填字游戏的爱好者数以百万计。在过去的30年里，《纽约时报》的填字游戏由威尔·肖茨担任编辑，他是解谜界最著名的人物（我将在本书第五章详细介绍他）。猜猜肖茨时代的第一个填字游戏是谁设计的？正是彼得·戈登。

把思绪拉回到彼得的办公室，当时已是傍晚，他终于完成了那个填字游戏的设计。他发给几个朋友测试。我收拾东西准备告辞。关于填字游戏的设计艺术，我了解到很多，此外还获取了一些重要情报，比如阿诺德·施瓦辛格的中间名是阿洛伊斯（Alois）。

道别时，我问彼得，是否可以把他设计的最难的火球字谜通过电子邮件发给我。

火球字谜9号

第二天，彼得通过电子邮件把火球字谜第4年的9号填字游戏发给了我。据他说，在火球字谜的数百名订阅者中，只有9人能够完成。

我把这个填字游戏打印出来，拿给我的妻子朱莉看。

"你确定这就是你想做的？有许多未解之谜等着我呢，比如说怎么能让孩子们把湿毛巾搭起来晾干。你最好花点儿时间研究这样的事情。"

千真万确。然而，我为什么仍固执地想要试试9号填字游戏呢？

部分原因是宅男也可以有梦想，这与攀登珠穆朗玛峰的理由不谋而合：因为它就在那里[①]。

部分原因是我相信最难的字谜可以让我深刻地领悟如何改变思维定式，还有部分原因是如果能完成这个填字游戏，我将会获得更大的满足。

---

① 英国著名登山家乔治·马洛里在回答记者提问"为何想要攀登珠峰"时，说"因为山就在那里"。

况且我有这方面的遗传，喜欢尝试不合常理又耗时费力的事情。我父亲是律师，多年以前，他曾在写一篇法学评论时做了4824条脚注，这是迄今为止脚注最多的法学评论文章。实际上，这篇文章简直完全就是由脚注组成的。他因此有了资本向一个非常注重这种事的小众群体吹嘘（他本人也是这个小众群体的一员）。

一个周四的下午，我把这个填字游戏放在桌上，开始埋头苦干。

我盯着它看了又看。它没有让步的意思。我脑子里一个答案也想不出来。这比有史以来的第一个填字游戏难得多。而且这一次，我不能怪填字游戏本身的设计有问题。

我想起自己在解决无论什么问题时都最喜欢用的三条策略。

1）找到切入点

当面对一个难以解开的填字游戏时，我常会想到比尔·克林顿在填字游戏纪录片《文字游戏》(*Wordplay*)中说过的话。"想要解决问题，你得用我完成复杂填字游戏的方法。我偶尔会做一做《纽约时报》周六版的填字游戏。我可能会读了一大半的线索才想出一个答案。然后就从这个答案开始，以此为基础。最后整个谜题都解开了。"

对于几乎任何棘手的问题，这都不失为一个有效的策略。只要有可能，我就会用这个办法。当我写文章的时候，我会从最容易的部分入手——最生动的故事或者最关键的引用——接下来以此为基础进行扩展。

我强迫自己往好的方面想。我需要一个好的方面，即便它可能只是错觉。我还需要一个切入点。过了两三分钟，我瞄准了这个填字游戏中看似薄弱的一环：横向第65条，"Ben-_____"。

答案是三个字母的词。有可能是HUR，我想到了《宾虚》(*Ben-Hur*)，一部俗套但经典的电影，查尔顿·赫斯顿在影片里驾着战车狂奔。

接下来应该势如破竹！

接下来我却卡壳了！

又花了三分钟，我才想到下一个答案。

这会是个很漫长的过程。有些线索很生僻，或者至少对我而言很费解，比如赞比亚的首都（LUSAKA，卢萨卡）。有些是很刁钻的文字游戏，比如"鸽子说英语"（Pigeon English）（答案是COO，鸽子发出的咕咕声）。没有一个来得容易。

2）拥抱橡皮擦

我做填字游戏时用铅笔，所以橡皮擦能派上大用场。这办法不错。还真是不错。

我曾遇到过一位填字游戏爱好者，他身上的T恤印着"真正的解谜者用钢笔"。当然，这个口号男子气概十足，无疑可以吸引很多女士跟他约会，但是传递的这种观点我绝对不能认同。

我与彼得见面的时候，他告诉我，完成填字游戏的关键之一，就是不能固执，要保持思维的灵活。不要让臆想蒙蔽了双眼。无论对人生还是解谜，这些话都是金玉良言。

说一说我与纵向第27条的壮烈缠斗吧。

它的对应线索是"蜜蜂（Bee）的亲戚"，要求填一个由四个字母拼出的单词。中间的两个字母已经在我填的横向答案里了，所以成了这样：

_PI_

我的假设是：第一个字母很可能是A。因为API是与蜜蜂有关的构词前缀，比如apiary（蜂房）。我想答案可能是APIN，这个词我虽然从没听说过，但感觉非常有道理。

遗憾的是，API的填法与横向线索不符。

我很沮丧，于是停下填字游戏去回电子邮件。这是彼得和我讨论过的另一条至关重要的策略。如果卡住了，不妨暂时放下。让问题沉浸在你大脑深处。不需要聚精会神地想它。很久以前，解谜爱好者列奥纳多·达·芬奇就明白这一点。正如他谈到绘画时所说的："时常走开一会儿，放松一下，这样当你回到工作的时候，你会对自己的判断更有把握。"

我回来继续做填字游戏的时候，有了一个小小的发现：如果根本不是API呢？如果答案是OPI开头呢？

问题迎刃而解。我改变了思维定式。

线索里的"蜜蜂"不是那种嗡嗡飞、会蜇人的蜜蜂，而是蜜蜂阿姨（Aunt Bee），《安迪·格里菲斯秀》[1]中的主妇角色！她的侄孙叫奥佩（OPIE），由童星罗恩·霍华德[2]扮演。

和平时一样，我因为没早想到这一点而生自己的气。我为自己执着于昆虫词源学而恼火。不过，至少我还是想到了。

我要感谢我的橡皮擦，光荣是属于它的。

橡皮擦是多么伟大的发明啊。填字游戏让我为橡皮擦神魂颠倒。赞美同样要献给键盘上的删除键，因为我主要是在网上做《纽约时报》的填字游戏。我爱橡皮擦，也爱删除键。

我把橡皮擦看作人生中的指引：拥抱橡皮擦之道。有句话说得好："每个人都会犯错。这就是为什么会有橡皮头铅笔。"（这句话要么出自日本民间故事，要么就是道奇队[3]的经理汤米·拉索达说的，取决于你相信哪个信息源。）

橡皮擦之道指的是犯了错没关系，有暂时的信念也没关系，要保持灵活性。我当然可能出错，但我相信，这么多年的填字游戏经验可以让我在生活中，从为人父母到写作，再到婚姻的每一方面，都更加灵活通融。

---

[1] *The Andy Griffith Show*，20世纪60年代美国喜剧，安迪·格里菲斯在剧中扮演的警长形象在美国深入人心。
[2] Ron Howard，从二十几岁时开始做导演，他执导的代表作品包括《美丽心灵》《达·芬奇密码》等。
[3] Dodgers，美国职业棒球大联盟的洛杉矶道奇队，原名布鲁克林道奇队，1958年迁至洛杉矶后改名。

我有个核心信念：不犯浑；与人为善。这一句是用钢笔写的，不需要改。我的其他信念全都是用铅笔写的。因为它们都是假设，有了新的证据之后可以更新升级，随时都可以用橡皮擦擦除。

正如伟大哲学家伯特兰·罗素所指出的那样，一成不变是很危险的。"现代世界的根本问题在于，愚者过于自信，而智者充满疑惑。"

我平时说话甚至也离不开或然率。

"你什么时候到家？"朱莉发短信问我。

"我在晚上6：30到家的可能性有70%。"

她对着这条短信嫌弃地翻白眼的可能性有90%。不过我还是会坚持做自己。

3）不要同时做几件事

我的母亲不喜欢同时做几件事。她有时会在电话里大讲特讲一心多用的危险。"千真万确。"我一边这么说着，一边滚动鼠标继续浏览电子邮件。

但是在解谜方面，我认为她的话是对的。如果做填字游戏的时候有电视的响动，我往往会卡住。一旦关掉电视，答案就奇迹般地接连出现。所以，做彼得的字谜时，我要确保关好门，把手机放到抽屉里。

巅　峰

我花了9天时间才完成火球第4年9号填字游戏，我之前从来没有耗时这么久过。

但是我并不热衷于速度。不像有些解谜者，他们填起这些格子的速度是如此之快，就像是在董事会上做速录。在每年于康涅狄格州举行的美国填字游戏锦标赛上，你会亲眼看到这样的场面。彼得告诉我，他有时候为锦标赛设计字谜，同时也参加比赛。而令人感到匪夷所思的是，明明是他自己**亲手设计的**字谜，居然有人比他填得还快。

慢得像乌龟也没关系，虽然慢，但是稳啊。关键在于我完成了。我很愉悦。我迈进了能完成这个填字游戏的少数精英解谜者行列！

我看着彼得发给我的答案。太好了！全对。只是……这答案里怎么还有一段文字，写的是如何用这个字谜里面的希腊字母拼出单词。

我看得一头雾水，于是发了邮件问彼得。

他回信里写道："哎哟，抱歉。"显然，他之前在发字谜给我的时候，忘了把元谜题的说明一并发过来。

所谓元谜题，是谜题中的附加谜题。就像一个隐藏的单词或者主题，你得把它破解出来。这个填字游戏的元谜题是关于希腊字母的。有些答案可以按照回文构词法拼出希腊字母的英语读法（PINE-SOL拼成EPSILON，希腊字母表第5个字母的发音）。如果你把这些希腊字母找到，可以拼出"Phoenix"（凤凰）这个词。这就是只有9个人找到的终极答案。

好吧。我以为攀登的是珠穆朗玛峰，结果发现只到了珠峰大本营，并没有真正登顶。一方面，我很失望。另一方面，我告诉自己，能看到峰顶也算成功了。

更高的巅峰

几个星期之后，我采访了另一位填字游戏的设计者——才华横溢、留着大胡子的布兰登·艾米特·奎格利——我给他讲了我如何竭力完成有史以来最难填字游戏之一的故事。

他点了点头。

"实际上，我现在不怎么做美国的填字游戏，"他说道，"这倒不是说我觉得大家不够优秀。我只是不再觉得有意思了。"

他继续说道："我喜欢模棱两可又狡猾的英国藏词游戏。"

对呀，英国的藏词游戏！英国报纸上的这些字谜可谓名不虚传。它们的刁钻程度又上了一个台阶。藏词游戏的答案通常极其晦涩生僻，比如"苏格兰双刃短剑"（答案是"skean"）。但藏词游戏的真正挑战在于，线索本身也是复杂的文字游戏——同音词、双关语、回文构词、编码语言。对门外汉来说，这些线索就是胡言乱语，比如说"在澳大利亚用喙排放被少女接受"（Discharge by beak in Australia accepted by sheila）。

"全都是这样疯疯癫癫、语无伦次的线索，"布兰登说道，"我这么跟你形容吧，做藏词游戏就像穿苦行衣①一样自讨苦吃，你知道那玩意儿吧？你会想：'我对自己这么狠是图什么呢？'有些简直令人发指。"

换句话说，我在美国登上了一座山峰，但英国还有整整一条山脉呢，而且路更陡峭。

布兰登告诉我，他最近完成的《旁观者》②上的一期填字游戏，或许是他曾经尝试过的字谜中最难的。布兰登自己也觉得，这太不可思议了。

"你会产生这么一种想法，他们正在设法扼杀字谜设计。"他说道。完成之后，他需要一天时间来稳定心神。"就像做了器官移植外加结肠镜检查什么的，让人比开膛破肚都难受。"

我笑了起来。

布兰登继续说道："但是，昨天新一期的《旁观者》藏词游戏发布。我就像只旅鼠③，又把它打印出来，一头扎了进去。"

"好吧，现在我必须要试试了。"我说道。

"哦，不，还是别费事了。这种事真的不值得。"

我拿出了待办记事本，在上面写下了：《旁观者》的藏词游戏。

---

① Hair shirt，与钉子床一样，都是苦行者用来磨砺自己的工具。
② *The Spectator*，英国周刊，于1828年开始发行，现由《每日电讯报》以及巴克莱兄弟（Barclay Brothers）拥有。该周刊内容立场偏向于保守，主打政治话题，也有音乐、电影、书籍等其他内容。
③ 小型啮齿类动物，通常被认为会盲目追着一只领头鼠从悬崖上跳进大海自杀。

> 本章附录
>
> # 四个历史填字游戏

在本书多数章节最后，我都会特别介绍几个该章所讨论谜题中的著名实例，以及相关的历史和文化背景知识。希望你喜欢下面这4个填字游戏。参考答案见本书361页。

1）更多元的填字游戏

近年来，关于主流报纸上填字游戏缺乏多样性的评论日益增多。许多人认为，填字游戏需要提升有色人种、女性、性少数群体的参与——不但要反映在线索的内容上，也要体现在从事填字游戏设计和编辑的人员上。

"与其他艺术形式相似，填字游戏应该关心当下的文化和政治。"达特茅斯大学的填字游戏设计师兼图书馆员劳拉·布朗斯坦这样说道。2020年，她与其他近600名谜题设计师共同签署了一封致《纽约时报》的公开信，敦促报社向填字游戏多元化发展。

劳拉说，填字游戏的答案里有太多男性的名字或者以男性为中心。关于女性的答案往往与性有关。"你看到过许多与G点有关的线索，但很少看到类似于'巴氏涂片'[①]这样的表述。"她说道。她与其他设计者表示，填字游戏也同样忽视了有色人种。

《纽约时报》的确在尽力解决这一问题。他们最近聘用的填字游戏编辑更加多元化。关于女性和性少数群体的内容也在增多。比如最

---

① Pap Smear，即宫颈涂片检查，用来筛查宫颈癌。

近有一条线索就是"与印有字母组合图案的情侣毛巾相似"。对应答案是HIS AND HIS（他的和他的）。

劳拉说这方面虽然已经取得一些进展，但主流报纸要走的路还很长。去年，向《纽约时报》投稿的女性数量超过往年，不过她们仍然只是填字游戏设计师中的少数派。

劳拉参与创建了一项名为"孵化器"（*The Inkubator*，网址是inkubatorcrosswords.com）的填字游戏订阅服务，主打女性和非二元性别填字游戏设计师。下面这一个就是来自"孵化器"的填字游戏（答案见361页）：

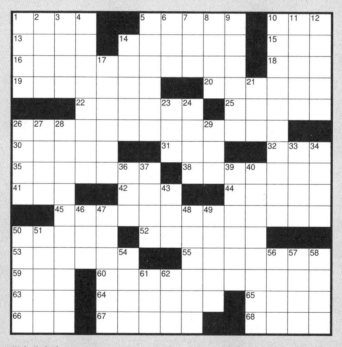

秘密分享者
设计者：特蕾西·贝内特，劳拉·布朗斯坦

横向
1. 户外高能量小食
5. 有些家庭有两个
10. 与吸食违禁药品有关的字母
13. 建筑师林（Lin）或诗人安吉罗（Angelou）的名字
14. 月亮的形状
15.《低俗小说》中米娅的扮演者

16. 爱伦坡的诗歌中，乌鸦敲击的地点
18. 2017年《纽约时报》填字游戏设计师的87%
19. 草帽、遮阳伞等
20. 布满岩石的海滩上的小东西
22. 清风房车（Airstream）的营地
25. 冬季的颂歌
26. 纽约大都会博物馆慈善舞会之类的
30. 唱《暴风雨天气》（Stormy Weather）的沃特斯（Waters）的名字
31. Storm和Metro两个车型的制造商
32. 将 "I like the cut of your __"（我喜欢你的模样、风格、性格等）补充完整
35. 流过
38. T. S. 艾略特关于吃桃子的内心纠结
41. 将音乐剧《汉密尔顿》的歌词 "__-dollar Founding Father without a father..." 补充完整
42. 潜逃
44. 女家长
45. 制作某种馅饼的青柠
50. A字裙或超长裙
52. 冰岛货币单位
53. 格特鲁德·斯坦（Gertrude Stein）的爱人爱丽丝·B.（Alice B.）的姓氏
55. 《基本演绎法》（Elementary）中琼恩·华生（Joan Watson）的扮演者
59. 美国得克萨斯州前州长理查兹（Richards）的名字
60. 朱莉娅·柴尔德（Julia Child）制作蛋黄奶油酸辣酱使用的
63. 像米凯拉·希夫林（Mikaela Shiffrin）或皮卡博·史垂特（Picabo Street）一样
64. 轻轻地走
65. 表示同意
66. 钟形女帽或筒形女帽
67. "像女王一样出众"的现代说法
68. 在法律上缔结关系

纵向

1. 某些运动型多用途汽车
2. 莉莉乌卡拉尼女王（Queen Lili'uokalani）的宫殿所在地
3. 出演《星际迷航》（Star Trek）和《高校风云》（Boston Public）的洁蕊（Jeri）的姓氏
4. 《骚狐狸》（Foxy Brown）的主演
5. 18世纪美国女权主义者朱迪思·萨金特（Judith Sargent）的姓氏
6. 以及
7. 江青又称____夫人
8. 在上方
9. __Slam（罕见的网球成就）
10. 了不起的女伐木工
11. 纺必适（Febreze）的目标
12. 凯伦·布里克森（Karen Blixen）和康妮·尼尔森（Connie Nielsen）的共同点
14. 跳跃
17. 珠宝的斜面
21. 将 "Sk8er __"（艾薇儿·拉维尼的人气歌曲）补充完整
23. 生理期的贬损说法（on the __）
24. 小甜甜的前夫
26. 震教徒们是一个
27. 住在平原上的人们
28. 像是用15号针织的斗篷
29. 演唱《学会飞》（Learn to Fly）的乐队是__ Fighters
33. 希尔琳·艾芭迪（Shirin Ebadi）的祖国
34. 打败
36. 为哈拿（Hannah）祈祷的祭司
37. 类似于在地下室
39. 催产
40. 荷尔斯泰因（Holstein）的高产动物
43. 她是管事的人（缩写）
46. 排队（line）的第一个？
47. 制作面包和啤酒的发酵剂
48. 有纵向第10条参与的水上踩滚木比赛
49. 习惯
50. 一批大麻
51. 小女孩玩的翻斗叉车玩具名字
54. 大三角帆、后桅纵向或横向第32条等
56. 点击心形图标
57. 咽不下去的tablet
58. 公路上的方向反转
61. 将Cook __ storm（煮得一手好菜）补充完整
62. 州以下的行政区划（缩写）

2）填字游戏与第二次世界大战

下面这个填字游戏——以及在它之后几天陆续发布的4个字谜——在第二次世界大战期间引发了一场国家安全危机。这些填字游戏刊登在诺曼底登陆日之前几天的《每日电讯报》上。问题出在哪里？它们的答案中包含了与这次绝密行动有关的一系列暗语。比如UTAH是盟军计划抢滩登陆的地点之一，又比如OMAHA（另一处海滩）、MULBERRY（一个港口）、NEPTUNE（海军作战阶段的代号）等等。还有对应线索是"大人物"的OVERLORD，这个最为可疑，因为它就是诺曼底登陆的代号。（答案见362页）

英国情报机构非常警觉，他们逮捕了填字游戏的作者——一所学校的校长伦纳德·达维。在漫长的审讯之后，政府方面认定这只是诡异的巧合，达维最终获释。多年以后，仍然有人怀疑此事是蓄意而为。有种说法是达维设计填字游戏时有学生帮忙，后者无意间听到附近驻扎的士兵们在闲聊中透露了这些词。

既然提到了第二次世界大战，我应该说说纳粹试图用填字游戏作恶的往事。1945年，《纽约时报》刊载了一篇文章，记述纳粹的飞机在伦敦上空撒下许多传单，上面是为扰乱盟国民心编写的填字游戏。文章形容这些填字游戏的线索"相当低能和拙劣"。比如其中一条"凡你们拥有的，他都要夺去"，对应答案是ROOSEVELT（罗斯福）。

几年之后，冷战开始，苏联也使用填字游戏来达到宣传目的。1950年，《纽约时报》有篇文章介绍了一个反美主题的苏联填字游戏。我们来看看其中一条线索："麦克阿瑟将军所认为的礼节性拜访"。答案是俄语的"突袭"。

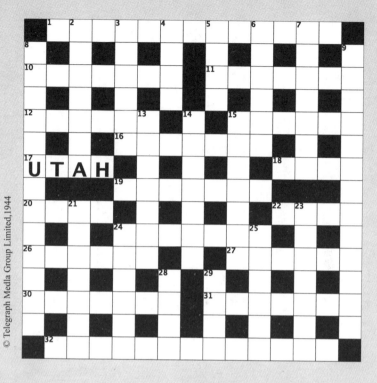

横向

1. 写附笔的原因（13，括号内数字为字母数）
10. 全神贯注（两个词，3，4）
11. 傻瓜的武器（7）
12. 本店不售（6）
15. 陪衬自此开始（两个词，3，3）
16. 明确的（7）
18. 伦敦塔守卫记挂于心的成就（4）
19. 举止得体（7）
20. 对厨师有用的古老兵器（4）
22. 遗嘱的一部分（4）
24. 出身显赫的古代骑士（7）
26. 小塞缪尔从食品储藏室里拿了些东西造小船（6）
27. 讲究的馅饼（6）
30. 对半分（7）
31. 白葡萄酒（7）
32. "事态严重"

纵向

2. 可能有三角帆（7）
3. 听到停火时大家的反应（6）
4. 试试横向第22条是否有用（4）
5. 赛马冠军或（or）介词（4）
6. 系统地分类（6）
7. 尾巴没了不再长新的（7）
8. 指定船舶泊位的人（13）
9. 企业的起起落落（三个词，6，3，4）
13. 最近的会议中心（7）
14. "睡得难受"（7）
15. 俗人（7）
21. 估价（7）
23. "饮酒之后"（7）
24. 许多橡树都有这个大小（6）
25. 长官，这可能造成混乱（6）
28. 名字听起来联想到它是冲积岛的德国岛屿（4）
29. 爱丽丝看到白兔先生背后有的东西（4）

3）北欧填字游戏

美式填字游戏最广为人知，但也有其他形式的填字游戏。这是一个瑞典式填字游戏，线索就嵌在网格里（这种填字游戏也叫作箭头字谜，Arrow Word）。我喜欢这种干净的设计，太有北欧范儿了。（答案见362页）

按照箭头方向书写答案。
（thepuzzlerbook.com有本字谜大图及其他字谜）

Couple ↓	Lofty ↓	Rating unit ↓	Spring flower ↓
Flour box →	You're looking at it ↓	African cobras ↓	Way in, way out ↓
Fruit farms →	Caveman's weapon ↓	Part of a poem ↓	Clump ↓	Russo or Clair ↓
Artist, master of shapes ↘				
Spare time →	Get some air ↓	Molecule part ↓	Choir song ↓
Food fish → ↘				
	Clear soup	Update	Butterfly	Power of a number
	Not here ↓	Hen tracks on paper ↓		
			Celtic cat	Picture puzzle
Furry feet →	Egypt's capital ↓			
		School tool ↓		
Mouse clicker →	Pueblo brick ↓			
		Sky shiner ↓		
Chilly powder →	Minimum			

4）彼得·戈登设计的火球字谜

最后，来看一个地狱级难度的填字游戏，它的设计者正是我的偶像。（答案见363页）

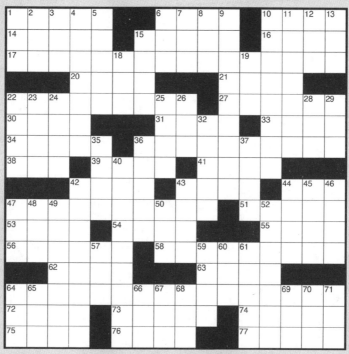

© 2018 by Peter Gordon. Used with permission.

隐居
本填字游戏的最终答案是什么数字？
由彼得·戈登设计

横向
1. 猴子或类人猿
6. 潘通（Pantone）色卡的紫色
10.《兄弟连》里的大事件
14. 梵语的"坐姿"
15. 轻蔑的拒绝
16. 欠
17. 祈求好运气
20. 与妥瑞氏症丝带相似的颜色
21. 平底船没有的东西
22. 炒锅里出来的配菜
27. 代表佐治亚州的野花
30. 大学间体育比赛场合中的盖尔人
31. 格鲁耶尔奶酪的替代品
33. 未能保持
34. 苏格兰威士忌品牌
36. 通常靠近大钢琴
38. 记录生日的卡片
39. 与兄弟塞特从没见过
41. Calvin Klein的姊妹品牌

42. 养育
43. 模仿
44. 空军中士所属的组织
47. 绘儿乐（Crayola）画笔的亮黄色
51. 1988年夏季奥运会的举办地点
53. 调皮的
54. 关于
55. 位于延音记号之下
56. 疏远枕边人
58. 这种动物厚厚的皮毛到冬天会变白
62. 堪察加所在地
63. 铺长条地毯的地方
64. 奥利维娅·德·哈维兰在1962年出演的电影
72. 侧身走
73. 纯度单位
74. 回避
75. 蝴蝶纸牌等
76. 上年纪
77. 诗人笔下的海洋

纵向
1. 化妆品品牌，字母之间有圆点
2. 拿撒勒人的家园（缩写）
3. "枪杆子里面出政权"的提出者
4. 代替
5. 被考虑委派任务
6. 在春天镇卖冰沙的
7. 无赖
8. 犬吠声
9. 牙买加雷鬼歌手，演唱过人气歌曲《酷哥来了》(Here Comes the Hotstepper)
10. 折角的
11. 凝思
12. 去都柏林的航空公司 __ Lingus
13. 美式足球跑卫的统计数据
15. 独唱
18. 《星际迷航：下一代》中的角色Tasha_
19. 马铃薯先生的一部分
22. 以苏瓦为首都

23. 可以与RACE或RAGE搭配的词
24. 舒适的中途停留地点
25. 房间不能没有顶
26. 《如何为人父母》的作者__ LeShan
28. 节省笔墨（缩写）
29. 白蜡树
32. 阴离子
35. 1933年在扬基体育场（Yankee Stadium）击败施默林（Schmeling）的拳击手
36. 1994年与阿拉法特和拉宾共同获得诺贝尔和平奖的人
37. 拥有强大力量的某人
40. 有三角形琴身
42. 翻新
43. 比喻机会
44. 嘴的一部分
45. 相机设置
46. 肌肉收缩
47. 西班牙的__ Palmas省
48. 达达派的创始人之一
49. 与健美选手的身材相反
50. 1959年的人气歌曲，有一句唱道"他也许永远在波士顿的街道下方奔波"（He may ride forever' neath the streets of Boston）
52. 某种外国领土
57. 机智幽默的人
59. 《生为蓝调》中伊桑·霍克扮演的爵士小号手__ Baker
60. 获取资源
61. 说来话长
64. 允许
65. 对法警的回应
66. 劣等赛马
67. 意大利语centocinquanta（150）的2%
68. 吃
69. 喜欢芭蕾的芝麻街木偶
70. 无
71. 免费应用的恼人之处

第二章

谜题之谜

The Puzzle of Puzzles

在介绍其他类别的谜题（我想探讨魔方，也叫扭转谜题）之前，我们退后一步，先来探讨如何破解一个首要的谜题：谜题究竟是什么？我们为什么喜欢解谜？

好吧，我想这得算两个谜题。

经过一段时间的调研，我已经有了初步的答案。

我们先回答第一个问题：谜题究竟是什么？

谜题的形式千变万化，但看起来几乎都有一个共同特点：让解谜者经历一定的困难和挣扎，之后才能获得解脱。你或许恍然大悟。或许在紧张焦灼之后，甚至从生理上获得愉悦。

已故日本谜题设计师锻治真起[①]用极为简洁甚至诗意的方式来表现这一过程：

？ →！

---

① 日本"数独"之父。

迷惑，缠斗，豁然开朗！这就是解谜的曲线——正如艺术与人生。（顺便说一句：还有比问号和叹号更绝妙的标点吗？迂回曲折的问号恰似未解之谜，而叹号则代表着自信、进取、完美收场！）

一个谜题的叹号部分会以两种方式实现，而且往往是同时发生的。一种是实实在在的艰苦努力。煎熬，蛮力，反复试错。就像你在穿越一个迷宫，尝试所有可能，直到找出通往终点的正确路线。或者像拼图游戏，把所有的边缘碎片连起来，你便有了成功的框架。

但是，最好的谜题还应该激发你用另一种方式解谜：灵感。谜底只在转变思维定式时呈现。用一种意想不到的方式去尝试，你将会获得看问题的全新视角。

且慢！这些并不是字母，而是罗马数字！
这些巧克力碎屑不是随机排列的，它们是布莱叶盲文！

举个例子，《纽约时报》填字游戏编辑威尔·肖茨最喜欢的一条填字线索："反转之后大不同的story"。千万不要被第一眼看到的所迷惑，认为说的是"很久很久以前"的那种story（故事），这里指的是有台阶的story（楼层）！所以这条线索指向的词，根据"反转"和"不同"给出的暗示，应该是"旋转楼梯"（SPIRAL STAIRCASE）。

在我看来，这种多少有点抖机灵的线索恰恰体现了谜题与问题的区别。这种区别有时候是比较模糊的，只能划分一个大概的范围。我们不妨先来看一个数学问题：

填入能够让等式成立的数字：
$$21 \div \_ = 7$$

正确答案是3。

我们再来看一个数学谜题：

移动一个数字使等式成立。
$$30 - 33 = 3$$

（想要自己尝试解开谜题，先别往下看。）

答案是把一个3上移变成指数（把33变成3的3次方，也就是27），你会得到以下等式：

$$30-3^3 = 3$$

我们接着说刚才提到的第二个问题：为什么我——以及千千万万的人——会如此喜爱解谜？为什么有人如此不厌其烦地自讨苦吃？我认为自己不是受虐狂，至少身体上不喜欢疼痛。道德上，我对性虐恋没有任何异议，但是我的确一想到这种事就觉得麻烦。和我不喜欢滑雪的理由一样，需要的装备太多了。

但我很享受谜题带给我的心理折磨。

为了搞清楚我这种心理究竟是怎么回事，我致电保罗·布鲁姆（Paul Bloom）向他咨询，他曾就人类为何热爱解谜做过很深入的思考。保罗是多伦多大学的一位心理学教授，著有《甜蜜点：痛苦之乐及其意义》(*The Sweet Spot: The Pleasures of Suffering and the Search for Meaning*)，这是一本探讨人为何会去挑战困难的书。我们为什么要看恐怖片，参加铁人三项？我们为什么要做填字游戏呢？

"'我为什么要解谜？'这本身就是一个心理学谜题，"同样痴迷于填字游戏的保罗说，"解谜不是吸引伴侣，不是吃东西，不是锻炼，也不是在赚钱。解谜不是什么显而易见的乐事，不像泡澡或吃巧克力一样令人愉悦。解谜是一种工作、一种战斗，而人们恰恰是被这种属性所吸引。"

"没错，"我说道，"所以究竟是怎么回事？"

"有两个角度可以解答这个问题，而且这两个角度也不算矛盾，"保罗说道，"一个是文化角度，我们学会了通过努力来获得正向情感。我们明白付出就会有回报。"

我对这一点深有共鸣。我父亲工作至上的理念在我这里得到了很好的继承。他本人是工作狂，就算在海滩度假都会撰写关于证券诈骗的法律专业书籍。这让我觉得我也必须从早到晚一刻不停地保持努力状态。这种状态不一定是工作，但我需要做一些**有产出价值**的事情。我会为自己太过消极而感到羞愧。即便是在和朱莉一起看电视时，我也觉得自己不能完全闲着，起码得翻翻手机，趁这时候把不知怎么找上我的护肤品广告邮件取消订阅才行。

我不清楚这是否算得上积极进取。如果我更懂得好好享受，心里就会觉得更坦然。我得想办法朝这方面努力。但也许"努力"去做这种事本身就太刻意了。

"但是，我认为只有文化角度的解释还不够，"保罗接着说，"我觉得还有些与生俱来的东西，与我们通过锻炼自己的能力来获得愉悦有关。在某些情况下，老鼠甚至都会表现出超强的进取心，好像它们可以通过努力来获得愉悦似的。"

"但我们为什么会有这种与生俱来的东西呢？"我问道。

"或许是因为这些东西激励我们去练习某些技巧，而这也是'玩耍'的意义所在。玩耍是对未来应对威胁的一种练习。狗会互相撕咬着玩耍，这会让它们变强，从而为真正的战斗做好准备。"

这么说来，如果有持刀歹徒让我想一个"搁脚凳"的7个字母的同义词出来，我只要给出答案就能把他赶跑？倒不是这个意思。保罗指出，生存和发展并非完全依赖身体优势。

"智力、口才和想象力都很重要。"他说道。

这个角度说的其实是，我们内心有对谜题的热爱，因为解谜是一种解决现实世界问题的练习方式。解决现实世界中最重要的问题，不仅需要人类付出艰苦努力，也需要灵感的闪光。无论是想办法利用树枝从白蚁穴中获得食物的黑猩猩，还是研发出了新冠疫苗的科学家都是如此。我们在不断解决问题的过程中实现进化。因此，每一次茅塞顿开，都会让我们的大脑获得来自多巴胺的犒赏。

保罗的解答十分清楚。但本着谦逊的求知精神，我想肯定还有其他的角度。保罗也是这么认为的。我们谈到了解读谜题对人类的强大吸引力的其他几种原因。

孔雀开屏

我们有可能通过解谜来显示自己有多聪明,这跟孔雀展示它们华丽的大尾巴差不多。因此人们会把自己完成填字游戏的时间发到网上炫耀("解开周一字谜只需2分25秒!"),我很讨厌这种做法,因为我会觉得自己的尾巴又小又丑。

联系他人的纽带

在解谜人群里,你常常听到这样的话:"重要的不是你解开的谜题,而是你因此而邂逅的人。"我妻子的工作也时刻在验证这一观点,即解谜能够让人们形成团队合作。这当中也有些社会学意义。行为经济学家、哈佛大学教授卡斯·桑斯坦就进行过这方面的研究,他尝试在美国的自由派和保守人士之间建立沟通的桥梁,而将双方聚在一起的活动之一就是一起做填字游戏。

通往无穷

提到某些谜题的时候,有些人会显得神秘兮兮,他们会形容解谜如何让我们进入心流状态,时间如何不复存在,而谜题与解谜者如何在此时融为了一体。

充满不确定性的世界中的一丝确定性

演员尼尔·帕特里克·哈里斯[①]曾说过,他热爱解谜,因为与现实生活不同,谜题是有解的,这一点与彼得·戈登的看法不谋而合。威尔·肖茨则说,谜题是"问题的理想状态。在生活中,我们每天都要面对不计其数的问题,而我们只是得过且过,因为我们不确定能否

---

① Neil Patrick Harris,美国影视演员、主持人,代表作《老爸老妈浪漫史》《蓝精灵》《消失的爱人》等。

圆满地解决这些问题。但谜题不同,当你解开一个谜题,你就已经实现了完美。一切由你掌控"。

有益心理健康,提高工作效率

在过去的10年里,许多报纸、杂志上刊登过大量关于人要培养兴趣爱好的文章,建议之一就是做填字游戏。解谜可以让你精神充电,从而提高工作效率,还可以帮你释放工作带来的压力。玩耍对于保持心理健康至关重要。

我对于这一观点备感纠结。一方面,作为一个执着于要做点事情的人,我想听到这样的话。但另一方面,我不确定解谜是否能令血压降低。说起来,解谜让我血压升高倒是真的。于我而言,解谜的真正好处,在于之前提到过的思维模式的转变。

而且,我们或许根本不应该对解谜在自我提升方面抱太大期望。我们或许应该把解谜看作一个目的,而非一种手段。解谜就是为了解开谜题。

更好的学习方式

关于这一点,有很多研究都探讨过。下面一句话听着像是我捏造出来鼓吹解谜有多了不起的,但实际上是经过68个真正的科学家进行同行评审研究的荟萃分析:"密室逃脱是有创新、积极向上、需要协作精神、具有建构指导意义的一种方法,能够比传统教学更有力地让人去学习。密室逃脱让学习者明白从不同角度看问题的价值所在,将学习者置于团队协作环境中,促使其参与其中并坚持完成任务,强化社会关系,激发团队精神,通过小组讨论使深度学习的益处得到强化。"[1]

---

[1] 帕纳约蒂斯·弗塔里斯(Panagiotis Fotaris)和赛奥佐罗斯·马斯托拉斯(Theodoros Mastoras),《密室逃脱对学习的意义:系统综述》(*Escape Rooms for Learning: A Systematic Review*),第13届游戏式学习国际会议论文集,L. 艾尔贝克(L. Elbaek)、G. 马哈德(G. Majgaard)、A. 瓦伦蒂(A. Valente)、S. 哈立德(S. Khalid)主编(2019),235—243,https://research.brighton.ac.uk/en/publications/escape-rooms-for-learning-a-systematic-review。——作者注

我认为上述这些理论都有一些道理。由于没有足够的随机对照试验做参考，我们无法确定人类钟爱解谜的真正原因。与拼图最终得到的只有唯一解不同，我们为什么爱解谜的答案也许有很多很多。

第三章

魔　方

The Rubik's Cube

我先说个数字给你感受一下：43×10^{18}。

或者再精确些，4325200327 4489856000。

你的脑子里正在想这个数字对吧？在脑补靠墙的架子上放满 43×10^{18} 瓶啤酒是什么样子？或者在想象苏斯博士①是不是还创作过《一条鱼，两条鱼，43×10^{18} 条鱼》？

是啊，还是对这个数字没概念。

比喻手法也派不上用场：43×10^{18} 比地球上的沙粒数量还要多。比埃及艳后克丽奥佩特拉出生到现在经过的秒数还要多。但又如何呢？这个数字意味着什么？人类的大脑构造理解不了这样的天文数字。

之所以提到 43×10^{18}，是因为这个数字恰好是魔方可能出现的排列方式的数量。你如果不相信，尽管去数一数。

---

① Dr. Seuss，20世纪美国知名儿童文学家，代表作包括《一条鱼，两条鱼，红色的鱼，蓝色的鱼》。

推出魔方的公司知道这个数字远远超出人类的理解能力，所以用了"超过30亿种变化"的口号来宣传魔方。科普作家侯世达（Douglas Hofstadter）曾揶揄这种说法是"可怜又委婉的妄自菲薄"。他指出，这像是驾车在高速路上见到广告牌，上面写着"欢迎来到旧金山——居民超过1人"，或者"麦当劳——迄今已卖出不止2个汉堡"。

我喜欢43×10^{18}这个数字有几点原因。

首先，它让我想起高中数学老师曾经说过的话：真正的大数字是很重要的。我们自穴居人时代以来并无根本性进化的大脑难以理解大的数字，但我们需要努力去理解。忽视真正的大数字会导致现实生活中的灾难性后果。只要想一想新冠疫情你就明白了。我们低估了疫情的危险，部分原因就在于我们的头脑缺乏对指数级增长的正确认识，而病毒正是以这样的速度传播的。

认识真正的大数字还有益于我们的心理健康。至少对我本人来说是有好处的。这类数字会让我们懂得谦逊。宇宙的历史有7×10^{15}分钟，相比之下，人类的平均寿命不过转瞬即逝。宇宙的直径是930亿光年，而我的身高只有70英寸。诚然，这些认识让人觉得沮丧，可我会想到我身处茫茫宇宙，生命是如何短暂，因此要过好自己的一生，记着还有数十亿人要在这世间走一遭。

除了谦逊，这个数字也激发出我的其他情绪，比如乐观、希望，还有敬畏。想想看：魔方的组合有43×10^{18}种——可人类还是想出了办法把魔方的6个面还原成单一的红色、蓝色、黄色等等。我们在43×10^{18}种可能中找到了一种解决办法。这堪称从混沌中创造了秩序！这简直是从月球那么大的一个稻草垛里找到了一根针！（更精确地说，真正给还原魔方带来难度的排列方式是27种，具体取决于中心块的方向。但依然是了不起的成就。）

不仅如此，人类，尤其是年轻的人类，已经想出了怎样飞快地完成这个壮举——还原魔方的世界纪录是3.47秒，由中国少年杜宇生保持^①。此外，人类还开发出了用脚、蒙着眼睛、在水下等五花八门的魔方玩法。

取得这些成就给人类带来莫大的愉悦。我再告诉你另一个巨大数字：魔方的销售总量约4.5亿，有人估算这个数字使它成为有史以来最畅销的谜题。在20世纪90年代和21世纪的头10年，魔方曾经沉寂了一段时间，如今它又凭借YouTube网红的带动卷土重来，无处不在。

在20世纪80年代，我也曾拥有4.5亿个魔方中的一个。但是我从来没把它复原过。这或许是我作为解谜爱好者的最大尴尬。写作本书时，我决心要洗刷自己解谜生涯的污点。

缘　起

第一个还原魔方的人所花的时间远远不止3.47秒，他花了一个月。你可能猜到了，这个人就是厄尔诺·鲁比克（Ernö Rubik），魔方的发明者，一个说起话来轻声细语的匈牙利人。

时间回溯到1974年，鲁比克在布达佩斯一所大学担任建筑学教授。他当时正在思考能否以一种有趣的方式来教空间概念。

30岁生日的前一天，鲁比克在自己的房间里摆弄东西，突然想出了一个好点子。这里要特别说明的是，他的房间可不一般。鲁比克曾在他2020年出版的自传《方缘》（*Cubed*）中这样写道：

> 我的房间就像孩子的衣服口袋，装满了弹珠和各种宝贝：随手写画的纸片、铅笔、蜡笔、线绳、小棍、胶水、别针、弹簧、螺母、尺子等等。这些东西散落在每一个角落，在书架上、地上、兼做绘图板的桌上放得到处都是；有的从天花板上垂下

---

① 该纪录于2023年6月11日被美国青年Max Park刷新为3.13秒。——编者注

来，有的别在门上，还有的塞在窗缝里。其中有数不清的方块：纸的、木头的、单色的、彩色的、完整的，还有拆成小块的。

对于因书桌凌乱而饱受批评的人士（比如我），我希望这段描述可以提供些许安慰。这并不是杂乱无章，这是在给自己激发灵感。

鲁比克看到了方块的美感。他发现方块是如此含蓄，如此鲜艳，具有如此对称而又灵活多变的魅力。正如他曾说过的那样："神奇的变形让我激动不已。你仍然拥有这件东西，可它却因变形而重生。"

在十几家玩具公司——主要抱怨魔方太难复原——吃了闭门羹之后，鲁比克最终把魔方卖给理想玩具公司（Ideal Toy Company）。他们想了几个名字，如印加金块（Inca Gold）、戈尔迪之结[①]、匈牙利方块（Hungarian Cube），但最后还是采用了鲁比克方块（Rubik's Cube，

[①] Gordian Knot，戈尔迪是小亚细亚古国佛里吉亚的国王，他曾用绳索打了个极为复杂的死结将车轭系在车辕上，无人能解开，有神谕凡能解开此结者，便是"亚细亚之王"。

即魔方）这个有些押韵，读起来也有趣的名字。

在20世纪80年代初，魔方风靡一时，成为自大萧条时期的拼图之后最令人痴迷的谜题。证明魔方人气的统计数据和奇闻逸事不胜枚举，但我相信只举下面这一个例子就足够了：有一部周六上午播出的动画片，里面的主角是一个会说话，会飞，还能解开各种谜团的魔方。主题曲由波多黎各的男孩团体Menudo[①]演唱。这部动画片当然叫人喜欢不起来，但是魔方对流行文化的全面渗透却可见一斑。（令人期待的是以魔方为主题的电影会好看很多，我发誓，有这么一部影片正在拍摄。）

魔方问世不久，父母就给我买了一个。经过一番努力，我可以还原出一面。我的感觉相当之好。然后我在一个叫作《难以置信！》（*That's Incredible!*）的电视节目上看到了一批玩魔方的少年超级明星，这个节目的收视率很高，相当于20世纪80年代的《美国达人秀》（*America's Got Talent*）。

《难以置信！》非但没对我起到任何激励作用，反倒使我气馁。

---

① 组建于1977年，同年发行了第一张专辑，是20世纪80年代最受欢迎的拉丁青少年音乐团体。

我根本无法与那些天才抗衡，无论付出多大的努力都不行。所以我就放弃了，从此再没碰过魔方。

老派天才

几十年之后，我决定寻找当年令我对魔方望而生畏的《难以置信！》节目参与者。

我给杰夫·瓦拉萨诺打了电话。他今年55岁，长得有些像演员阿尔弗雷德·莫里纳①，在亚特兰大经营着两家比萨餐馆。他仍然保持着对魔方的狂热，经常给来吃比萨的顾客表演魔方技巧，还在餐馆标志里使用了一个立方根符号。

"这么多年过去了，我还是对魔方着迷。"杰夫说道，他说话时还保留着一些布朗克斯②口音。他告诉我，他喜爱从混沌中创造秩序（这一点在解谜者当中很常见）。"魔方看起来如此简单，它只有6个面，6种颜色，却无比复杂。"

杰夫在1980年购买第一个魔方时只有13岁。他花了一周时间还原。在那个还没有YouTube的年代，他必须要反复摸索，自创公式。（魔方公式就是一系列还原角块或还原面的动作——无论是5步、8步、12步，还是多少步。顺时针旋转中间层，逆时针旋转顶层，顺时针旋转左层，诸如此类。）

有一天，杰夫的一个同学在数学课上摆弄魔方。"数学老师对那个孩子吼道：'把那个愚蠢的东西收起来，反正也不可能拼回来。'"杰夫回忆道，"然后我说：'为什么不可能，我就能拼回来。'所以，接下来你能想到，我站起来，走到教室前面，把魔方还原，花了两三分钟吧。全班同学都大喊：'天啊！这怎么可能！'他们又尖叫又欢

---

① Alfred Molina，出演过《蜘蛛侠2》中的章鱼博士。
② Bronx，纽约市北部的一个行政区。

呼,连老师都说:'你究竟是怎么做到的?'"

到了1981年,杰夫说服起初不太情愿的父母开车带他去参加第一届魔方大赛。比赛是在波士顿的一家商场里举行的,令主办方吃惊的是,居然有一千多人来参加比赛。

那天杰夫得了第二名——他马上补充说那是因为赛程安排的问题(他有一个36秒的全场最佳成绩,但是在前面一轮得的,决赛失利了。杰夫还认为是技术问题导致自己未能作为第一个魔方还原世界纪录的创造者载入史册,对此他至今都耿耿于怀)。

尽管如此,杰夫还是出现在了晚间新闻里。继而登上了其他电视访谈、杂志文章,大概享受了15分钟的明星待遇。

我觉得也可能是45秒的名气。杰夫签了一项出版合同,撰写了第一批魔方入门书之一:《杰夫花了45秒征服魔方……你也可以!》(*Jeff Conquers the Cube in 45 Seconds ... And You Can Too!*)。出现在封面上的他顶着像头盔一样的头发,身穿一件米老鼠T恤,根据他自己的描述,这模样就是"极客因子水平达到1000"。

我问他因魔方而出名后是否可以与拉拉队长约会。大多数时候我这么问,不过是开个玩笑。

"呃,是的,"他回答道,"我后来就是跟一个很漂亮的女孩约会来着。"

什么?这出乎我的意料。书呆子还真能洗刷冤屈,杰夫,你是好样的!

我问起如今的魔方速解与当时有何不同,杰夫说了一些个人看法。

第三章 魔 方 47

首先,他们过去用的魔方更笨重,转动起来更费力。现在的魔方无摩擦,转动起来非常顺滑。但更重要的是,早期的魔方速解讲究创造和探索,并非死记硬背。在过去,你必须要想出自己的专属策略,就像科学家一样。

"我可不是说现在都是靠作弊赢得比赛,这些年轻人出生时,解魔方就强调速度了,"杰夫说道,"不过在我们那个年代,这样比赛是有可能会被看成作弊的,因为当时的比赛看重的不是手速,而是要比谁的**解法**更好。"

杰夫说,现在还原魔方都是套路。YouTube的视频可以教给你一千种预先编好的公式。

我与杰夫待在他的两家瓦拉萨诺比萨餐馆之一的后台办公室交谈的时候,碗碟碰撞声一直回响在我耳边。我提到从魔方到比萨饼,这条发展之路看上去很奇怪。杰夫提出了异议。

杰夫制作比萨饼的办法与还原魔方如出一辙:都是发现最好的公式。实际上,杰夫的比萨饼制作公式让他又出了一次名。几年前,杰夫写了一份《比萨宣言》,据他说是互联网上10年来最好的比萨食谱。他甚至因此登上美国国家公共电台(NPR)的某个节目。

那份比萨食谱长达22000个单词,数十条说明涵盖从牛至叶选到揉面技巧的所有步骤,是详细程度堪称变态的长篇巨著,可以手把手地教你制作出完美比萨,至少按照杰夫的标准是完美的。

"面粉和水应该静置至少20分钟再揉。这一步很**关键**……大多数食谱都说面团发酵至两倍大。这样的话就发**太**过了。面团应该发到大概1.5倍大。"

杰夫告诉我,他花了几年的时间来打磨这份食谱,以900个失败的比萨和两个爆炸的烤炉为代价。探索完美比萨制作方法的要诀包括:

a)将整个步骤按层级分解成许多细小模块。

b)试验每一种可能出现的组合。"我试用过的牛至叶少说也有50

种，橄榄油超过100种。"

c）接受错误。正如还原魔方，你需要不断试错，不厌其烦经历无数次重复，直到真正领悟。

"实际上，我们可以从努力寻找答案的过程中提炼出普世规则，作为解决其他问题的借鉴。"杰夫说，"无论跳舞、弹钢琴、做三明治，还是学习走路，道理都是相通的。"

这就引出了一个我苦思多年仍未想到答案的重大问题：人生中有多少棘手问题可以像我们应对魔方或者比萨食谱这样解决呢？有没有什么公式可以手把手地教你怎样收获幸福或成功呢？

我非常希望有这样的公式。我一向很喜欢"魔法1-2-3"（1-2-3 Magic）丛书这样的育儿经，或者像《消除抑郁的10个步骤》这类的文章。

我在一家杂志社工作时，一个上司跟我分享了他的人生诀窍：通往幸福婚姻的7分钟秘诀（比练出岩石般结实的腹肌还少一分钟！）。根据他的理论，每天早上，你应该花两分钟时间，心无旁骛地关注你的伴侣。凝视对方的眼睛，询问对方的感受并用心倾听对方的回应。下班之后，花三分钟做同样的事。最后在睡觉之前，花两分钟把这个过程再重复一遍。

你瞧，每天只需7分钟，就可以得到一生的婚姻幸福。我没有严格地按照分钟数来运用这个诀窍，但是我喜欢其中的要义——眼神交流越多越好。

计算机科学家布莱恩·克里斯蒂安（Brian Christian）和汤姆·格里菲斯（Tom Griffiths）合著的畅销书里陈述了生活中要有公式的最佳理由，这本书就叫《赖以生活的公式》（*Algorithms to Live By*）。

两位作者在书中论述了从约会到买房等所有事务都受益于公式化思维。举个例子，如果你租公寓时面临着100个选择，在做出决定前要看多少间公寓呢？很显然，这个答案是37。你通过前37间公寓建立起选择标准（一定有洗衣机/干衣机，没有鼠患）。第38间公寓就是符合标准的最佳选择。

这条用数字37建立标准的规则在现实生活中并不实用。但我的确是按某些更简单的公式来生活的。每天早晨我按写好的单子完成日常动作（刷牙、做俯卧撑、给母亲发电邮）。入睡前，我按照字母表从A到Z的顺序回忆生活中值得感恩的事情（比如A代表apple cake，那是我儿子曾为我们烘焙的苹果蛋糕，诸如此类）。我试图把生活中的问题按层级分解为更细小的模块。

然而，我也看到了试图用理性思维解决生活问题的局限性。很多时候这都是白费工夫。我有个经济学家朋友叫罗斯·罗伯茨（Russ Roberts），他是播客节目《经济对话》(*EconTalk*)的主播。与他在主业上表述的观点不同，罗斯在播客中变得越来越怀疑我们理性应对所有问题的能力。他说并非所有事物都可以被量化和权衡。不可能有公式解决是否生孩子或者找份新工作的问题。公式就是浓雾中的手电筒，甚至更没用。他认为生活中存在的两难选择——他称之为"失控问题"——无法用按部就班的方法解决。

罗斯的看法有一定道理。我已经开始接受生活有时会出现令人不安的混乱和不确定性。事实上，多亏了认知行为学治疗法，我现在有一条可用于接受生活困境的公式。我电脑里有一个名为"逐步践行全盘接受"的PDF文件，里面记录着我的公式。举例来说：

- "允许自己产生失望、难过或悲伤的情绪。"
- "如果突然意识到自己拒绝接受，一定要权衡利弊。"

诸如此类的条目读下来，我就什么都能接受了。

圆梦时刻

采访过杰夫后，我觉得自己在解谜经历上的尴尬空白应该得到填补，是时候去还原魔方了。

我打电话联系了世界上最好的魔方教练之一：住在南卡罗来纳州的西德妮·韦弗，今年24岁。她成为出色解谜者的经历令人鼓舞，甚至可以拍成电影，情节就像《追梦赤子心》(Rudy)和《后翼弃兵》(The Queen's Gambit)①的组合体。

在新冠疫情最严重的时候，我通过Zoom与待在家里的西德妮取得了联系。我之前以为她会身着出席某些活动时穿的魔方制服：带有五颜六色的方块图案的马甲和长裤。但当天她身穿褐色毛衣配黑色长裤，显得格外随意。

我注意到她房间的墙上挂着一把剑。

"哦，那是《塞尔达传说》的周边。"当我问起的时候，她说道。

她喜欢玩电子游戏，但也承认："玩游戏的时候会有些许愧疚感。所以我把游戏的语言设定成法语，这样我在玩的时候至少还能学学法语。"

这是多棒的生活诀窍啊！我把这记录下来，提醒自己要让孩子们把电子游戏的默认语言设置成英语之外的其他语言。这样他们至少可以听到马里奥用原汁原味的意大利语说："Sono io—Mario！"（我就是马里奥！）

我问西德妮为什么会喜欢魔方速解。14岁那年，她得到的圣诞礼

---

① Rudy是1993年的体育励志电影，讲述先天条件不佳的主人公通过努力最终成为大学橄榄球队正式队员的故事。The Queen's Gambit是改编自Walter Tevis 1983年小说的剧集，情节围绕一位年轻的国际象棋奇才从孤儿院逐渐登上国际舞台展开。

物就是一个廉价的山寨魔方。"开始我并不喜欢，"她说道，"但我哥哥居然说我不行。然后我就下定决心一定要做到。"

然后她真的做到了。她花了很多时间转动那个魔方，"要把它完全摧毁"。魔方上的贴纸剥落了，西德妮就用透明胶带把硬纸片贴在上头。

她说还原魔方给她带来一种感觉，一种许多解谜者都曾形容过的感觉："能做到这一点让我很开心。生活当中有太多可能，太多不确定性。而这给了我一个明确的目标，让我体会到了一种掌控感。"

然后就是电影情节般的反转：她爱上了魔方，即便它给她带来许多痛苦。西德妮身患某种小儿关节炎，有时候痛得不能起床，甚至无法使用餐叉和勺子进食。她开始用手掌来转动魔方，后来这样练得多了，关节炎对她的折磨反而少了。她说这可以算是一种物理疗法。

"说实话，直到现在我还是很难受的。我的双手还是会痛，给我带来许多不便，甚至拿铅笔写字都不行，但我对魔方充满激情，再痛我也能克服。"

西德妮还原魔方的速度越来越快，她开始到各地参加比赛，从阿拉斯加到澳大利亚，行程遍布全球。她在魔方速解生涯中共获得9块金牌。几年前，她不再参赛，转行做了还原魔方的教练和讲师。我问她在男性主导的竞技项目中感受如何。"我还记得第一次参赛的时候，我是唯一的女性选手，这感觉有些怪怪的。幸好有几位女性裁判，这样我可以跟她们聊一聊在魔方速解世界中身为女性的感受。"

自波士顿商场里的第一次比赛以来，魔方速解有了很大的变化，成为了一项激烈的运动。我认为用"运动"一词来形容还是很恰当的：

- 有狂热的爱好者：甚至有虚拟的魔方速解联赛，你可以在自己喜爱的魔方选手身上下注。
- 有装备：暖手器、降噪耳机、让魔方转动更快的专门润滑剂（Lubicle Silk是个相当好的品牌）。

- 有专业化的术语："上下夹层""缓冲""颜色中立"。甚至有一种叫作"性感宝贝"的公式。为什么会有这种名字？有位魔方选手告诉我："就是很性感啊。"
- 有像赛车一样进行个性化改装的魔方：内部装有磁铁使方块更快转动到位，棱角打磨成圆角以获得舒适手感。
- 有专项技巧：速解选手们用指尖拨动方块而不是把魔方整个握在掌心。

针对魔方速解，手指的灵活能起到一定的作用，但并非全部秘诀，关键在于记忆数百种——有时甚至是数千种——公式，以便减少每次还原的转动次数。

像她这样优秀的速解选手可以在50步以内还原魔方。这是因为她掌握了应对每种情形的最优公式。对于新手而言，还原魔方往往需要100步以上。YouTube上教给新手的是通用型的公式，更简单但也更慢。这就好比上千条小路捷径烂熟于心与只能在拥挤的主路跟随车流缓慢行进的区别。

今天西德妮要教我的就是慢而容易的办法。但在课程开始的时候，我请求她展示一下魔方速解。她答应了。只见一阵令人眼花缭乱的手指动作，然后"嘭"，魔方就被完全还原了。整个过程不像解谜，更像是变戏法。

西德妮用电子邮件给我发来一份新手公式的文档，接下来的一个小时，她带着我把文档中的内容过了一遍。她说话的声音轻柔舒缓，就像美国国家公共电台的播音员泰瑞·格罗斯。而且她一直不生气这个能力令我赞叹不已。

"好的，现在B面顺时针转动，"我读着文档中的说明，"B就是bottom，底部对吧？"

"不是，B是back，背面。"西德妮说道。

"对。我是说正确的那个对，不是对角线的那个对。"

一个小时过去，我做到了。最后一个黄色角块应声归位。但说真的，这样太扫兴了。

首先，与杰夫不同，我不是独立还原魔方。我只不过按照西德妮的指示，机械地转动魔方。即便如此，我还是很慢。这一点是我的儿子赞恩提醒了我。他也跟着西德妮上了一次课，只用15分钟就学会了。"我们4个小时之后就要吃晚饭了，爸爸，"他说道，"就这么一说，没别的意思。"

我的年龄是个不利因素。多数顶级的魔方速解选手都是十几岁的孩子，有些才满8周岁。我以前跟几位认知学家聊过这方面的话题。结论如下：年轻人的大脑更灵活，他们的记忆力更好。更重要的是，他们没有会分散精力的工作。但我们这些年纪大的人更有智慧，对吧？起码有些时候有智慧。

我比其他多数成年人更没希望，因为我不擅长空间推理。我的方向感极差。顺带提一件我的妻子常挂嘴边的事。有一次我们俩在一座大楼里，下方有个公园，我问她这是哪儿。那其实就是中央公园，距我长大的地方只有5个街区。

不管怎么说，如果没有西德妮的指导，也没有公式文档，能不借助外力的情况下凭记忆独立还原魔方的话，我或许会感觉好些。接下来的周末，我花了一整天专门干这个，从早上9点开始。我还想出一些手段来帮助记忆转动的顺序。

毛茸茸的罗威纳犬叫了一声汪！

（Furry Rottweiler Utters RUF！大写英文字母对应的顺序是前面、右面、上面、右面、上面、前面。）

到了下午3：30，在第一次尝试的41年之后，我终于靠自己还原了魔方。当我转完最后一步，看着房间里黄色的墙壁，我有种飘飘然的感觉。我还是不够资格上《难以置信！》节目，但现在我也是能解魔方的人了。

最后一步令人尤为不安。我看到底面只有一个孤零零的中间块，我记得那个公式说要转12步。但到第七步的时候，魔方还是一团乱，每一面都五颜六色的。真的能恢复到原来那么整齐？明明看起来没戏了。

这里蕴含的道理是，有时候你需要以退为进。

怪兽级谜题

几个星期后，我仍然在练习，想要把还原魔方的时间继续缩短。我的个人最好成绩是2分58秒，并不出色。这就好比去健身房训练，可卧推重量只有25磅。

然而我的儿子赞恩已经开始玩五阶魔方了。这让我想到一个问题：魔方能做多大？如果我——或者我儿子——还原了最大的魔方会怎么样？

我在谷歌上搜了搜，得知吉尼斯世界纪录中最大的魔方是33阶的巨无霸，由法国的格雷戈瓦·普芬尼希（Grégoire Pfennig）设计[①]。我想办法跟格雷戈瓦进行了视频通话。他住在巴黎，另一个身份是宝马公司的发动机零件工程师。他下班之后跟我通了话。视频里的他一头金棕色的短发，戴一副金属框架眼镜。

格雷戈瓦转过身去，从架子上费力地拿起一个实心球大小的魔方。（见彩页图1）

"我都忘了它有多重。"他说道。他说话有一点点法国口音。

我向格雷戈瓦提了一些和数字有关的问题。

可动的构件有多少个？6153个。

制作这样一个魔方需要多久？大概205个小时。

制作过程中感到沮丧吗？组装的时候总是散掉，他有几次差点儿哭出来，而且染色剂中的有害化学成分令他头痛欲裂。

[①] 单就体积而言，还有更大的魔方——在中国有一个像大众甲壳虫汽车那么大的三阶魔方。但格雷戈瓦设计的魔方阶数最高。——作者注

"所以，你现在拿着的就是世界上最难的魔方，对吧？"

"那要看难度指的是什么。"格雷戈瓦说道。

还原33阶魔方当然耗时费力，光是把所有的方块都转一遍估计也要500个小时。但它会为智力带来更大的挑战吗？事实上，还原它所用的公式与你用来对付五阶魔方的完全一样。

如果单纯看魔方还原难度，格雷戈瓦曾经制作过难得多的魔方。他背后的架子上放着几十个块状物体。我觉得那些东西不能叫魔方，因为它们的形状并不"方"。这些奇形怪状的东西就像一个正常的魔方在经受高剂量辐射后生出来的变异后代。有一个12面体，有一个是星形，有一个像条蛇，还有一个与圣诞树的形状相似。

原来，格雷戈瓦还是一个3D打印设计师团队的成员，该团队在推动魔方向新领域发展方面进行了大胆的尝试。

"我们现在是在开发新奇扭转谜题的黄金时代。"谜题收藏家汤姆·库特罗菲洛（Tom Cutrofello）这样告诉我（扭转谜题是魔方类谜题的正式名称）。汤姆说3D打印与互联网的结合推动了这一趋势。"这就像20世纪90年代精酿啤酒的兴起。我们现在正在见证通过互联网制作和收集手工小批量扭转谜题的爆炸式增长。"

许多这类扭转谜题都比传统的魔方难解得多。真的非常难，难到格雷戈瓦自己也无法全部还原。格雷戈瓦制作了10个自己解不开的"科学怪兽"，即便不设时间限制都不能还原。其他人也做不到。

我跟格雷戈瓦说我想要一个作为收藏。

"你可以试试这个'坏蛋八面星'（Octahedron Starminx）。"格雷戈瓦说。

他拿在手里给我看。这个扭转谜题有8个面，每个面都有奇怪的形状——菱形、弯曲的细长条、三角形等。

这一个为什么难解呢？部分原因是你必须要自行摸索公式，部分原因是蝴蝶效应。如果你扭动一排，受到影响的是47个构件，而普通魔方只有9个受到影响。

"这个卖500美元。"格雷戈瓦说道。

我惊呆了。这比普通魔方贵了495美元。客观地说,只有精神失常的人才会买。可是如果我要绞尽脑汁解决世界上最难的谜题,我起码得先花点调研经费把谜题搞到手。

几个星期之后,一个包裹从法国寄来。乍看上去,这个谜题并不那么令人望而生畏:八面体的造型,很像《龙与地下城》桌游的骰子,每一面都是单色的。我要把它打乱,然后再还原它。

但转了6下之后,这个东西变得面目全非。它不再对称,完全是一团糟。彩色块伸向四面八方,就像超人的孤独堡垒①里的不规则晶体。

我心头升起一股绝望,与我当年在《难以置信!》中看到魔法速解选手的感受相同。我头都大了,我需要帮手。

碰巧,我计划好要拜访的几个人里,有一个可以帮我解决这个难题:丹尼尔·罗斯-莱文,18岁的魔方天才。他的魔方天赋来自遗传,他的母亲劳伦·罗斯是巴德学院的数学教授,她在教学中会使用魔方

---

① Fortress of Solitude,DC漫画中超人在北极的建筑。

第三章 魔方

来辅助演示集合论、交换子等重要数学概念。丹尼尔在12岁时开始魔方速解的练习，双手的速度快似闪电——双脚的速度也不遑多让。直到最近，他仍是北美双脚魔方速解的纪录保持者，只需16.96秒便可将魔方还原。

可惜的是，世界魔方协会（World Cube Association）将脚解魔方移出了官方赛事名单，部分原因是认为这种解法不卫生。

"简直是疯了。"丹尼尔说道，他指出手比脚要脏得多。

劳伦和丹尼尔住在纽约州北部，在我旁听了一节他们的课之后，他们邀请我去家里坐坐。他们在门廊等我，我从背包里掏出了"坏蛋八面星"，问丹尼尔是否准备好迎接挑战。

"我可以试试，"丹尼尔说道，"不过我要上大学了，所以没办法整天都琢磨这个。"

我跟他说，我对他很有信心，并且请求他在剩下最后3步的时候打电话给我。我想亲自见证这个有里程碑意义的时刻。

每隔一两周，我会联系丹尼尔问问进度。

"进展如何？"

"还在努力。"丹尼尔说。

有一次，丹尼尔发电邮给我，说"八面星"出了故障，很难扭动。我订购了一些Lubicle Silk润滑剂，寄到他家里。两三个月之后，我开始觉得希望渺茫。这是可以理解的，"八面星"的排列方式不止43×10^{18}种，这个数字要达到2后面137个0，实在难以想象。而且，丹尼尔还要上课呢。

最后，在我把"八面星"交给丹尼尔的6个月后，他给我发了电子邮件，里面是一张照片，只剩3步！我知道他能成功。

我用Zoom同时连线丹尼尔和格雷戈瓦，这样我们可以一起见证谜题最终解开的时刻。

"好吧，丹尼尔，"我说道，"在大结局之前，我想先问一下尝试解开这个谜题是什么感受？"

"可以说实话吗？有些令人烦躁。"

丹尼尔说构件不停地脱落，贴纸开胶，而且很难扭动。

"令人烦躁，但也很有意思，对吧？"我满怀希望地问道。

"是的，令人烦躁但也有意思。"看来丹尼尔同意我的看法。

丹尼尔说，他花了50多个小时，最终想出了公式。

"好啊，咱们开始吧。"我说道。

"看好了。"丹尼尔说道。

我一度有点担心丹尼尔的屏幕卡了。整整一分钟，他一动不动，只是盯着"八面星"看。但是并非网络故障，丹尼尔只是陷入了沉思。然后他将"八面星"扭动了几下，得意地笑起来，把它举起来给我们看。

所有颜色全部匹配。每一块构件都回到原来的位置。我兴奋地挥了挥拳头。

格雷戈瓦说："能看到我设计的谜题之一被解开，真的非常开心，因为我知道，这一个我自己都解不开。"

格雷戈瓦邀请丹尼尔去法国。"你可以用脚解33阶魔方。"

我们结束了视频通话。结果是：我并没有亲自解开世界上最难的扭转谜题之一——但是我促成了这一壮举。我在解谜史上留下了轻描淡写的一笔。我与丹尼尔、格雷戈瓦一起，将宇宙中这个小小的角落恢复了秩序。

第四章

回文字谜

Anagrams

很多事情让我夜不能寐。我担心孩子们的将来。我担心海平面上升和民主衰败。但说实话，这些担忧都不是我失眠的主要原因。夺走我大部分睡眠的，是个看上去人畜无害的小网格。它由7个字母构成，每天都会从我的手机屏幕里蹦出来，我说的正是《纽约时报》的拼字蜜蜂，一个充满乐趣又令人恼火的拼字游戏。

确切地说，它并非每"天"蹦出来。这才是问题所在。出于某种原因，《纽约时报》字谜栏目那批平易近人的施虐狂把这个拼字游戏的发布时间设定在凌晨3：00。

这就意味着当我夜里醒来去卫生间的时候，我的手会违背我所能做出的更好判断和我立下的无数誓言，不由自主地抓过手机，点开拼字蜜蜂。如果不把7个字母中隐藏的单词找出来，我就没法再次入眠。

啊，谢天谢地。是"pickled"（腌渍的）。

是"janitor"（大楼管理员）。是"petunia"（矮牵牛花）。

只有此时，我才能够带着轻松和对自己的憎恨合眼睡去。

就这样，谜题整天都掌控着我。晚上10：01是填字游戏，凌晨则有拼字蜜蜂。像我这样的人还有很多。我见过的许多解谜爱好者都咬牙切齿地承认，他们也在后半夜玩拼字蜜蜂。有位住在马萨诸塞州的女性会定时醒来，完成当天的字谜并把成绩发在推特上，这一切都在凌晨4：00前完成。

拼字蜜蜂的狂热拥趸们有个专门的名字——蜂巢脑。除了抱怨醒得太早，他们还非常热衷于对参考答案列表中遗漏了某些单词表示不满。你输入一个词，十分乐观地点了提交，电脑随即显示"不在列表中"。**试问怎么连"laird"都不收录呢！！！这个词的意思就是苏格兰地主嘛！**

《纽约时报》的拼字蜜蜂字谜是由报社字谜编辑威尔·肖茨在2016年创造的。他设计这一字谜的初衷是为其他填字游戏提供更简单的替代游戏。他曾向《纽约时报》记者黛博·艾姆伦解释说："我觉得《纽约时报》的填字游戏、离合字谜①、藏词游戏已经拥有一批'硬核解谜者'。更简单、更容易上手的字谜有助于吸引之前没有关注我们的读者。"

他从伦敦《泰晤士报》上刊登的《多边形》（*Polygon*）游戏中受到了启发。但是威尔做了两处重要调整：他允许解谜者在同一单词中重复使用相同字母，还给字谜起了"拼字蜜蜂"这个讨喜的名字。

举个例子：

解谜者必须用包括中心字母在内的最少4个字母拼出若干单词。（以下图为例，"theme"是合理解答，而"gem"和"math"都不合理。）

---

① 各行的起首或末尾或其他任何特定处之字母可联合凑成字或词的诗。

我的天啊，这个游戏一经发布，立即获得广泛关注。《纽约时报》没有公布过关于各类字谜的任何统计数据，但有说法称拼字蜜蜂的网络关注度超过了备受推崇的填字游戏。

"上瘾"这个说法过于草率，我本来不想把它和拼字蜜蜂联系到一起。但考虑到我儿子赞恩几年前向我推荐这个游戏以来，我便沉溺其中，即使生活受到影响也在所不惜，那么这两个字用来形容拼字蜜蜂还是很恰如其分的。

我在早上8：00起床，开始一天的生活。头等大事就是要拼出足够的单词以达到最高等级。交稿最后期限快到了？帮儿子找西班牙语教材？去皮肤科复诊那个奇怪的痣？在我达到最高的"Genius"（天才）级别之前，这些统统都可以等。

我为什么如此执着？也许是为了持续不断的多巴胺刺激，每想出一个单词，多巴胺就又分泌了一轮，电脑给我的反馈"Awsome"（棒极了）则怂恿我不断寻求更多刺激。

如果我对自己宽宏大度的话，我会说自己是被拼字蜜蜂深深吸引，因为它代表着约束所激发的创造力。区区7个字母可以组合出数十个单词，就像乐高积木，可以用来拼小船，也可以搭高楼。或者像是食材（黄油、糖、面粉、鸡蛋），你用这几样就可以制作出华夫饼、煎饼，以及其他上百种可口的点心。约束能够带来创造力，正如奥森・威尔斯①所说："缺少限制是艺术创作的大忌。"

当然，这种快乐的另一面就是对拼字蜜蜂接受或排斥某些单词感到怒不可遏。拼字蜜蜂的官方规则是接受"常见英语单词"。但是什么样的英语单词算是常见呢？这更像艺术而不是科学。在巨大的争议背后，是清爽干净的25岁字谜编辑山姆・埃泽尔斯基，他的职位在解谜界堪称权力的顶端。

我致电山姆，他说他仍然热爱他的工作，尽管很多次早上一睁眼就看到网络上对自己当天疏忽的口诛笔伐。推特上甚至有一个专门的账号，名字就叫"拼字蜜蜂不认的单词"（Not a Spelling Bee Word）。

我问山姆如何确定哪些词可以接受，哪些词不能接受。

就像谜题世界里的许多方面，这些决定也受到人为因素的影响，他回答道。这不是公式或算法能解决的问题。山姆说他并不依赖单独某一本词典，他的取词来源是很多元的，包括dictionary.com、谷歌、韦氏词典、兰登书屋等。

正如山姆有一次在《纽约时报》中做出的解释："彼之习以为常，吾之闻所未闻（一个人的广博词汇或专业知识，对另一个人来说可能晦涩难懂或神秘莫测）。"

但习以为常和闻所未闻之间的界线却是值得商榷的。比如说右页这个有争议的字谜。

山姆列出的参考答案包括"rift""fiat""train"，却不包括"raffia"。

"Raffia"的意思是酒椰叶纤维，这种有褶皱、能反光的纤维来自某种棕榈树，复活节用的篮子多由这种纤维编成。我从来没有听说过这个词，山姆也没有。

"那天我的确是长见识了。"山姆说道。

拼字蜜蜂爱好者称此事为"酒椰叶纤维门"，表达愤怒的推文和

---

① Orson Welles，美国电影导演、编剧和演员。

电子邮件铺天盖地。有位大为光火的读者甚至把一卷70米长的酒椰叶纤维寄到威尔·肖茨的家里,与《教父》电影里的"马头威胁"如出一辙。山姆明白这其中的意思。从那时起,他就将"raffia"一词收录到好几期字谜的参考答案里。这是行动主义的胜利!有时拼字蜜蜂收到批评的原因完全是两个极端。山姆曾因过于谨慎而饱受抨击——他会避免任何涉及种族歧视的字眼,哪怕这个词有多重含义也不行。他也曾因不够谨慎而遭人诟病。为什么有"wingman"(僚机;帮腔的人,壮胆的伙伴)而没有"wingwoman"?

然后我要说说2020年9月的字谜,一场认知危机因此而起,至少对我而言是如此。

我输入了常见的动词"cope"(应对),拼字蜜蜂的回应是参考答案列表没有这个词。我又输入了一遍,再次遭拒。等等——我是不是中风了?还是说我现在参加了心理学实验,研究人员坚称天空是粉色的,就看你有没有胆子站起来说不是粉色?

事实证明我没有中风。不知道怎么搞的,山姆误删了参考答案中的"cope"。

"等我醒悟过来,这已经引起轩然大波,"山姆笑着说道,"确实是我应该负的责任……这个词简直成了2020年的年度词汇。这就是个现成的笑话,甚至不需要编。"

有一条推文颇为典型：" '应对'一词不在词表当中，让我无法应对。"

有许多原因令我思考英语是多么奇怪，因"cope"激起的民愤是其中之一。同样是四个字母，为什么按照C-O-P-E的顺序组合就是有意义的，而P-O-C-E的顺序却没有任何意义？

我告诉山姆，我喜欢拼字蜜蜂的原因之一，就是它能让我意识到英语是种多么随意的语言。

"噢，天啊！我一直都在思考这个问题。"山姆说道。

不单是因为有些字母排列是无意义的，有些则能唤起画面和情感。还因为英语非常不规律。动词时态、名词的复数、单词的拼写——这种语言全然没有一点可靠性以及可预测性，活像个瘾君子或《娇妻》真人秀中的嘉宾[①]。

"今天的拼字蜜蜂里出现了'narrator'（意为叙事者，动词narrate加后缀"-or"），"山姆指出，"为什么这个词的词尾是'-or'，而不像别的由动词构成的名词那样用'-er'？如果是这个词加后半部分字母组合的缘故，那为什么有'rater'（意为估价者，动词rate加后缀"-er"）而没有'rator'？"此外还有非常典型的一类词，去掉它们的否定前缀之后就没有意义：你可以说"inept"（意为"不合适的、不熟练的"，"in-"是常见的否定前缀），但却不能说"ept"。山姆说道："昨天我还在想，为什么'legalized'（意为合法的）是个常见词，而'illegalized'（意为非法的）不是呢？"

英语"没有任何道理可言……只要想想'-ough'这个字母组合就明白了。你或许以前就知道，它有10种不同发音"，迈克·塞林克（Mike Selinker）在《谜题技巧》（*Puzzlecraft*）一书中这样写道：

[①] 《娇妻》真人秀的嘉宾均为生活富足的女性，美国女权主义先驱、演员格洛丽亚·斯泰纳姆（Gloria Steinem）认为该节目太假，冲突的情节都是安排好的；另外也有批评指出该节目宣扬消费主义。

Tough（发音为"tuff"）、cough（发音为"cawf"）、bough（发音为"bow"）、though（发音为"tho"）、thought（发音为"thawt"）、through（发音为"threw"）、hiccough（发音为"hiccup"）、hough（发音为"hock"）、lough（发音为"lakh"，也可发音为"lock"），以及borough（发音为"burrah"，也可发音为"burrow"）。

总而言之，英语乱到一塌糊涂。这与它的起源就很随意有关——拉丁语、盎格鲁-撒克逊语，以及从其他数十种语言中巧取豪夺了许多单词共同构成的大杂烩。

我的母语是这样一种混乱的语言，令我的心情很复杂。一方面，对把英语当作第二语言来学习的人来说，这种混乱会让他们感觉非常糟糕。当作第一语言也是如此。不妨想想，我们这些说英语的人在记住古怪拼写和不规则动词变化上浪费了多少时间。还有因为单词发音相似、语义模棱两可导致的成千上万次误解和不必要的争执，这同样值得思考。

另一方面，英语的疯狂属性使它特别适合设计字谜游戏，诸多小说家和诗人把文字玩得出神入化也是基于英语的这一特点。不妨设想一下，用拼读完全一致、动词变化规律的世界语设计的填字游戏，其单调乏味程度可能令人瞠目结舌。

英语中大量的奇怪词汇令拼字蜜蜂变得格外有趣——也令找出所有单词成为一项了不起的成就。事实上，拼字蜜蜂的最终等级甚至未对解谜爱好者公布。我儿子赞恩最近告诉我，"天才"并非拼字蜜蜂的最好成绩。只要写出参考答案列表中的70%左右，你就可以达到这一级别了。

把所有可能的词都写出来当然是极为罕见的成就，如果能做到，你就会获得彩蛋："Queen Bee"（女王蜂）头衔。

我花了几个星期，对4个字母的组合做了成百上千词的猜测。在一个周六的上午，经过两个小时的奋战，我终于获得了"女王蜂"称号。之后我发誓再也不做这样的尝试了。

多数日子里，我仍然会在凌晨4∶00醒来，做做拼字蜜蜂——但我不再为"女王蜂"称号跃跃欲试，我把这个决定看作是一项伟大的胜利。

回文字谜，ars magna

《纽约时报》的拼字蜜蜂的问世时间迄今未满10年，但它脱胎于最古老的文字游戏形式之一，回文字谜，即将单词中字母的位置调整之后得到新的单词。

人类对于回文的痴迷几乎与字母表的诞生同步。回文并非一直为了好玩，它起初被看作文字顺序被打乱的神谕。

回文可能引发战争。心理学家马塞尔·达内西（Marcel Danesi）在其著作《解谜本能》（*The Puzzle Instinct*）中描写道，亚历山大大帝曾经做过一个与半人半羊的森林之神"satyr"有关的梦。亚历山大被这个梦困扰，想知道它究竟预示着什么。他询问预言家，后者机警地指出，在古希腊，"satyr"一词就是"提尔①属于你"（Tyre is yours）的回文。（亚历山大的军队曾包围过提尔。）于是亚历山大将梦看作是诸神对自己攻城略地的许可，随即攻占了提尔。不过说真的，即便没这个回文解梦，亚历山大也会想出其他的借口，他就是热衷于扩张领土。

还有个回文是在17世纪一次著名审判时提出的。英国有个叫作埃莉诺·戴维斯（Eleanor Davies）的妇人，宣称上帝命其为先知并指出她婚前的名字是与另一先知丹尼尔有关的回文（Reveale, O Daniel：哦，丹尼尔，去揭开真相吧）。后来她因渎神罪名受审，公诉人称埃

---

① 提尔是古代腓尼基的一座城市，现属黎巴嫩。

莉诺·戴维斯女士（Dame Eleanor Davies）的称呼颠倒字母顺序后就是"Never soe mad a ladie"（从未见过这样的疯女人）。

值得注意的是，回文在拼写标准化之前要容易得多。

人类显然喜欢挖掘隐含意义。我们乐于相信，事物并非看上去的那样，表象之下另有乾坤。我们可以从噪音中发现规律，在面包片上看到耶稣的面孔。心理学家将这种倾向称为"幻想性错觉"。回文字谜可谓正中我们的要害。（关于谜题的缺点，后面我还会继续探讨。）

除了引发战争或因罪行受审，回文还被看作是一种艺术形式。回文的英文单词复数形式anagrams就可以重新调整字母顺序，成为"ars magna"（拉丁语，意为伟大的艺术）——所以说它是艺术，你看这证据多明显。

有许多聪明人对颠倒字母顺序乐此不疲，伽利略就是其中之一。他在回文诗里隐藏了自己的几项发现——比如土星光环的存在——的信息。其他科学家不得不破解他的诗歌，来了解伽利略又有什么最新的看法。你有没有想过，伽利略接受教会审判时，为什么没人为他辩护？

在17世纪，法国国王路易十三任命一位叫作托马斯·比伦的男子担任王室回文创作师，每年俸禄1200里弗。比伦的全部职责，就是构思各种回文，将王室成员的名字字母调整顺序，成为讨好国王的奉承话。

维多利亚时期的人也喜欢用回文来拍马屁。

路易斯·卡罗尔就曾用弗洛伦斯·南丁格尔[①]的名字创造了一条很出名的回文：

Flit on, cheering angel（继续飞吧，欢乐的天使）

---

① Lewis Carroll，英国作家，代表作《爱丽丝梦游仙境》。Florence Nightingale，英国护士，国际护士节就是设立在南丁格尔生日这一天。

第四章　回文字谜

但回文也能用作武器，可以算是最书生气的侮辱性幽默形式。比如超现实主义画家萨尔瓦多·达利（Salvador Dalí）的名字也能构成回文，他的批评者们说他背叛了艺术，将其称之为"Avida dollars"，意思是贪恋美元。

在1936年，《纽约时报》上还出现了"Mother-in-law"（岳母或婆婆）的回文是"Woman Hitler"（女希特勒）的说法。

这个关于希特勒的笑话——显然基于很多原因，变得让人难以接受——出现在一篇关于美国全国解谜者联盟（National Puzzlers' League）年会的文章里，还在该年会上被评为当年度最佳回文。

事实上，全国解谜者联盟至今依然存在，而且仍在源源不断地输出着全球最优秀的回文。这个组织始创于1883年，是全世界历史最悠久的解谜社团，现有约700名会员。该联盟出版的月刊《难解之谜》（The Enigma）上有很多与回文相关的谜题。《难解之谜》的发行量很小，产值也很低——不过就是二三十页装订在一起的小册子——但却闪耀着智慧和才华。成为解谜者联盟会员（年费30美元）几个月后，我开始收到这份月刊。起初，上面的谜题看似全然不可解。所以我决定去向另一位与我相识数年的会员请教，他叫迈克·赖斯，长期参与《辛普森一家》的编剧工作。

我去了迈克位于曼哈顿中城的公寓。他热爱纽约，不想搬到洛杉矶，宁愿在编写剧本期间每周在两座城市间往返。

迈克的公寓里有许多艾美奖[①]的奖杯，一张装裱起来的《辛普森一家唱蓝调》白金专辑，以及许许多多的解谜主题图书。他跟我说，解谜是他的最大爱好。

"我的脑子一直在转。我尝试过几次冥想。但一开始冥想，我就会觉得要失去理智，因为我坐在那里脑子就开始想：'我要思考的事情实在太多了。'这就是我为什么喜欢解谜。就像有人说：'这件事

---

① 美国电视界的最高奖项。

可以让你动动脑。'可以把精力释放到某处，还是值得欣慰的。"

迈克说《辛普森一家》的其他几位编剧也对谜题抱有强烈的兴趣，把解谜瘾过足才会开始创作剧本。"我的老板会说：'嗯，我们应该工作了。'而我想的是：'行，等我解完这个谜再说。'"

但是迈克认为，幽默和谜题是有关联的。

"我最爱的笑话里有太多其实都是谜题，更准确的说是代数问题：你必须解出缺失的x，这里的x就是喜剧效果，"他说道，"比如，'这家酒店的毛巾太蓬松，我的行李箱都合不上了'的笑点在于说话者正在偷毛巾，但在这句笑话里只字未提。"

我觉得很有道理：幽默、谜题，还有数学，三者关系非常密切。

"还有这个笑话，更像解谜了，你可以观察到听笑话的人要反应一下来思考笑点所在，"迈克说道，"一具骷髅走进酒吧，说：'我想要一大杯啤酒和一把拖布。'"

迈克喜欢所有类型的字谜——填字游戏、藏词游戏、谜语——但令他最痴迷的还是回文字谜。他说这几乎成了一种病，因为他看到任何一个词，都会想如何重新排列字母的顺序。例如，他看着一瓶伏特加，据他回忆牌子是Stolichnaya，把字母打乱重新排列后出现两个意思几乎完全相反的词"satanic"（恶魔的）和"holy"（神圣的）。有时候，他脱口而出的话语在后来才被他意识到是回文，比如有一次他和妻子去看英国演员、剧作家诺埃尔·科沃德（Noel Coward）的剧作，迈克觉得不怎么样，于是对妻子说："诺埃尔·科沃德可不是奥斯卡·王尔德（Noel Coward is no Oscar Wilde）。"他后来才意识到"Noel Coward is"就是"no Oscar Wilde"的回文。

他的这种才能或者诅咒始于童年。"我是单眼视觉，看东西没有纵深。整个世界都是平的。我的母亲认为这使我擅长摆弄字母。"

如此看来，《辛普森一家》中常常出现回文并非巧合。有一集，巴特将一个牌子上写着的"Garden"（花园）重新排列成了"Danger"（危险）。还有一集，他将招牌上的"cold platter"（冷盘）改成了

"cold pet rat"（冷宠物老鼠）。[巴特（Bart）这个名字更是可以调整成布拉特（Brat）①。迈克说他曾在第一集里给这个回文名字写过一条附注，不过后来还是被删掉了。]

我不像迈克那样"语不回文死不休"，但自打开始做拼字蜜蜂，我或多或少也受到了些影响。排队、刷牙，甚至开车的时候，我都会想着回文。我会自言自语，刚才那个标志牌很有趣。"Yield"（出产；屈服）这个词包含着"deli"（熟食店）、"lied"[lie（说谎）的过去式]、"idle"（无所事事的），甚至还有"die"（死亡），我如果不小心开车，可能会落得这般下场。

迈克有一摞《难解之谜》，我们抽了一本出来，坐到沙发上仔细看。每一期都有几种与回文相关的字谜。第一种非常直接，调整短语的字母顺序，就可以得到与该短语相关的答案。

1898年有一期《难解之谜》有一条很经典的回文字谜：

HEY, DOG, RUN!（嘿，狗狗，快跑！）
可以重新排列成"Greyhound"（灵缇；身躯细长、腿长善跑的赛犬）。

另一条来自1921年：

ENSLICED EATS（切成片的食物）
可以重新排列成"Delicatessen"（熟食、熟食店）。

再来一条比较新的：

LATTES? IN HASTE, GO NW（拿铁咖啡？赶快，去西

---

① 巴特是《辛普森一家》中最受欢迎的人物之一；brat也有臭小子、顽童之意。

北方向）

可以重新排列成"Seattle, Washington"（华盛顿州西雅图）。

回文之外

回文只是个开始，《难解之谜》的其他字谜更加难解。但为了解释这些字谜，我们先去趟科罗拉多州。

全国解谜者联盟每年都会选取一个风景如画的城市召开年会，参会的解谜爱好者达数百名之多。2019年的夏天，我参加了在科罗拉多州博尔德举办的年会，这里有巍峨的群山和美妙的骑行路线。不过这两样我都没见到，因为整个周末我都在酒店宴会厅里，满脑子想的都是如何解谜。

我到达会场后首先经历了文件夹板嫉妒。会务组告诉我们要携带有夹子的写字板，以便收纳印有谜题的散页。我认为自己的文件夹板还挺不错的，但跟有些解谜者的装备相比就太不起眼了，他们的文件夹板经过改装，有专门放铅笔和橡皮的沟槽。

我在前台办了入住手续，用的是解谜专用化名。全国解谜者联盟的每一名成员都有这样一个化名，或构思精巧，或书呆子气十足。威尔·肖茨的化名是威尔茨（Willz）。这本身就是个画谜，他把自己的名字拆成了Will short z，然后隐去了short（该单词有"缺少"之意）。他对这些显然十分在行。

我的化名就没那么巧妙，但是对我个人来说很有意义："1-Down Saturday"（周六纵向1），就是我的名字出现在《纽约时报》填字游戏上的那件大事。

我到会的当天晚上，联盟举办了一个辅导课，介绍《难解之谜》上刊登的独家字谜。这些字谜叫作"flat"（诗谜回文），早在19世纪由联盟发明。你在全国解谜者联盟的官网上可以找到完整解释，如果嫌太长的话，可以看看以下的简要说明：

"诗谜回文"是一首留有空白的诗，在空白处填入答案。答案是两个或更多的词，可以说是加强版的回文。回文形式各异，有些需要你将一个单词的首字母去掉，这样就可以得到另一个词，比如："factor"（因素）变成"actor"（演员）。这类字谜有个令人不寒而栗的名字："掐头"。

还有一类需要你把单词的末尾字母去掉，比如："aspiring"（有抱负的）变成"aspirin"（阿司匹林）。这一类叫作"去尾"。

我的导师叫作盖伊·雅各布森（Guy Jacobson），他是《难解之谜》的长期供稿人和编辑（他指出，他的姓氏截掉两个末尾字母，就变成了我的姓氏）。

"诗谜回文有数十种，"盖伊说道，"有一种叫'Spoonergram'（勺子画），还有叫'Baltimore Transdeletion'（巴尔的摩减字翻译）的。总的说来非常复杂。"

这些诗谜回文很难解，而编写它们只会更难。你必须在可以发挥的词当中寻找有新意的词，所以这类词越来越像珍稀动物。盖伊提到了当他想到一条新的回文或"掐头"时的激动心情。"感觉就像发现了猫头鹰的一个新品种，或者是治疗某种病的灵丹妙药。"盖伊说道。之后他满怀敬畏地说起了他一直最爱的字谜之一，该字谜是由联盟里的一位友人贡献的：

Chorizo（西班牙辣香肠）
结尾加一个字母，得到：
C Horizon（C层或母质层，地质学名词，通常由很少或未经受土壤结构发育影响的母质构成。）
再加一个字母，得到：
Chorizont

你也许不认识 chorizont 这个词，我之前也不认识。这个词怎么理解呢？如果有人认为《奥德赛》和《伊利亚特》是两个不同的作者创作的[①]，那么这个人就是一个 chorizont[②]。

想想这样一个词是多么节省时间！我真记不清有多少次我跟别人闲聊的时候要不厌其烦地说上一长串："哦，她认为《奥德赛》和《伊利亚特》是两个不同的人创作的。"现在我只需要用一个词就行了，chorizont！这又是一个生活诀窍！

我试着做了两三个诗谜回文，确实很难。不过半个小时后，我解开了几个。当我解开字谜的时候，我同时体会到了两种情绪：喜悦和恼怒。喜的是我发现"Kalamazoo"（喀拉马索）[③]可以构成"Lamakazoo"（喇嘛；卡祖笛）的回文，恼的是这居然花了我这么长时间。

盖伊说这种混合情绪正是谜题设计师想要在你身上看到的。

"解开诗谜回文的人会感到自豪，同时也感到羞愧。解谜者的大脑里的某个角落实际已经存在这样一种联系，等灵光一闪发现这种联系的时候，他们就会觉得'哦，这太酷了。可我怎么没早点想到？我真是丢脸'。谜题设计师就是想要达到这样的效果。"

3天以后，我要离开博尔德了。一名与会者指出，Boulder（即博尔德）是 bolder（更大胆）的同音词，而这正是他对我在解谜方面的期望。带着这样的寄语结束我的博尔德之旅真是再合适不过了。

---

① 相传《奥德赛》和《伊利亚特》均为古希腊吟游诗人荷马所作，两者统称《荷马史诗》。
② Chorizont 一词有时更为广义，指"质疑书的作者身份的人"，但我更喜欢不掺杂其他理解的纯粹词义。——作者注
③ 美国密歇根州一城市，是该州西南部的制造中心。

> 本章附录
>
> # 十九个历史字谜

回文字谜

重新排列短语的字母顺序,得到与短语意思相关的答案

1)MOON STARERS(盯着月亮看的人。打一职业)

2)BAG MANAGER(管袋子的。打一职业)

3)A STEW, SIR?(来份汤吗,先生?打一职业)

4)MR. MOJO RISIN'(打一歌手)

5)ONE COOL DANCE MUSICIAN(酷酷的能歌善舞音乐家。打一歌手)

6)GENUINE CLASS(名副其实。打一演员)

7)RADIUM CAME(铀来了。打一科学家)

8)CASH LOST IN' EM(现金消失不见。打一物体)

9)BUILT TO STAY FREE(为自由而建。打一地标)

10)DIRTY ROOM(脏脏的房间。打一地点)

11)VIOLENCE RUN FORTH(暴力向前冲。打一历史事件)

美国国家公共电台的字谜

威尔·肖茨担任着美国国家公共电台周末版的一个人气环节的主持人,在节目上他会出一些自己与听众创作的字谜。以下字谜来自于2004年的一期节目:

12)将一位人气漫画家的名字的第3个字母向右移动两个字符,得到的词组就是你会在城市街道上看到的东西。

提示：漫画家本人给节目打过电话，装作被难住了。

下面这一条是迈克·赖斯创作的：

13）你在衣物的标签上可能会看到一个由两个单词构成的短语，在第一个词结尾加两个字母，在第二个词结尾加一个字母，这样就得到一位著名作家的名字。这位作家是？

字谜家族最近又加入了一个新成员，叫作方程式分析测试（Equation Analysis Tests），又叫作Ditloids［首字母关联字谜，由1999年出版的《谜题简史》(*A Brief History of Puzzles*) 作者威廉·哈茨顿（William Hartston）创造的一个词］。

首字母关联字谜的谜底是一个常见词组——通常是以数字开头——谜面只保留了这个词组中各单词的首字母。比如"52 W in a Y"的谜底是"52 Weeks in a Year"（一年中的52个星期）。以下字谜可供尝试：

14）5280 F in a M

15）3 S in a T

16）5 F on a H

17）14 D in a F

18）6 F in a F

19）9 L of a C

参考答案见本书365页。

第五章

画　谜

Rebuses

除了回文字谜,《难解之谜》中还有另一种形式的字谜引起了我的格外关注,那便是画谜。你也许知道,画谜是一种视觉上的文字谜题,使用字母、插图、创意排版等手段隐藏一个单词或短语。有些画谜是比较容易解开的,比如:

→ Secret ←

Secret

Secret

谜底是"Top secret"(最高机密)。

但也有些画谜,尤其是《难解之谜》上的那些,难得离谱。

比如这一个:

B

谜底是"Abalone"(鲍鱼)。

因为谜面是"a B alone"(单独的一个B)。

又比如：

ST

谜底是"Stingray"（黄貂鱼）。

因为谜面是"ST in gray"（灰色字体的ST）。

与回文字谜相似，画谜的历史也非常悠久。据说以机智闻名的法国作家伏尔泰曾经用画谜的方式回复来自国王的晚餐邀请。他只写了：

"Ga！"

将它解读出来：

"Gé grand, A petit!"（G大写，A小写！），发音近似于"j'ai grand appétit!"（我好饿！）。

画谜在19世纪也非常流行。事实上，在我调研期间，我发现了19世纪70年代的一个构思特别巧妙的画谜。这里还有个斗智斗勇的故事，对阵双方是我和现代解谜界最著名的人物，威尔·肖茨。

家喻户晓的名字

我之前说过，威尔是《纽约时报》填字游戏的编辑、美国国家公共电台的字谜主持人。我打赌，在个人思考的产物占用人类时间方面，威尔·肖茨可以和马克·扎克伯格相提并论——而且据我所知，威尔的创造目前还没有对民主造成任何威胁。

这些年来，我与威尔有过数面之缘，于是我给他发了电子邮件，询问是否可以去他家拜访，聊一聊字谜——画谜、回文字谜、填字游戏等等。他同意了。

在造访之前，我重温了一下威尔的个人经历。八九岁时，他听从母亲的建议开始创作填字游戏，这样一来，他就不会老是打断她的桥牌俱乐部活动了。威尔在《纽约时报》供职之前曾担任《游戏》（*Games*）杂志的编辑。他一向彬彬有礼，沉着冷静。正如作家艾德丽安·拉斐尔（Adrienne Raphel）在她关于填字游戏的著作《框框里的思考》(*Thinking Inside the Box*)中所言："他（威尔）带有外交官式的礼貌，以及美国中西部地区网球教练般的良师益友气质。"

威尔自1993年开始在《纽约时报》担任填字游戏的编辑。他的前任是让众多填字游戏爱好者又爱又恨的尤金·T.马莱斯卡，一位前中学教师。大家对尤金的抱怨主要在于他的自命不凡与无趣。他的填字游戏全都是俄罗斯女中音歌唱家或者也门民间运动这种鲜为人知的线索。填字游戏设计师兼作家斯坦·纽曼曾形容马莱斯卡是"以冷僻知识困扰他人为乐的老学究"。

威尔·肖茨令《纽约时报》的填字游戏重焕生机。他带来了更多的流行文化，更多的创意主题，更多的文字技巧，这些黑白方框被重新赋予了欢乐。

威尔喜欢几乎所有类型的谜题，也热衷于发掘谜题的历史。实际上，我在调研期间曾经看到过一个特别有趣的资料：2016年的一期《词汇之道》(*Word Ways*)上刊登了威尔·肖茨作为读者给杂志社写的一封信，顺带说一句，这份杂志非常冷门，但却是极为出色的字谜发烧友读物。

这是山姆·劳埃德的字谜吗？

威尔·肖茨

普莱森特维尔，纽约

下图是19世纪70或80年代的一个字谜名片。从排版和印制风格来看，我认为是劳埃德设计的，但是没有任何证据。

而且，我对这个画谜束手无策。如果《词汇之道》的读者能解出来，我洗耳恭听。

在信中，威尔说他自己"对这个画谜束手无策"。我看了看该杂志后续出版的几期，没有看到任何回应。看起来这个谜题至今未解。

因此我冒出个想法，连威尔·肖茨都没能解开这个有150年历史的谜题，如果我能解开呢？

最重要的是，这不是普通的画谜，这个画谜很有可能是威尔童年时的偶像山姆·劳埃德设计的，后者是19世纪最著名的谜题设计师，简直就是当时的威尔·肖茨。劳埃德甚至也像威尔那样蓄着唇髭，只不过更浓密一些。

劳埃德早年因设计国际象棋棋局成名，但很快就开始涉猎各种谜题：字谜、数学谜题、视觉谜题等。他最著名的谜题之一是为P. T. 巴纳姆（P. T. Barnum）的马戏团设计的宣传品，销量达数百万份，名

山姆·劳埃德

威尔·肖茨

劳埃德设计的《著名的把戏驴》

字叫作《著名的把戏驴》(Famous Trick Donkeys)。想要解开的话,你需要把3个长方形剪开重新排列,这样,骑师就可以骑在驴背上了。

但两人有一个最显著的区别:劳埃德是个骗子。

比如说劳埃德的"15格"骗局。你肯定听说过15格——你要按照数字顺序排列拼盘上的15个滑块。这个拼图在19世纪80年代引发狂热,就像100年后的魔方。《纽约时报》曾在1880年发表过一篇社评,称其为亟待消灭的"瘟疫"。

首先,劳埃德声称拼图是他发明的,这是在说谎。拼图的首创者很有可能是纽约的一位邮政局长。

但更为恶劣的是,劳埃德厚颜无耻地设计了一个与拼图有关的骗局。他表示,愿意拿出1000美元(相当于今天的25000美元),奖励给第一个将15格的某种排列方式还原的人。

问题在于:这是人为操控的比赛,那种排列方式根本不可能被还原。

从数学的角度说,15格的排列方式有70亿种,其中一半可以还

由印第安纳州布卢明顿印第安纳大学利利图书馆提供

原成数字顺序，另一半则不可以。劳埃德选择的排列方式就属于后一半，所以他根本不用付奖金。尽管劳埃德口是心非，我还是把那个至今未解的画谜打印了出来，放在包里背着去拜访威尔。

威尔住在威彻斯特一条树木茂盛的安静街道上。他的家兼做办公室，还可以算是个谜题博物馆。到了他家之后，我先四处看了看。威尔给我展示了他最骄傲的藏品，其中包括制作于19世纪80年代的木制15格，一本1533年的拉丁语谜语书，《纽约世界报》刊登的史上第一个填字游戏——藏于私人之手的唯一一份。

"这是比尔·克林顿在我50岁生日时写给我的字条。"威尔指着墙上装裱好的一张纸说。克林顿在上面写着："这些字谜是《纽约时报》唯一能够给我带来好感的部分，即便我解不开。"

旁边是个壁橱，威尔让我看了里面厚厚的一大摞纸。这些都是未来几周将会见报的备选填字游戏。

在一个文件柜里，我看到了他的大学毕业论文。威尔在印第安纳大学创造了属于自己的专业：谜题学，专门研究各种谜题。他的论文主题是从殖民时期到19世纪的早期美国字谜历史，论文本身信息翔实，笔调犀利。

在论文的结尾处，年轻的威尔·肖茨写道，他希望他的论文"为这种消遣增添一定的尊严，一份热爱字谜理应得到的尊严"。如今40多年过去了，各种谜题已经获得了公众的一些肯定，这其中有威尔的功劳。

"我认为对谜题的评价已经变得更正面了，"威尔说道，"过去人们是瞧不起谜题的。你可以看看20世纪30年代关于全国解谜者联盟的文章，全是描述这个群体有多么的书呆子气，总在取笑他们。现在呢，报刊上的文章不再取笑解谜群体了。"

嗯，反正不像以前那么多了。

我跟威尔说，我的理想是解开世界上最难的谜题，如果我能够解开他之前没解开的谜题，那我觉得就是大功告成了。

我的话令威尔忍俊不禁。

"这一个你解开了吗？"我问道，拿出了山姆·劳埃德的那个画谜。

"没有。"威尔回答。

"好吧，我现在还没解开，但如果我成功了，你会觉得怎么样？"

威尔表示那会是一项非常了不起的成就。

"确实。"他说道，"正好你说到要解开最难的谜题，这儿就有个现成的。"

一个小时后，威尔道歉说他必须要出门了。他得去他的俱乐部接待一位加纳的乒乓球冠军。这句话并非谜语，也不是暗号。除谜题之外，威尔对乒乓球也抱有浓厚的兴趣，他在威彻斯特拥有一个乒乓球俱乐部。

他送我到火车站。在回曼哈顿的列车上，我发誓什么也不做，一门心思扑在那个画谜上。我盯着它看了40分钟，直到图形上的线条开始在眼前晃动。

如果根本就没有答案，怎么办？这会不会也是个骗局，就像劳埃德的15格竞赛？

然后……一片光明。眼前的浓雾消散了。

我想，我已经解开这个威尔·肖茨都没解出来的谜了。我太了不起了！

一回到办公室，我就给威尔发了一封电子邮件。我异常激动，双手一直在颤抖。

> 威尔，你好！
> 我在回来的列车上经历了那个灵光一现的时刻。
> 是关于你寄给《词汇之道》的（有可能是）山姆·劳埃德的画谜。
> 答案会不会是……
> "The forces overtake and surround the enemy."（部队向敌军进攻，并包围了敌军。）
> ［有四个（four）C在take的上方（over意为"在上方"），把The enemy围住了（surround）］
> 你认为呢？
>
> A. J.

接下来的7个小时里，我不停地按着刷新，等待威尔给我回信，里面写着类似"祝贺你！你已成为最伟大的解谜者。我该让贤了"之类的话。

我焦急地等待着，同时也有些恍惚。我刚才与150年前的思想产生了交流，我们的想法不谋而合，即便设计谜题的人已经不在人世。

一封邮件终于弹了出来。威尔还是那么客气，邮件开头说了些与我交谈很开心之类的话，然后……

> 关于山姆·劳埃德的画谜……既然你提到了，我以前想到过

这个答案，时间太长，我都忘了。

我很确信这个答案是对的。

在此鞠躬致意！

哦，天哪。我十分泄气，感觉就像兴冲冲地去兑彩票头奖，但最后一刻彩票号码被改了。我相信威尔在我之前解开过这个画谜。与他的偶像不同，威尔在谜题界是个诚实、正直的好人，他无须证明什么。我真希望威尔要么真没有解开，要么可怜我而装作没解开。

但是我提醒自己：是威尔让我的名字出现在周二的填字游戏里，所以我不能生气。

而且，我现在是解开有150年历史的谜题的第二个活人[①]。威尔·肖茨和我是世界唯二的最伟大解谜者。这也很了不起了，对吧？就像威尔在邮件里说的，他鞠躬致意，那么我也鞠躬回礼好了。

[①] 本书完成之后，我发现自己实际是解开该谜题的第3个活人。帮我核对信息的人找到了《词汇之道》在刊登威尔来信之后几个月的某一期，上面有另一封信提出了相似的谜底。所以在此鞠躬向你表示敬意，盐湖城的罗瑞·威克。——作者注

本章附录

七个历史画谜

1）下面这个画谜至少要追溯到18世纪90年代的英格兰，它之所以出名，是因为谜底是一匹冠军赛马的名字。据说，这个画谜是由一位马童漫不经心地创造的，他听错了马的名字，然后用这种奇怪的形式写了下来：

POT OOOOOOOO

2）在19世纪，画谜很是流行，约会结束时，男士会给女士一张画谜式卡片传情达意。

3）大萧条时期，Old Gold牌香烟举办过一次画谜大赛，在全美引发解谜狂热。参赛者解开270个画谜，即可获得10万美元的奖金。1937年的《生活》杂志刊登的一篇文章称参赛人数达200万。精明的企业家们以每份1.45美元的价格出售小抄。大批参赛者涌入美国各地的图书馆，有些图书馆管理员甚至把查阅参考书的时间限定为15分钟内。获胜者是一位美国海军飞行员，他与4位朋友分享了奖金。以下是当时的画谜之一［谜底可能是马克·安东尼（Mark Antony）、克努特·罗科尼（Knute Rockne）、查尔斯·狄更斯（Charles Dickens）、威廉·佩恩（William Penn）、霍勒斯·格里利（Horace Greeley）、帕特里克·亨利（Patrick Henry）中的一个］。

4）孤星啤酒（Lone Star Beer）自2001年起推出瓶盖内侧带画谜的啤酒。这些瓶盖如今都有收藏价值。

第五章 画谜

5）互联网上有大量的现代画谜，比如以下3个。

yourballcourt

6）

$$\frac{\text{TRAVEL}}{\text{CCCCCC}}$$

7）

M1Y L1I1F1E

答案见本书367页。

第六章

拼　图

Jigsaws

　　开始这一章之前，我要坦承一件事：此生大部分时间，我都算不上是个拼图爱好者。拼图或许是我最不喜欢的一类谜题。我并不厌恶拼图，只是觉得它们带来的麻烦大于欢乐，更像是往洗衣机里塞衣服，而不是享用柠檬蛋白派。我同意喜剧演员娜奥米·斯彭根说的："有那么多现成的艺术品，我为什么还要去拼一个？"

　　另外，我多少也有点儿势利。我觉得拼图太直观，不够微妙。在我看来，拼图之于谜题，有如王牌接线员拉里[①]之于喜剧。我的家人们每到跨年夜都会玩拼图，我则会气鼓鼓地坐在另一个房间里等他们拼完，好开始玩拼字游戏Scrabble或Boggle，或者大家都觉得可以开始喝两杯了。

---

① Larry the Cable Guy，美国喜剧演员、制片人、编剧；数次提名金酸莓奖，代表作是《汽车总动员》，他在影片中为板牙（Mater）配音。

好啦，读者们，在写作本书的过程中，我接受了拼图，甚至到了去参加比赛的程度。诚然，我在比赛中的表现糟糕得令人尴尬，但毕竟还是接受了。

下面就是我的转变故事。

从一开始，我就知道我必须要写到拼图，哪怕我一直以来对它爱搭不理。拼图也许是**最**原始类型的谜题。一提到谜题（puzzle）这个词，大多数人脑海中就会出现带着圆形榫头卯眼、可以拼在一起的小零片。

于是有一天，像写其他东西一样，我开始先在谷歌上查资料。我找到一篇文章，说比尔·盖茨喜欢拼图。这是个好兆头。他可不是笨人哪。还有西奥多·罗斯福、伊丽莎白二世、有头脑的演员休·杰克曼等人都是拼图爱好者。我还知道了，拼图是一个巨大的产业：每年人们花在拼图上的钱超过7亿美元。2020年，也就是全民居家的这一年，据一些经销店的数据，拼图的销量达到从前的3倍或4倍。

我用谷歌搜得正起劲儿的时候，一个链接激起了我的好奇心：世界拼图锦标赛（World Jigsaw Puzzle Championship）。

什么？我以前还真不知道拼图还能拿来比赛。对我来说，拼图最多能算是个让人安静的爱好，一种消磨几个小时的放松方式。快速拼图听起来自相矛盾，就像瑜伽竞赛或者打盹比赛一样怪异。

但实际情况是，几个月之后世界拼图锦标赛将在西班牙一座小城举办。参赛国将近40个——巴西、保加利亚、马来西亚、加拿大、意大利等等。

奇怪的是，居然没有美国队。我的国家为什么没有在参赛名单上？

一时兴起，我填写了四人组队参赛的申请表。我认为这是严格筛选流程的第一步——之后还有计时选拔赛，或许还有面试——我肯定通不过的。

一天后，一封回复邮件应声而来："恭喜。在此确认你们作为美国代表队参加世界拼图锦标赛。"

我激动莫名，同时也惊恐万状。我是说，我知道这不是奥运会，也不是世界杯。但参加比赛就会有压力。我毕竟是要代表我的3.3亿名同胞去参加国际比赛。

而且我水平也差得远。从8岁以后，我就再没完成过一个拼图。在线填表，以及支付20欧元的报名费用，我全部的相关技能就到此为止了。很显然，其他美国人没有报名的积极性，他们也没有过剩的自由时间。

首先，我需要3个队友。不得不承认，我的网络搜索很不彻底。
"你们准备好尽爱国义务了吗？"我问妻子和孩子们。

尽管心存疑虑，他们还是同意去参赛，只要别让他们穿任何形式的统一服装就行。没问题，我向他们保证。

下一步，训练。我决定向专家请教。我给凯伦·卡维特打了电话，她是新泽西当地人，在YouTube上开设了一个很受欢迎的拼图频道。她对拼图是很在行的。

凯伦坦率地告诉我，她并不懂快速拼图。她的拼法要佛系得多。她很享受拼的过程，比起匆匆忙忙地拼出完整画面，她更喜欢去品味，所以把最后一块零片拼好之后她会感到很失落。

"我在拼图的时候会进入一种入迷的状态，"她在一个视频中说，"我会忘记吃饭。要知道其他情况下我可忘不了。"她解释说，她的脑子完全被拼图占据，根本不会给压力或焦虑留下空间。拼着图，3个小时很快就过去了，而她的感觉像只过了5分钟。

凯伦今年26岁，一头褐色的长发，戴一副黑色方框眼镜，在她洛杉矶的公寓中跟我连线。

她说，有时候她会尝试延长拼图的过程。"我不看图纸上的示例，这样就加大了拼的难度。"她说她曾经用脚来拼图。这也很耗时。我在心里记下来,要把她介绍给用脚还原魔方的丹尼尔认识。

我问她为何会痴迷于拼图,又得到了那个很熟悉的回答:她喜欢从混乱中创造秩序。正如她在自己的另一个视频里所说:"拼图的时候,你知道它有一个正确答案。我觉得这让人安心……而这世界上其他的事物都是模棱两可的。"她引用了曾读过的文章中的话:"拼图不会帮你解决所有问题,但它是一个你能解决的问题。"

拼图也可以让你从无处不在的影视文化中暂时解脱出来,她说。拼图可以通过触碰来感知。我们现在正处于拼图的复兴时期,部分原因就是有像凯伦这样的千禧一代,想要真实的感受,而不是只用手指在屏幕上划来划去。

尽管凯伦并不热衷于快速拼图,但她毕竟知道拼图的最优策略。她给我上了一节速成课:

- 没错,通常是从边缘开始拼。但也并非永远如此。要看拼图的色彩。有些高手会先把零片按颜色分类,把相近的颜色拼好之后再向边缘扩展。
- 如果你不确定两个零片是否真能拼在一起,拼起来之后对着光源看,如果没有光从缝隙中透过来,那就是对的。
- 有时候你可能要反其道行之。想想缺少了什么,去找那块零片。
- 面对类似辽阔的天空这种令人生畏的大片单色区域,要改变策略。零片不按颜色分类,要按形状来分。找出有两个榫头和两个卯眼的零片,再找出有一个榫头和三个卯眼的零片,以此类推。这样拼起来会容易些。
- 零片连接处"最小、最细微"的色点可以作为线索。
- 关注色调。即便是蓝天的图案,零片的蓝色通常也会有不同深浅。凯伦在拼图之余,喜欢摆弄一个叫作"I Love Hue"(我爱色彩)的应用,它可以教你如何区别颜色深浅的细微差别。

我谢过凯伦的指导,她祝我好运。

训　练

过了两天,我开始成年之后的第一次拼图尝试。我儿子赞恩和我一起,拼的图案是苏斯博士的一幅插图——有着五颜六色鱼类的水下世界。但是受到凯伦的启发,我们决定不看盒子上的示例,让拼图的过程更有挑战性。

我们打开塑料袋,把零片倒在餐桌上——一并倒出来的还有很多模切留下的碎屑。凯伦在一个视频中推荐把零片倒在沥水篮里以便滤掉碎屑。现在才想起这个已经太晚了。

我和赞恩开始拼图案的边缘。这不是我喜欢的活动。这种活儿干起来就是费力不讨好。终于,我发现两个可以拼在一起的零片。我把榫头和卯眼拼在一起,听到了轻轻的"嗒"的一声。嗯,这感觉还不错。我已经忘了这种感觉是多么令人满意,两块零片连在一起成了两倍大的新零片。一点点豁然开朗的感觉,让我感到了一点点的多巴胺刺激。又拼上两个,多巴胺刺激又多了一点点。

我想起了和朱莉一起看过的电视剧《离经叛道》(*Unorthodox*),讲的是一群极其虔诚的哈西迪派犹太人。其中一幕是:在一名年轻女子的婚礼上,一名婚姻咨询师向这名女子解释说性就像拼图,两人的结合就像两块零片放在一起那样契合。

我觉得12岁的儿子不需要听到我内心的这个想法。

我比之前预计的更为全神贯注。这是要动脑筋的,至少你在训练的时候得花点儿心思。最优秀的解谜者总是思考元策略:这种情况下什么样的策略最有效?我应该关注形状吗?还是该关注颜色?或许我应该同时关注这两个方面,顺便注意一下质地和方向?我是不是应该把带有鱼眼睛的零片单放一边,还是根据眼睑的颜色把鱼眼睛零片区别开来?(在苏斯博士的世界里,鱼是有眼睑的。)

不知不觉已经过了两个小时，我们不得不停下来，赞恩要上床睡觉了。我真的很想继续下去，以便源源不断地获得豁然开朗的感受，但我还是打消了这样的念头。我意识到，天啊，我也太好哄、太好骗了。也许我对拼图的执着是建立在无知和记忆缺陷上的。

我很高兴我们没看盒子上的示例，完全凭感觉来拼，就像那些勇敢的拼图先驱一样。这样可以在慢慢揭开谜底的过程中产生更多的领悟。哦，那个怪异的红色形状原来是鱼钩！

我明白了凯伦所说的从混沌中创造秩序是什么意思。拼图过程就是对热力学第二定律①的无声抗议。我非常清楚，万物都倾向于朝着无序发展，繁星、群山、社会，都是如此。我这具中年人的躯体已经有了脱发、腹部下垂等迹象，正在失去它原有的秩序。我所在的出版行业深受互联网和人们不容易集中注意力的影响，看起来也在向无序迈进。

但是在这里，我的餐桌上，秩序正要获得一次小小的胜利。

接下来的几个星期，我开始梦到拼图，在脑海中连接拼图零片。我开始透过拼图的滤镜看世界。我书上的所有章节？那些都是等待就位的拼图零片。我生活中的种种问题？也许我可以先将它们分门别类——财务的、婚姻的、亲子的、事业的——然后一一加以解决。

或许也不能这么看。或许，在我与拼图的蜜月期，我正在努力将拼图的思维模式强行推进一个它并不能融入的世界。我与最聪明的一个朋友共进午餐，他叫斯宾塞·格林伯格（Spencer Greenberg），是位数学家，毕生致力于思考问题。

"你觉得人生像拼图吗？"我问道。

斯宾塞正在咀嚼人造肉汉堡，闻言停了下来。

---

① 俗称熵增定律或熵增原理。1865年，德国物理学家克劳修斯首次提出了"熵"这一概念，他认为：在一个封闭的孤立系统内，热量总是从高温流向低温，从有序走向无序，而且这一过程是不可逆转的。熵增定律的含义是，物质是从有序向无序发展的，宇宙最终也会因为极度混乱而走向灭亡。

"是，也不是，"他最后说道，"有些人面对问题会说没有解决办法。有些人会说只有一个解决办法，那就是我的办法。这些态度都不可取。实际上大多数问题都有几种解决办法，哪一种都不完美，但生活不就是从这些无法达到完美的解决办法中寻找最优解嘛。"

我点了点头，提出生活更像是个零片形状和颜色总是在改变的拼图。这些零片永远不会严丝合缝地拼在一起，但是你可以找出能让你着眼于大局和要点的那些零片。

但哲学思考就到此为止吧，我还要回去训练。比赛的日子越来越近了。当天晚上，赞恩和我开始了另一个拼图。

锦标赛

四个星期后，我们还远没有准备好，但比赛时间马上就要到了。我和家人搭乘夜航班机飞到了马德里，之后坐了两个小时火车去西班牙北部。我们睡眼惺忪地抵达了小城巴利亚多利德。这是个美丽的小城，中心广场周围有许多咖啡馆，供应西班牙油条蘸巧克力酱。每个街角似乎都有一座华丽的教堂。约有6座城市宣称自己才是克里斯托弗·哥伦布的长眠之地，巴利亚多利德也是其中之一。

第二天上午9点，我们到了千禧穹顶（Millennium Dome），这是座气泡形状的建筑，内部空间堪比小职业球队联盟的棒球场。

我们肯定来对了地方。这里挤满了成百上千的拼图狂热爱好者。肩膀上、手腕上、小腿肚子上文着拼图图案的人随处可见，此外还能看到拼图耳环、拼图主题的服装。有一支西班牙队伍穿的T恤上是组成可怖人类头骨的拼图零片。

"这些都是来参赛的狠角色，"我对儿子们说，"当心点。"

在每一种谜题的亚文化里，发烧友们都会循规蹈矩一般精心地设计双关语。加拿大队很显然是把拼图和美酒结合在一起了，他们的昵称是"Team JigSauvignon Blanc"（拼图长相思）①。

我们一家也穿着拼图主题的T恤。是的，我知道，我答应孩子们不穿统一服装。但为第一次参加世界锦标赛设计、定制T恤的诱惑，实在令我无法抗拒。几番连哄带骗之后，我的妻子和两个儿子非常不情愿地穿上了它们。这些T恤的图案是嵌在拼图零片里的美国国旗，还配了一句拉丁语格言"E pluribus unum pictura"，可以理解成"合众为一图"②。没错，我知道自己这样很不招人待见。

一切都非常书呆子气，但我并不觉得尴尬。我觉得晕乎乎的，这其中当然有缺乏睡眠加喝了西班牙咖啡的缘故，但还有部分原因是我非常喜欢看到人们能够投入激情去做些什么，至于这种激情在别人眼里是多么愚蠢，我毫不在乎。

前一天夜里，我参加了一个小规模的拼图选手见面会。参会的50个人来自世界各地，出于对组合硬纸片的热爱聚在一起。我遇到一位来自新加坡的选手，他在新加坡政府的人力资源部门工作。

"你的工作听起来就像个谜。"我说道。

"比起解决与人有关的谜题，我更喜欢解开拼图之谜。拼图零片不会跟你争论。"

一位高个子比利时男士给了我一些建议。赛事要持续8个小时，对人的背部是个很沉重的负担，因为总是要弓着腰。"许多人都会在比赛前服用布洛芬。"他说。接着他又补充说——语气中带着些许苦涩——个子矮的参赛队更占优势，这就像是赛马比赛的骑师，动作更紧凑。

我得知多年来还有其他的地区性拼图赛事，但世界锦标赛还是头一回。之所以没有看到其他来自美国的参赛者可能就是这个原因，并非所有人都知道这个消息。

---

① Sauvignon Blanc是白苏维翁葡萄或该品种酿制的白葡萄酒，又译长相思，英文名的第一个音节与Jig结合，读音与拼图Jigsaw的发音一致。

② 这里是戏仿美国国徽上的拉丁语格言E pluribus unum，即"合众为一"，作者多加了pictura，意指拼图最终目的是拼出完整图案。

不过今天可没有时间闲聊。我们被领到比赛位置,一共有86张桌子(有些国家不止一支队伍参赛),每张桌上都有装饰着小旗子的姓名卡片。我们坐在保加利亚队和土耳其队中间。土耳其队由4位女选手组成,她们围着头巾,身穿有彩色拼图图案的裙子。

"真不敢相信,我紧张起来了。"朱莉说道。

我同意她说的,因为我也出奇地紧张。

朱莉开始做拉伸,就像她要开始跑5千米。土耳其队的一名选手低下头,双手拢着,开始祈祷。我也对自己说了一句很凡夫俗子的祈祷词:请别让我们成为最后一名。

人群安定下来,一位身穿蓝色西装上衣的男士拿着麦克风走上台,宣读比赛规则:

每张桌子上都有4套知名公司拉文斯堡(Ravensburger)未公开发售的拼图,零片数量从1000到2000块不等。

我们要用8个小时把4套拼图拼完,顺序不限。

"Cinco, cuatro, tres, dos, uno …(西班牙语:5、4、3、2、1……)"

比赛开始了！

我们抓起桌上的一个盒子——包装上是非洲游猎的图案。我们现在已经处于不利局面了。其他参赛队都有开信刀或小刀划开包裹盒子的塑料薄膜，美国队只能用自己的指甲挠。

我们的装备劣势还不只如此。我发现其他参赛队有用来收纳零片的各种托盘和纤维板，我们什么都没有。我心里为我的准备不周破口大骂。

我们开始将边缘和不同颜色的零片分类。很明显，图案中的猴子会是个问题——它跟树是一个颜色。

"我以前最喜欢猴子，"朱莉说，"别让我今后恨你们，你们这几个猴子！"

我很喜欢看到之前还心存疑虑的朱莉这样全身心投入。她正在对拼图飙垃圾话。她甚至对整整8个小时不能去卫生间骂骂咧咧。我们在一起20年了，我还是第一次看到她这个样子。

我用手在额头上抹了一把。比赛场里开始热起来了。我瞟了一眼播音员，他们坐在前面的一张桌子旁，正通过耳麦做网上直播。我基本听不懂他们说什么，但确实听到他们不停重复"brutal"（残忍的）这个字眼，我猜这个单词在英语和西班牙语里是一个意思。

我们在拼斑马的时候很顺利，但拼大象时遇到了困难。"我真希望我带了剪子和锤子。"赞恩说道。

这项策略由来已久。为本书做调研时，我偶然看到了老电影《辛辛那提小子》(The Cincinnati Kid)中的一幕，女主演安·玛格丽特用指甲修零片的边缘便于乱塞位置[①]。

[①] 有一些关于人们通过破坏的方式来解谜的逸事。比如亚历山大大帝挥剑斩开戈尔迪之结（Gordian Knot）（译注：魔方一章也提到这个典故，斩开戈尔迪之结与汉语"快刀斩乱麻"意思接近）。中国则有某位王后用锤子砸开玉连环的传说（译注：解连环的典故出自《战国策·齐策六》："襄王卒，子建立为齐王。君王后事秦谨，与诸侯信，以故建立四十有余年不受兵。秦始皇尝使使者遗君王后玉连环，曰：'齐多知，而解此环不？'君王后以示群臣，群臣不知解。君王后引椎椎破之，谢秦使曰：'谨以解矣。'"）。——作者注

按照凯伦的建议，我把注意力集中在色彩上。大象和犀牛——都是灰色的，但灰色的深浅有着细微差别。这也是一堂出彩的人生课，我跟两个儿子说。生活充满微妙之处，即便是灰色也会有许多分别。万物都不可能是非黑即白的。

没有回应。我跟自己说这是因为他们太专注了。

在比赛开始两个小时的时间提示音之后，发生了一场小小的危机。我在我们的桌子和保加利亚队的桌子之间的地毯上，发现了一个黄绿相间的零片。

"这是你们的吗？"我问他们。

"不是我们的。"保加利亚队的一位男选手回答道，带着"我们看起来像是会犯这种低级错误的吗？"的那种语气。

我把它捡了起来。想想吧，我避免了怎样的噩梦啊——拼到最后少了一块怎么办。

我瞟了一眼保加利亚队的拼图。他们就快拼完了，只剩湖面和天空。再看看我们自己，离拼完还差得远。实际上，跟我能看到的任何其他参赛队相比，我们都是远远落后的。

有几个身穿黄色背心的工作人员正在巡视赛场。

他们当中有个头发黝黑的男士，对我们产生了特殊的兴趣。他走近我们的桌子，开始有节奏地喊：

"USA！USA！USA！（美国队加油！）"

"*Gracias*（谢谢）。"我用西班牙语回应道。

"USA！USA！USA！（美国队加油！）"

也许他真的是在给我们加油鼓劲。但是我们的拼图还有好多空白，我怀疑他在讥讽我们，这就太讨厌了。如今，美国的声望已经跌进了垃圾桶，我不想让他落井下石。

这位工作人员看着桌上的标牌，上面有美国国旗和我的全名"阿诺德·雅各布斯（Arnold Jacobs）"。

"阿诺德·施瓦辛格（Arnold Schwarzenegger）！"他用西班牙口

音喊出了这个名字，摆出环球先生展示肱二头肌的造型。

"Si（对）。"我用西班牙语说道。我的名字的确与一位名人相同。我低着头，继续拼着草地的图案，表明我没工夫跟他探讨《终结者》电影。这位工作人员走开了。

在4个小时的提示音前后，我们听到了一阵骚动。比赛场远端有群人围着桌子在说着什么。他们喊喊喳喳，还举着苹果手机在拍摄。

"怎么了？"我问附近的加拿大队。

"俄罗斯队。他们快拼完了。"

"拼完一个拼图？"

"不，就是快拼完了。"

快拼完全部4个拼图了。这还不到4个小时。

昨天我听说了俄罗斯队，他们没有出席见面会——他们的目的性是出了名的强，没时间来参加社交活动——但其他参赛者提起他们都充满敬意。有个人把他们比作拼图界的尤塞恩·博尔特。另外一个则说他们的统治级表现可以和20世纪80年代的苏联奥运冰球队相媲美。

"咱们应该做尿检，查查他们是不是用了兴奋剂。"一位女选手补充道。我们笑了起来。但或许真有这个必要吧？

围在俄罗斯队周围的人说话音量更大了。片刻之后，那里爆发出一阵巨大的欢呼声。

我看到了4位女选手——3位金色头发、一位深褐色头发——从人群中走出来。她们都是二十几岁的样子，身穿带有俄罗斯国旗白、蓝、红三种颜色的条纹T恤。

她们走到台上，接受蓝西装上衣的网络直播采访。

"Campeonas del mundo!（世界冠军！）"他说道。俄罗斯队的女选手们露出了微笑。

"太疯狂了，"我儿子贾斯珀说道，"她们是怎么做到的？"

"赶紧拼。"我说道。

每隔五六分钟，我们就会听到一轮从观众席上传来的掌声。

巴西队完赛了。接着是日本队。接着是墨西哥队。

每一轮掌声都像是用膝盖顶我肋部一下。最后，在比赛开始6小时2分之后，我们也拼完了。我是说拼完了第一个拼图。我的两个儿子甚至都不再争抢着把最后一个零片归位，我为他们骄傲。朱莉拍着手大肆庆祝。其他参赛队也过来凑热闹，然后发现我们只完成了四分之一。

我们抓起第二个拼图：一系列的红色物体——玫瑰、运动鞋、踏板摩托车。我们还没把边缘拼出来，耳边就响起了"3、2、1，双手离开桌子"。我们彼此对视，耸耸肩膀，笑了起来。朱莉快步走向卫生间。

后来，比赛结果在一个电视屏幕上显现出来。我挤过人群去看，找到了我们的位置。就在底部，但不是垫底。我们的成绩好于西班牙的一支参赛队。

我的祈祷应验了。我们不是最后一名。

我一点儿都不介意得了倒数第二。我甚至也不介意，成绩比我

们靠前的乌干达队有位选手后来告诉我,他虽然是色盲但非常热爱拼图,所以还是把它当作自己的业余爱好。色盲拼图选手!**这真是太励志了。**这就像是投出无安打的独臂投手吉姆·亚伯特[①]。

是的,这让我感到很丢脸。但我们毕竟不是做观众,而是和世界上最出色的拼图选手同场竞技。在颁奖仪式上,俄罗斯队得到了4000美元的奖金和一尊拼图零片形状的奖杯。

我走上前去,向冠军们表示祝贺,并请求采访她们。伊丽娜——那位深褐色头发的女选手——是俄罗斯队的发言人,因为她的英语讲得比队友好一些。

"你们来自俄罗斯哪里?"我问道。

"西伯利亚。"伊丽娜回答道。

这就说得通了,我心里想。在西伯利亚你还能做什么?我强忍着没把这句话说出口。我相信,这种自以为是的评论她们可能已经听过上千次了。

"拼图之外你们是做什么工作的?"

伊丽娜说她是一名会计。另一个队友在美甲沙龙工作,她给其他人做的美甲就是队徽图案。(当然她们的指甲都不太长,留长指甲不方便拼图。)

"你们的秘诀是什么?"

"我不能告诉你,因为是秘诀嘛。"

有道理。但伊丽娜的态度后来温和下来,告诉我她们成功的关键之一就是分工明确。

她们当中有一个人只负责颜色零片分类。

另一个人专司边缘零片。

还有一个人对处理单色零片特别在行——天空、海洋——通过形状就能解决它们。

---

① Jim Abbott,前美国职棒大联盟投手。他的右手掌先天残障,只能以左手投球及接球。

她们成功的另一个原因并没有什么新意：那便是练习。她们的空闲时间不是用来跟朋友一起喝酒，而是每周练习数次拼图，每次4个小时。

"你们打算怎么花掉奖金？买香槟吗？"

"不，"伊丽娜回答道，"我们需要经费参加其他的比赛。"另一场拼图比赛即将在比利时举行。

"请等一下。"伊丽娜说道。她去行李包里找了找，拿了一件礼物回来。一个小小的毛绒玩具。这是她们队的吉祥物：小熊伊万。

"我们想把它送给你。"她说道。

我或许很厌恶弗拉基米尔·普京以及他对性少数群体的态度，但是眼前这个场面？这是令人愉快的人性光辉。简直可以称作拼图外交。

无论拼图锦标赛看起来有多荒唐，我们在比赛中的表现有多糟糕，我都很享受这次经历，原因是多方面的。

我和孩子们共度了一些时光，他们暂时放下了手里的游戏机。我见识了人们展示完全掌控的能力。他们的娴熟技艺令人鼓舞，即便这种技艺并不为奥运会或体育频道所褒奖。（我后来看到了俄罗斯队拼图的一个视频，她们的双手在桌上舞动速度如此之快，以至于我需要检查视频是不是用了二倍速播放。）最后，我体会到了一种超越国界的社群归属感。比如土耳其的那几位女选手。她们在赛前和比赛过程中对我们很冷淡，但比赛结束后的片刻，她们面带微笑向我们表示祝贺，还送给我们土耳其国旗颜色的零片曲奇。

地缘政治很麻烦，把它比作拼图的话，零片之间的搭配不会那么顺畅，但每一次不起眼的面对面互动却都是美好的。

拼图简史

第二天，我找到了世界拼图锦标赛的组织者。他叫阿方索·阿尔瓦雷斯-奥索里奥，是一位软件开发人员，就住在巴利亚多利德。他的样子看起来有些像演员科林·弗思。我问他有没有空聊几句。阿方索承认自己因为操办锦标赛累到不行，连母语都不想说，用英语交流的话可能更加语无伦次。

"但是我会努力说清楚。"他说。

阿方索就是巴利亚多利德当地人，在家里的9个男孩中排行第八。他从2009年起举办全西班牙拼图比赛，办得非常成功，所以今年他决定吸纳国外代表队参赛。

"我总喜欢开玩笑说，拼图是我的家族遗传。"他说道。他的祖父母酷爱手工自制拼图，家里的藏品有数百套之多。

阿方索和七哥费尔南多将家族的爱好带到了新的高度。他们走遍世界，也上网搜寻，收藏了近4000套拼图，是全球最大的拼图收藏之一。

"我带你看看，"阿方索说道，"来吧。"

阿方索领着我进了千禧穹顶旁边的白色大帐篷，他和哥哥在这里办了一个拼图史展览。

"咱们从头开始。"阿方索说道。

他的意思是说从有史以来的第一个拼图开始。这种疯狂是谁开创的？多数历史学家认为，第一批拼图是英国的地图绘制人员约翰·斯皮尔斯伯里制作的。1760年前后，斯皮尔斯伯里将纸制地图用胶水粘到木板上，然后按国家切割开。这可能是英国人拆分地图的动机中最友善的一次。斯皮尔斯伯里将他的"拆分地图"卖给英国贵族做地理教具。

阿方索将斯皮尔斯伯里地图拼图的大幅照片指给我看，原始的拼图收藏在大英博物馆。这个拼图是红褐色的，缺少苏格兰与荷兰。〔顺便说一下，假如大英博物馆感兴趣的话，我知道英国有家叫作"拼图医生"（Jigsaw Doctor）的公司，专门为抓狂的拼图爱好者制作丢失的零片。〕

地理主题的拼图风靡了几百年。阿方索给我看了一张第一次世界

大战时的黑白照片,上面的士兵们边吸烟斗边拼图。文字说明是这样的:"英国空军飞行员正在用拼图来做战斗准备……这些飞行员将地图拆开再重新拼好,以此熟悉战区的情况。"我提出的谜题可以拯救世界的论点有了更多佐证!

但斯皮尔斯伯里之后的拼图制造者们并没有局限在地理方面。早期的拼图设计以宗教故事、寓言、皇室为主。大多数早期的拼图都不是我们现在习惯的榫卯设计,它们的零片往往是波浪或几何形状。(见彩页图3)

在过去的两三百年里,世界见证了数次拼图狂热。安妮·D. 威廉姆斯(Anne D. Williams)在《拼图:历史的拼接》(*The Jigsaw Puzzle: Piecing Together a History*)中写道,拼图在"二战"期间风靡一时,因为它迎合了当时人们想要逃离现实的迫切愿望。拼图不但在后方大卖，在英国与美国的潜艇官兵中也很受欢迎。

在此之前的大萧条时期还有一波规模更大的狂热。贝蒂·戴维斯[①]等电影明星玩拼图的照片屡见不鲜。劳莱与哈代[②]还制作过一出关于拼图的滑稽喜剧。Once-A-Week Dime Jig Saw等公司出品的拼图在报刊亭售卖，很快就销售一空。

20世纪20年代有一家讽刺杂志推出了一期关于拼图狂热的专刊，包括一幅刻画母亲只顾拼图，对哭泣的孩子视而不见的漫画。或许你还记得这熟悉的一幕：谜题给社会带来了威胁，原来是填字游戏，现在有了锯齿形的精神毒品。大萧条时期的卫道士们谴责拼图时还曾说："罗马大火，尼禄[③]弹琴作乐。举国上下都在玩拼图，而我们的国家正在分崩离析，我们将在历史中沉沦。"

这些卫道士错了，拼图没有毁掉社会。实际上，它们还可能造福社会。你可以找到一些关于拼图有益于心理健康的研究。拼图有助于改善工作记忆，使脑部处于阿尔法状态[④]，在更深的层次上建立联系。这是真的吗？也许吧。我对无法复制的社会科学研究持谨慎的态度，但是我想它们要比那名愤怒的卫道士可信得多。

无疑，大萧条时期的拼图热，有部分原因是居高不下的失业率和人们渴望分散注意力，但同时也是技术突破的结果。有史以来第一次，拼图可以被大批量地制造出来。不同于使用脚踏锯的人工切割，拼图厂商们采用了"冲压"纸板的生产方式。

这是高效的生产流程。设计者将照片或插图切割成各不相同的形

---

① Bette Davis，代表作《女人女人》《红衫泪痕》，并凭借这两部影片获得第8届、第11届奥斯卡金像奖"最佳女主角"。
② Laurel and Hardy是由瘦小的英国演员斯坦·劳莱（Stan Laurel）和高大的美国演员奥利弗·哈代（Oliver Hardy）组成的喜剧双人组合，走红于20世纪20年代至40年代。
③ 尼禄是古罗马暴君，公元54年—68年在位，民间说法称公元64年发生的罗马大火是尼禄为了观看特洛伊战役后的大火情景所为。
④ 脑科学研究认为有5种脑电波：德尔塔波、西塔波、阿尔法波、贝塔波和伽玛波。大脑有相对较多阿尔法波的人，有相对较少的焦虑和紧张，因此免疫能力也相对较高。

状。拼图有1000块零片，这些零片也会有1000种不同的形状，这样就不会出现拼图者拿着两片完全相同的零片不知如何是好而大发雷霆的情况。金属加工工人们将这样的设计转变成机床上锋利的切割设备，就像巨大的曲奇成型刀。切割设备以万钧之力冲压硬纸板。瞧！生产拼图是多么方便啊。（见彩页图4）

当然，最近的一次拼图热就是2020年居家隔离造成的。《洋葱新闻》(The Onion)[①]甚至刊登了《无聊到抓狂的美国民众开始洗劫拼图商店》这样的头条标题。

据我所知，这样的事情并没发生过，但大概意思是对的。脸书（Facebook）的动态往往是全家共同拼印象派画家雷诺阿的画作或者"小美人鱼"。知名人物也参与其中，艾伦·德杰尼勒斯[②]曾在社交媒体上发过一张桌上覆盖着4000块零片拼图的照片。厂家和零售商则拼尽全力保证供应。"几乎就是战时状态。"有厂家在接受《纽约时报》的采访时如是说。

隔离带来的热潮正好赶上独立制作商出品的小众拼图数量激增。你能找到千禧一代主题拼图（没错，有牛油果吐司[③]的图案），以及可以拼出"尽管如此，她还是坚持了下来"（Nevertheless, she persisted）[④]的女权主题拼图。

[①] 一家拥有报纸和网站的新闻机构，以网上、报纸上的讽刺文章而出名，评论的事件有真实的，也有虚构的。
[②] Ellen DeGeneres，美国单口喜剧演员，主持的脱口秀节目《艾伦秀》风格诙谐，曾多次获艾美奖。
[③] 英语世界2017年的网络热词，起因是一位富豪接受采访时说的话被引申为"千禧一代如果少花钱吃昂贵的牛油果吐司，就有钱买房了"。——编者注
[④] 这句话是女权主义运动的表达方式，在美国尤为多见。2017年，美国参议院投票要求参议员伊丽莎白·沃伦（Elizabeth Warren）在参议员杰夫·塞申斯（Jeff Sessions）担任美国司法部长期间停止发言，参议院多数党领袖米奇·麦康奈尔（Mitch McConnell）在投票后的评论中说了这句话。随着女权主义者在社交媒体组织话题讨论时的引用，这句话在网上迅速传播，其含义已经扩大到妇女尽管被压制或忽视，但仍然坚持打破障碍。

无论怎样，拼图都是审视其所在时代民众思维方式的神奇窗口。正如历史学家威廉姆斯在"二战"期间撰文写的那样，爱国主义的拼图备受青睐。你可以拼出美国国旗、枪炮、炸弹等图案。早期还有表现极端种族主义的拼图，比如刻画黑人歌手或头戴斗笠的亚洲人等。

色情拼图甚至还短暂地兴起过一段时间，比如1965年《花花公子》杂志推出的一系列拼图插页。我觉得这就比网络色情境界高，至少它教给人们延迟满足的重要性。

在观看展览的最后，阿方索展示了一些不同寻常的现代拼图——有一个是三维立体的，还有一个是零片像珊瑚礁般精细的"碎形"拼图。我正要开口向阿方索道别，他问我是否能在美国拼图协会担任主席，招募其他人来参加下一年的锦标赛。我给出了肯定的答复，我很有信心能找到一支队伍，拿到比第85名更好的成绩。

首席折磨官

在西班牙，我看到了世界上拼图最快的选手。但是比赛中的拼图难度都是平均水平。为了实现解决难度最高的各种谜题的目标，我开始寻找有史以来最难的拼图。

跟往常一样，这个头衔的竞争者会很多。我想问的是，令拼图难以完成的究竟是什么因素呢？

也许是大小。就生产有史以来最大的拼图而言，各厂商似乎在进行着没完没了的军备竞赛。几年以前，你可以买到有4万块零片的迪士尼角色拼图。随即就有4.2万块零片的星座图案拼图取而代之，等到4.8万块零片的汇集各大城市的巨无霸面世，最大拼图的称号再度易主。

为了写作本书，我决定表明自己的态度，所以我购买了那个4.8万块零片的拼图。它寄过来时的外包装足有小型冰箱那么大。如果拼完，图案的长度是三张乒乓球桌那么长。我告诉妻子我们得搬到郊区，这样才有足够的空间来拼图。

有两个星期，每天夜里，我们都跪在客厅的地板上努力地拼，从希腊岛屿圣托里尼开始。我们先拼出了风车和蓝色的教堂穹顶。两三个星期后，我们完成了粉刷雪白的小屋和沙丘的部分。现在我们只需要再拼出其他23个观光城市就可以了！

然后，拼东京部分的第3天，我上网查看最新的拼图新闻，看到一篇令人崩溃的文章：柯达公司刚刚推出世界上最大的拼图，它的图案是泰姬陵、罗马斗兽场等国际知名地标，该拼图共有零片5.13万块。

呃。即便我们拼完，我们也无法实现将世界最大拼图完成的伟业了。我一下子就失去了继续拼下去的动力。用透明胶带粘到大块纸板上的圣托里尼至今还在壁橱里放着，嘲笑着我过分膨胀的野心。400美元，就这么没了。该死。

不过，拼图的大小可能并不重要。你可以坚持认为，超大号拼图并不足以挑战额叶皮层，只不过是多花些力气罢了。也许造就最难拼图的是内容，而不是大小。我们会发现，关于这一方面的竞争也已持续了数十年。

在1965年，拼图公司Springbok Editions首次推出了所谓的世界最难拼图：图案是杰克逊·波洛克[①]色彩最缤纷的画作，共340块零片。（见彩页图7）

在20世纪70年代流行过一段时间的单色拼图。没有任何图案，每块零片上都是令人沮丧的相同颜色。你可以买到类似"小红帽的红帽子"（全部红色）和"白雪公主没有七个小矮人"（纯白色）的拼图。

---

① Jackson Pollock，美国抽象表现主义绘画大师，他的创作并没有开始的草图，而只是由一系列即兴的行动完成作品。他用棍子或笔尖浸着颜料滴到或甩到钉在地上的画布上，凭着直觉和经验从画布的四面八方来作画。

在新冠疫情期间，有一个创业公司出售自诩为"显然不可能拼出来的"拼图，零片都是透明的塑料材质。

但是我最喜欢的有点难度的拼图，是在佛蒙特州诺维奇小镇的一栋不起眼的平房里生产出来的。2020年8月的一天，疫情还没有平息，我驾车前往史戴夫拼图（Stave Puzzles）的总部。

我去那里是为了采访史戴夫拼图的创始人史蒂夫·理查森，他把自己的工作形容成"首席折磨官"（Chief Tormentor）。

"把人逼疯还有钱赚？这就是梦想成真。"他对我说道。

史蒂夫今年82岁，头发灰白，但有着24岁年轻人的精气神。采访地点在史戴夫拼图的会客室，我们俩面前的桌上摆着几个拼图——有一个图案是企鹅，另一个则是狮子。

史戴夫拼图拥有许多"最"字称号。首先，这家公司卖的拼图可能是世界上最贵的。贵得离谱。拼图最低售价400美元，最高可达1万美元。比尔·盖茨能成为该公司主顾是因为他有钱。老布什夫妇也很喜欢该公司的产品。

花了大价钱意味着你能买到独特的手工制作的拼图。零片是木质的（所用的木材是商业机密），每一块都是由工人坐在像是巨大缝纫机一般的机器前切割出来的。每个拼图的制作方式都不相同，全凭制作者当时的灵感。

另一个"最"字：这里的拼图可能是世界上最难完成的。史蒂夫津津乐道于自己给拼图者制造痛苦的方式：

- 没有示例图纸，包装就是个深蓝色的盒子。
- 零片很怪异——有些零片的形状像是狗，或者彩虹，或者宇航员，有些则是三维立体的。有些零片完全不相干，会给你造成误导。有些零片的组合方式可能不止一种。有些零片看似位于边缘，但其实并不是。诸如此类。
- 拼完之后，拼图几乎不是正方形，而是奇形怪状的，有时并不对称，有时中间留有空白。

　　史蒂夫在转述客户反馈时笑了起来。起初，有一位顾客发来信息，上面就一个词："Arrrggghhhhh！"（啊啊啊啊！）许多顾客给公司总裁葆拉·塔迪打电话，请求给予提示，而她会要求顾客们给她一袋M&M'S的巧克力花生作为报酬（不过她也没真的去要）。

　　有时候史蒂夫会很过分。几年前，他发布了一个愚人节拼图，有些零片特别大，不可能拼在一起，根本没有办法拼出成品。"哎呀，他们都快气死了，"他说道，"我只好给买家——退款。"

　　还有一个更令人心碎的小意外，当时史戴夫拼图给一位计划求婚的男士定制了拼图，拼好之后，拼图上的字是"我爱你，嫁给我好吗"。可是他的女友拒绝了。

　　史蒂夫在马萨诸塞州长大，从小就喜欢拼图。11岁那年，他试图自己切割木头拼图。"血顺着手往下流，"他之前在采访中说道，"我母亲拔下插头，把那个可爱的小电锯扔到了垃圾桶里，然后说：'你的拼图制作生涯到此结束。'"

　　1974年，史蒂夫在报纸上读到一家高端木切拼图制造商倒闭的消息，觉得自己可以填补行业空白，于是和一个朋友合伙创办了一家公司。

　　公司的名字史戴夫就是他和朋友戴夫两个人各自从名字里取一部分拼成的。戴夫后来转让了自己的股份。史蒂夫为公司设计了一个标志性的零片，叫作史戴夫小丑，公司制作的几乎所有拼图中都可以找到这样一块零片。（其他木切拼图公司也都有自己的品牌零片。比如1932年建立、总部位于长岛的Par Puzzles，以来自近东地区的古老卍字设计作为自己的标志零片。你可能猜到了，这个标志并没能用太久，该公司后来换了一个海马形状的标志零片，希望没有哪个独裁政权会让海马入伙。）

"我对解谜依然痴迷，"史蒂夫说，"万事皆谜题。我刚刚解决了高尔夫挥杆之谜。我发明了一种全新的方式。我把挥杆过程分解，说'应该有别的方式'。"他说他琢磨出来的挥杆方式很怪，球杆的起始位置在膝盖的上方。"因为姿势奇怪，朋友们都来损我，但是之后他们都见识了我的厉害。"

"你认为你设计的最难的拼图是什么？"我问道。

史蒂夫想了一会儿。"可能是'奥莉薇娅'。设计很狡猾，非常难拼。"

奥莉薇娅是章鱼主题的拼图。设计的巧妙之处在于零片的组合方式可能有一万种——但只有一种是正确的，可以让奥莉薇娅嵌到珊瑚礁背景里。（见彩页图8）

我告诉他我想试一试。

"好吧，那你得证明自己有这个实力。"他说道。

奥莉薇娅不是想买就能买得到的。这个拼图实在太令人沮丧了。你必须得证明你有解开其他拼图的能力。"我们想要吸引人们深入探索。"史蒂夫对我说。

史蒂夫和葆拉非常慷慨地借给我几个精选出来的拼图，其中包括狡猾的奥莉薇娅。

我先从一个比较简单的马戏团主题开始拼。赞恩跟我合作，拼图的过程令人又好气又好笑。我之前从未觉得拼图有意思，但和赞恩一起用出乎意料的方式将零片拼在一起，我真的笑出了声。

我妻子朱莉就没这么开心。她跟我们一起拼了20分钟，然后说还是更喜欢普通拼图带来的冥想一般的快乐。"我在生活中体验的挫败感已经够多了。"

我邀请了外甥女艾莉·舍恩伯格一起拼奥莉薇娅，她这个周末住在我们这里。她是我们家族里最擅长拼图的人。我们拼了几个小时，拼出了章鱼、美人鱼和海葵。拼出来了！只是，我们完全拼错了。这只不过是9999种不正确的拼法之一。章鱼奥莉薇娅是拼出来了，但没法把她放在珊瑚礁背景里。

我和艾莉第二天又奋战了8个小时。我回想起Youtube主播凯伦的话，她说过她喜欢品味拼图的过程，拼完的时候会有一些伤感。她应该会喜欢这个拼图。有一次看似对了却还是不行，一向平和的艾莉大喊道："我讨厌这个拼图！"然后就气冲冲地走了。几分钟之后，她又回来了。

最后，我们终于把它拼好了——算是吧。我们从葆拉发来的PDF文件里查阅了无数提示。原来这个拼图不但需要脑力，还得花点儿力气：我们不得不用手臂全力把最后两个零片扣在一起，也就是说得用类似于安·玛格丽特的方式。可谁还在乎呢？毕竟拼起来了。

我有一种如释重负的感觉，同时还有感激。感激的是我足够幸运，有机会享受智力的挑战。这是一种疯狂的奢侈。就像跑马拉松——我们的祖先在周末跑完了26英里之后并不感到愉悦，他们跑完之后不会去吃早午餐，他们还忙着躲避猛兽和敌对的部落。这些拼图也差不多。我们大脑的进化从前是为了解决"我怎么吃上饭"这类问题，但现在也可以用来解决奥莉薇娅这样的拼图。我真是个幸运的家伙。

> 本章附录
>
> # 三个历史拼图

1）艾利斯岛拼图

这或许是历史上风险最高的拼图。在20世纪早期，这个拼图会发给抵达艾利斯岛①的移民，据说是为了筛查其中的"低能者"。这个拼图现收藏于史密森尼学会。我的曾祖父母乘轮船来到纽约的时候，很可能也做过这个拼图。

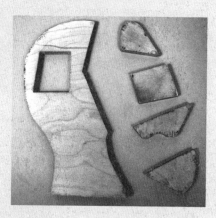
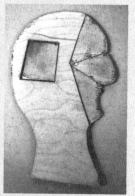

2）永恒拼图

这又是一个最难拼图的竞争者：1999年推出的永恒拼图（Eternity）。这是个有趣的小故事，讲的是狂妄自大与书呆子的复仇，我在这里简单讲一下。

---

① Ellis Island，纽约港内的岛屿，曾是美国最大的移民接收站。——编者注

从前有个叫作克里斯托弗·蒙克顿爵士的英国贵族。这位第三代布伦奇利蒙克顿子爵有个出人意料的副业：设计拼图。1999年，蒙克顿设计出一个据说无法完成的永恒拼图。它由209块海蓝色的几何形状零片组成，零片的形状各异，有些像美国南部各州（犹他州、新墨西哥州等等）的版图。拼图的目的是要把零片拼成一个巨大的12边形。

根据蒙克顿的计算，可能出现的组合方式数目惊人（约10的500次方，这个数字比宇宙中的原子数量还要多），因此这个拼图不可能依靠人力来完成。实际上，就连计算机也不可能完成——这个数字实在是太大了。

如果任何人能够在4年之内完成拼图，蒙克顿愿拿出100万英镑奖金。现在轮到奥利弗·赖尔登和亚历克斯·塞尔比，两位瘦到皮包骨的年轻英国数学家出场了。赖尔登和塞尔比对拼图做了一番研究，发现了两个漏洞——蒙克顿的计算错误。首先你不需要一下子完成全部拼图，你可以分步解决。其次，拼法不止一种。于是两个人用两台计

算机编写了程序，计算机运转了6个月，就算出了正确拼法。

他们俩得到了100万英镑的奖金，之后把钱都花在了非常合理的用途上，比如支付读研究生的学费。蒙克顿说他不得不把自己在苏格兰有67个房间的宅邸卖掉，才能凑齐奖金。他后来说他只是开玩笑。

尽管如此，我还是很喜欢这个故事。这是乐观主义对悲观主义的胜利，人民对贵族的胜利，也是灵活思维与随机应变对狭隘思维与不知变通的胜利。

我本来应该对蒙克顿多一点同情，不过在查了他的底细之后，我发现他自那以后就致力于否定气候变化并鼓吹将气候学家全都送进监狱。

所以总的说来，这个故事还是有个美好的结局。

3）消失的零片

这是拼图者的噩梦之源：你马上就要完成拼图，却发现少了一块零片。2021年，德国人彼得·舒伯特就经历了这样的事。只不过在彼得的故事里，这是个有5.4万块零片的拼图，是全球最大的。

我懂！他只有53999块，最后的图案上有一块小小的空白。真是令人难过啊。但你应该看完这个故事。

52岁的彼得在锯木厂工作，离了婚，近20年来一直在拼巨大的拼图。他自称拼图之王，而且说这些拼图非常美，能够帮助他暂时摆脱日常生活的烦恼。2020年9月，他买下了"艺术之旅！"（Travel Around Art!），这是当时公开发售的最大拼图，主题是梵高的《星空》、格兰特·伍德的《美国哥特式》等一系列画作。

彼得说自己"像运动员一般"训练，希望能打破完成拼图的纪录。当时，没有人完成这个拼图。他平日里每天花在拼图的时间是5个小时，在周末更是达到14个小时。"我把睡眠的时间减到了4个小时。"他说。这样拼了137天，他完成了拼图，唯独在雷诺阿的《钢琴少女》上少了一块零片。

"我很绝望。"他告诉我。我们是通过翻译器来交流的。"整整两天,我把家具搬来搬去,想找到那块零片。我还查看了吸尘器的集尘袋。我满脑子都是那块零片会在哪里,甚至上班的时候也一直想着。经常是激动到汗如雨下。"

那块零片从未出现。他用3块别的拼图零片制作了替代品,但毕竟与原版不同。最后,他给拼图公司打了电话(是一家叫作Grafika的法国公司),跟他们讲了自己的悲惨遭遇。该公司把缺失的那块零片寄给了他。2021年3月19日,他把拼图按部分运到市政厅(拼图实在太大,他在家里没法铺开),将它们拼在一起,然后填上了最后一块零片。

"就像是过圣诞节,"他说道,"我当时想跟所有人热烈拥抱。"

他的成绩后来得到了德国纪录学会(German Record Institute)的认可。

故事有个圆满的结局,我为彼得感到高兴。但是我内心多少觉得,他要没填上那个空白会更好。这样一来,那个巨大的拼图就成了不完美与不完整的永恒纪念。对于像我这样多少有些强迫症的人而言,它会成为终极的暴露治疗手段,它象征着对世界上各种缺点的彻底接纳。但我决定还是不告诉彼得好了。

(彼得与他的拼图见彩页图5、图6。)

第七章

迷　宫

Mazes

在居家隔离之前的一个秋日周末，我去参加迷园协会（Labyrinth Society）的年会以了解迷宫（maze）。结果证明这是个巨大的错误。客观地说，我是走错了地方。

年会举办地点在马里兰州乡间的一处别墅。抵达后不久，我就意识到了自己的错误。会议的组织者之一，一位来自澳大利亚塔斯马尼亚的高个子男士用温和而不失严肃的语气告诉我，迷园协会的聚会**不是**研究迷宫的场所。

迷园？是的。迷宫？不是。

这两个概念迥然有异。

其中一个更好。

"上帝创造了迷园来帮助人们应对迷宫带来的精神创伤。"他这样对我说，我们正站在石头迷园附近的农田里，他的脸上没有笑容。

我一直认为这两个词是同义词，但虔诚的迷园爱好者们说，这两个概念有着天壤之别。

迷宫是谜题。你可以选择。该向左转？向

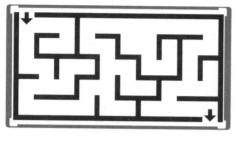 

迷宫　　　　　　　　　　迷园

右转？直走？要点在于找到出口前不停地迷路试错。

迷园则不是谜题。身在迷园之中，你无须做任何选择，只要沿着一条蜿蜒曲折的路线就可以从起点出发抵达终点。迷园不是用来消遣，而是用来启迪。根据迷园爱好者们的观点，沿着迷园中的小径走走是一种高深莫测的体验，一种冥想般的有治愈功效的体验。有时甚至是改变人生的体验，足以与圣保罗前往大马士革①与史蒂夫·乔布斯的迷幻药之旅相提并论。

许多迷园铁杆粉丝将迷宫看作是焦虑、困惑和压力之源。"我不想做任何决定，"一位男士在午餐休息时说道，"我在生活中要做的决定已经够多了。沿着一条路进去，再沿同一条路出来，我就喜欢这样。"

令我感到十分惊讶的是，迷园在过去几十年里的复苏势头不容小觑。现代迷园热的兴起，要归功于圣公会牧师劳伦·阿特雷斯（Lauren Artress）在1996年出版的《走在神圣的小路上》（*Walking a Sacred Path*）一书。她在书中写到自己在法国沙特尔大教堂（Chartres Cathedral）地面上镶嵌的石子组成的迷园里行走，并将这个过程描述

---

① 圣保罗即使徒保罗，天主教译为圣保禄，他是与耶稣同时代的人，年龄稍小于耶稣，后来成为基督教最伟大的传教士。保罗原属于犹太人的一个教派（法利赛），参加过迫害基督徒的活动。保罗前往大马士革捉拿基督徒的途中，耶稣通过某种方式跟他进行交流，从此他改变了信仰，变成虔诚的基督徒，成为基督教最强有力的支持者。

为有效的祈祷方式。

此后，迷园就被各种类型的慕道者所推崇——基督徒、佛教禅修爱好者、新纪元主义者①、迷幻药使用者等。成千上万或暂时或永久的迷园如雨后春笋一般，在私人住宅、医院、老年人社区、康复中心，以及教堂的停车场里涌现出来。有些由草地上错落有致的石头组成，有些用油漆喷在地面，还有些印在便携的防水布上。（与迷宫不同，迷园几乎都没有高墙；墙壁高度通常都在人的膝盖以下。）

但所有的迷园都有一个共同特征。"迷园不是需要解开的谜题，"一位女士这样告诉我，"你自己才是待解之谜，解谜的方法就是在迷园中行走。"

可我写的是一本关于谜题的书，那我该怎么办呢？也许我应该搭下一班火车回家，对此事只字不提。也许我需要放松下来，探究这种与常规解谜相反的思想。享受**无须**做任何选择的自由。打消自寻烦恼、自找苦吃的念头。也许还应该琢磨琢磨"你自己才是待解之谜"这句话的真正含义。

所以我这一天都在与来自世界各地约100名参会者一起探索迷园。我聆听了几场演讲，了解了从古叙利亚陶器上绘制的图案到中世纪瑞典石头阵的迷园历史。

我听到了人们言之凿凿地谈论能量漩涡和查克拉②。（这种新纪元的术语就是一些保守基督徒反对迷园，并将其看作异端的部分原因。）我读到了描述迷园如何治愈关节炎、近视眼的小册子。我还听说了迷园会怎样增强人生的仪式感，包括结婚（夫妻俩各自走来，一同离开）和离婚（当然是与结婚的行走路线相反）。

当然了，我还在迷园里走了走。

---

① 新纪元运动又称新时代运动（New Age Movement），是一系列心灵或信仰方面的运动，很难明确定义，所涉及层面非常广泛，如灵性、神秘学、替代疗法等，新纪元主义者比较强调对精神力量的追求。
② 瑜伽用语，指分布在人体各个部位的能量中枢，也称"脉轮""气卦"。

会议组织者们在酒店的院落里布置了几个迷园，我选择的迷园就在酒店后的农田里。这座迷园由几十块方方正正的石头组成，它们在棕绿相间的草地上排成螺旋形，整个迷园的面积相当于一个网球场。

我加入了由马克·希利带队的研修团，队伍里还有另外12名体验者。马克就是告诫我迷宫心理危害的那个塔斯马尼亚人，他62岁，有7个孩子，金发，看起来很年轻。他身穿的黑色T恤上印着"我在迷园中失去理智，却找回心灵"（I lost my mind in a labyrinth but gained my heart）。

在前一天晚上的演讲中，马克谈及迷园如何使他保持头脑清醒。1999年，他经营的有机食品企业破产。他花了6个月时间建造一座迷园，才度过了这个严峻考验。"它涤除了我内心的羞愧和悲伤。"他说道。

这座迷园有两个紧挨着的入口。

"如果你感觉到心中男性的阳刚之力汹涌，"马克跟我们说道，"那么就从右边的入口进去，从左边的出口出来。如果你感觉内心充满女性的阴柔之力，那么就从左边的入口进去，从右边的出口出来。"

先等等。之前不是说好不需要做任何选择嘛！不管怎样，我内心没有感受出哪种性别的力量特别强烈。我决定走男性的路线。

我沿着小径缓步走着，就像是加入了一支送葬队伍。我期望能获得魔幻般的体验。比如说听到一阵振聋发聩的喇叭声，看到多彩的彼岸世界。但什么都没发生。

但我要尽最大努力，充分享受迷园能给我带来的好处。我专注于感受小草在我运动鞋底发出的声响、吹过脸颊的微风、充满肺泡的新鲜空气，还有180度转身带来的轻微头晕，就是这下转身让我像喝醉了似的跟跄了一下，险些撞到另一位体验者。

接下来我专注于让自己不那么专注。

3分钟后，我走出了迷园。马克正在出口处等着，他面带慈祥的微笑，双手合十。

"你完成了迷园初体验！"马克祝贺我。

我笑了笑。我无法肯定是否重获新生，但我的确感到脉搏慢了下来。我很放松、平静，就像刚喝完一杯上好的白葡萄酒。这并非一无是处。

这无疑与绞尽脑汁解谜形成鲜明的对比。从某种程度上说，这种对比令人愉快。我想到了巴拉克·奥巴马的开T恤商店的梦想。他曾说过对艰难决策感到无比厌倦，因此梦想着能在海滩上开一家T恤店，只卖一种商品：纯白色的中号T恤，获得**无须**做任何选择的自由。几年以前，我写了一本关于生活中遵循《圣经》所有规矩的书，即便我没有宗教信仰，我还是发现了建立稳定生活秩序的魅力。拥有选择的自由让人获益良多，但在某些情况下，接受严格的约束也有许多好处。我在安息日应该工作吗？不，我甚至不用去想这个问题或者权衡利弊。答案很清楚。

谜题的叙事方式是这样的：你与谜题缠斗，不断缠斗，然后获得谜题告破的喜悦。这与我们喜欢在书籍和电影中看到的叙事方式相同。冲突，然后解决冲突。但有时候我认同马克的见解：如果不是必须的话，我们为什么非要经历令人痛苦的冲突阶段不可呢？或许我们有种病态的受虐心理。这就是为什么我会有一个令妻子抓狂的怪习惯：有时我看完浪漫喜剧的前半部分就把它关掉。我只想看两个人怎样坠入爱河，以及吃冰激凌、滑旱冰这些卿卿我我的桥段。当第二幕一开始，出现了令人感受到压力的误解和纠纷，我立刻就不看了。

不要误会，我依然喜爱解谜，即便我会因此焦虑。可以说，我喜爱解谜的部分原因就是这种焦虑。但我仍能看到迷园的魅力所在。

在我离开这个迷园聚会之前，我买了一本书，书中每一页都有一个黑白配色的简单迷园。你可以坐在沙发上，用食指循着路线，在脑海中设想自己漫步在迷园之中。或许，当我在对着某个谜题沮丧地想要用头撞墙之际，这些简单的、无须选择的路线会让我在冥想中受益。

迷宫界的米开朗基罗

在听了那么多对迷宫的怀疑论见解之后,我想要听听迷宫支持者的看法。所以我在Zoom上与一个叫亚德里安·费舍尔的英国人进行了视频通话。

按亚德里安自己的谦虚说法,他是"人类有史以来"最高产的迷宫设计师。他和他的公司至今已经设计了700多个迷宫。他创造的迷宫遍及6大洲的42个国家。他为游乐场、博物馆以及私人住宅设计迷宫,使用的材料包括树篱、镜子、玉米田、彩砖、喷泉等。他已经创下9项世界纪录,其中之一是位于中国的最大永久迷宫"蝴蝶迷宫"[1],树篱路径长度超过5英里[2]。与马克·希利正相反,亚德里安确信迷宫是快乐的重要来源。这种快乐有时是生理上的。

"我去过英格兰南部的一个玉米田迷宫,遇到了一对带小孩的夫妻,"亚德里安告诉我,"他们走过来问我:'这个迷宫是你设计的吗?'我说是的。他们说:'这个小宝贝就是两年前在这个迷宫里怀上的。'"

"他们难道不怕被人发现吗?"我问道。

"我想这正是其中的乐趣。"

亚德里安从他在英格兰多塞特郡的家庭办公室与我连线。他长着浓密的灰色眉毛,穿一件海军蓝西装上衣。他的办公室里到处是成摞的园艺和砖瓦工程的书籍。

亚德里安的谈话风格就像他的迷宫一样,充满了令人意想不到的偏僻小路,偶尔还有死胡同。他谈到了在香港赤脚滑水和中世纪战争

---

[1] 位于浙江宁波苏湖旅游度假区内,亚德里安为其设计了多种难度的路线及故事背景,总长度达12公里。

[2] 中国另外一个麋鹿造型的迷宫(译注:指江苏盐城的大丰梦幻迷宫,占地面积35596.74平方米,路径总长度9457.36米,获得"世界最大的永久性树篱迷宫""最大的永久性树篱迷宫路径网"两个吉尼斯世界纪录称号)最近打破了蝴蝶迷宫的纪录,成为世界最大迷宫。——作者注

中使用的长弓。

"你可能察觉到了，"他说，"我的生活就是由讲故事构成的。有些故事是真实的。"

我们终于还是聊到了迷宫，他的最爱。

"我是个艺术家，"亚德里安说道，"我选择迷宫作为表达手段。"

他是怎样踏上这条奇特的职业之路的呢？

亚德里安从小就喜欢谜题，24岁那年，他在父亲的花园里建造了一个树篱迷宫。他认定这就是自己的使命。他受委托建造的第一个迷宫于1981年在牛津附近的一座历史庄园开放。

他设计的更有名的迷宫是？他参与设计了位于利物浦的一座披头士主题迷宫，迷宫中央摆着黄色潜水艇。"为这个迷宫揭幕的是英国女王。"他说。

他在新加坡樟宜机场的航站楼也设计过一座迷宫。"人们不会因此误了航班吗？"我问道。

"会的，我读到过几篇相关报道。"他看起来并没有很内疚。

还有个迷宫建在迪拜一座55层高楼的外立面。"你如果不是蜘蛛侠，就不要去尝试了。"亚德里安说。

他把转台、会变颜色的墙壁、行人穿过会分开的瀑布都融入到了迷宫的设计。

亚德里安说，迷宫之美在于你走出迷宫的那一刻，"你走出来的时候长高了一英寸，因为腰杆挺得更直了"。迷宫让人感受到危险，但又不至于太危险，最后体会到成功的喜悦。

"我设计迷宫就像是我跟你下棋。但我不得不先走完所有棋子，而且我必须输。"

他说迷宫在社交活动中更能体现优点。"你必须与人共同决定，想着怎样合作。"

他喜欢迷宫的象征意义。"迷宫的意义有很多方面。迷宫体现了人类的僵化死板与自然的生气勃勃之间的鲜明对比——还有人类想要征服自然的愚蠢。"他很推崇这种神秘。"迷宫就像比基尼。它们必须要把重要部分遮盖起来，但显露出来的也要足够多，这样才吸引人。"他说道。我怀疑这句话他对许多人说过。

迷宫从这里开始

亚德里安还是个作家，他撰写的与迷宫有关的书不下15本。有些是铅笔迷宫的合集，这种类型的谜题在20世纪70年代和80年代风靡一时。有些则关注迷宫的历史。我认为历史总会比我们想象的更离奇，这一观点在我研读亚德里安以及其他作家的迷宫历史书时不断得到佐证。

想想最有名的迷宫故事吧，就是那个古希腊的迷园，可怕的米诺陶洛斯居住之所（就像故意要把简单的东西搞复杂似的，这个地方通常被称作迷园，但实际上是迷宫，因为人们进入之后就会迷失其中）。

我以前知道这段神话故事的梗概，但不清楚全部经过。完整的故事并不只是怪异，还很低级趣味，堪比《人体蜈蚣》[①]。古代社会可比我们读过的洁本故事震撼得多。

既然有警告在先，我们现在可以来看看这个故事：

希腊的海神波塞冬因克里特国王米诺斯未将一头白色公牛献祭给他而震怒。出于缜密的厌女症思维，波塞冬决定惩罚米诺斯的妻子。他对克里特王后施加诅咒，令其疯狂地爱上了那头白色公牛。

王后试图诱惑公牛，但后者不为所动，因为毕竟跨物种。绝望中的王后聘请希腊最伟大的发明家代达罗斯来实现她的愿望。代达罗斯的任务是用木头和牛皮打造出一头逼真的奶牛，而且要确保木头奶牛

---

① *Human Centipede*，极为重口的恐怖片，片中疯狂的医生计划通过人体内的循环和消化系统将被绑架者们一个接一个地缝合相连，成为"人体蜈蚣"。

是中空的，能藏下一个赤身裸体的人。

代达罗斯完成了任务。王后脱掉衣服钻到木头奶牛内部，然后被推到公牛那里。这回公牛中了圈套，与木头奶牛发生了关系。估计公牛也会想，如果有人这么不怕麻烦，还是不要辜负人家一番美意的好。

王后因此受孕，后来生出一个怪物：牛头人身的米诺陶洛斯。

国王被王后生下来的怪胎吓坏了，于是命代达罗斯建造一个迷宫用来囚禁它。米诺陶洛斯在迷宫中长大，成为可怕的怪兽，每年差不多要吃14名从雅典抓来的童男童女。（牛是食草动物，为什么要吃人肉才能活，在神话里并没有记载。）一直到英雄忒修斯斩杀米诺陶洛斯，借助一卷线团逃出迷宫，这种血腥行为才宣告结束。

故事的尾声很有趣，与迷宫也有关系：代达罗斯后来得罪了国王，被关进了自己建造的迷宫。但聪明的代达罗斯与其子伊卡洛斯借助蜡和羽毛制作的翅膀逃出迷宫飞走。代达罗斯这种另辟蹊径的解谜方式还是令人印象深刻的（不过这次飞行的结果有喜有悲[①]，这里就不再赘述了）。

现在你明白了：吃人、兽奸，还有高超的木工技艺。我的孩子们六年级的时候有希腊节（Greek Festival）活动，要穿着床单做的长袍背诵神话故事，这种故事显然不适合给他们讲。

尽管搜寻了数百年，考古学家们还是没有找到米诺斯的迷宫。它很有可能不是传说中描述的那个形式。与迷宫最接近的建筑是克里特岛上米诺斯文明留下的宫殿遗迹。这座宫殿有许多连通的房间，神话故事的灵感或许正是来源于此。

在希腊神话的迷宫之后，最有名的迷宫或许是欧洲的大型树篱迷宫。从中世纪开始，贵族们在宫殿花园里建造巨大的树篱迷宫蔚然

---

① 翅膀是用蜡将羽毛封在一起制作的，伊卡洛斯在得意忘形中飞得太高，蜡被太阳的热融化，翅膀解体，伊卡洛斯随即坠入大海淹死。

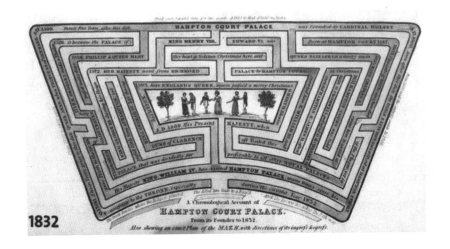

成风。有些迷宫一直留存至今,比如建于1700年前后的汉普顿宫迷宫(Hampton Court Maze)。

汉普顿宫迷宫的紫杉树篱高达1.8米。这个迷宫非常简单,只有五次转弯,但据传还是有人困在里面一整夜,最后被冻死。能够确定的是,汉普顿宫迷宫对科学做出了巨大贡献。它激发出19世纪的心理学家埃德蒙·桑福德(Edmund Sanford)把老鼠放在迷宫里的灵感[1]。

汉普顿宫迷宫每年吸引的游客成千上万,部分原因在于过去的很多迷宫今天已不复存在。有些迷宫被清教徒奥利弗·克伦威尔[2]斥为无谓的嗜好而砍伐殆尽。有些则因为年代久远而湮没在历史之中。

如今最流行的迷宫类型也许是由另一种植物构建的,这种植物就是玉米。

玉米田迷宫的历史短得令人吃惊。20世纪90年代初,一位前迪士

---

[1] 桑福德做过实验,将老鼠放在迷宫中找路,以研究老鼠的行为。
[2] Puritan Oliver Cromwell,英国政治家,是17世纪英国资产阶级革命中资产阶级代表人物,曾逼迫英国君主退位,解散国会,担任护国公。

尼制片人乘飞机经过美国中西部的玉米田时突然冒出个想法：把乏味的农田变成有意思的东西，创造出娱乐农业的新行当！

他聘请亚德里安·费舍尔（不然还会有谁）在宾夕法尼亚州设计了第一个玉米田迷宫，该迷宫于1993年开放。这里还有一个小插曲，与已故的斯蒂芬·桑德海姆[①]有关。原来，这位迪士尼前制片人与桑德海姆交好，这位传奇词作家告诉他："你一定要给它取名叫'神奇的玉米迷宫'（Amazing Maize Maze）[②]。"他照做了。

如今，玉米田迷宫已经成了秋天的例行差事。每年夏末，全美数百块玉米田齐刷刷变身迷宫，给辛苦谋生的农民们带来收入，也为谜题爱好者们提供了解谜的好去处。

最难的迷宫

几个月之后，我在网上搜索"美国最难的迷宫"。虽然没有哪个管理部门正式地将迷宫依据难度分类，但有个结果激起了我的好奇心：大佛蒙特玉米迷宫（Great Vermont Corn Maze）。有篇文章是这么形容它的："这可不是一般的佛蒙特玉米迷宫。"

我按照网站的号码打电话给迷宫的所有者迈克·布德罗。

"我想过去看看。"我说。

"好啊。"迈克说。

"我在想要不要带我儿子一起去。"我说。

"你儿子多大？"迈克问。

"13岁。"

迈克顿了一下。我感觉到了他的忧虑。

---

① Stephen Sondheim，美国著名音乐剧及电影音乐词曲作家，曾获得过一次奥斯卡最佳原创歌曲奖、普利策音乐奖、劳伦斯·奥利弗奖，多次托尼奖和格莱美奖，2015年获总统自由勋章。

② Amaze去掉第一个字母a、maize与maze同音。

"来这个迷宫的青少年里有95%都讨厌它。他们在里头待一个小时就会放弃,这对他们来说太难了。"

我喜欢听到这种话。这座迷宫听上去很不错,能给人带来挫败感。

迈克解释说走完迷宫通常需要至少3个小时,有时甚至要5到6个小时。"大多数人过了两个小时还在起点周围转悠。"

越来越吸引我了。

迈克说他见识过很多顾客因为解不开迷宫而哭起来。因为迷宫发生争吵的情侣也有几十对了。"我这么说吧,这个迷宫**不适合**做第一次约会的地点。"还有一位恼火的父亲,撇下一大家子人在迷宫里,独自开车回家了。

哭泣?尖叫?家庭分裂?我上钩了!马克·希利的警告看来应验了。

"我希望,你恨我的程度不要超过恨其他人。"迈克说道。

夏末的一天,我租了辆车直奔佛蒙特州的乡村地区,奇怪的是,我要去的地方距史戴夫拼图公司总部不远。我听从迈克的建议,没有带儿子一起去。我见到了迈克,他戴着一副反光墨镜,穿一件卡其布夹克。他领我走到迷宫的起点,这片空地上有一尊两米多高、表情相对矜持的米诺陶洛斯雕像(这个怪兽没穿上衣,但穿了一条蓝色牛仔裤)。

我问迈克为什么会想到造迷宫。他说,他娶了一位农民的女儿,1999年,为了给家里的农场增加收入来源,他建了一个相对简单的迷宫,向公众开放。

此后,迷宫每年都变得更大,更复杂。今年的迷宫占地面积将近10万平方米。多年来,迈克增建了隧道、桥梁、雕塑、有摩托艇的平台等。对了,还有各种主题!有一年迷宫设计成恐龙主题,玉米田被修成暴龙的图案,只有在空中俯瞰才看得出来。

我去迷宫是在2020年，当年的主题更加令人动容：献给疫情期间保障我们生命安全的重要人员的巨大感谢卡。如果你从高处俯视，可以看到"THANK YOU"（谢谢你）的字样，还有医疗工作者的标志：两条蛇缠绕的赫尔墨斯权杖[①]。

因为疫情的缘故，迈克的迷宫接待人数还不到以往的一半。

"我快要他*的破产了，但我觉得还是应该做点什么感谢他们。"

一对夫妇来到了入口。他们之前来过，不需要再听迈克长篇大论的讲解。他们走进去了。

"明天见啦！"迈克说道。

迈克告诉我，除了新冠疫情，他维护这一迷宫还遇到了其他的挑战。他历数了每年遇到的不同问题：

[①] 蛇盘绕的权杖是医学及医学界的象征，很多医疗机构都使用这一标志。双蛇杖是商业之神赫尔墨斯的标志，象征着财富，用双蛇杖代表医学起源于美国陆军医疗部队在1902年将其用作徽章。

- 用无人机航拍迷宫的作弊者。
- 饥饿的熊。"它们在夜里来,能吃掉整整两个方块,一直吃到吐。"
- 杂草。气候变化让它们长得更快了。
- 穿高跟鞋的女士。这玩意儿不但穿的人带来痛苦,还在迷宫的地面上留下许多小洞。建议穿徒步鞋。
- 偷玉米穗的小毛贼。"问题是,这些玉米是做饲料的。"迈克说。这种玉米是喂猪用的,不是给人吃的。"有人跟我说这种玉米就像泻药。所以我看有人从迷宫里出来,口袋里鼓鼓囊囊地塞着玉米,我就会说:'服了你了,你赢啦,伙计!'"

迈克是很老派的,迷宫都靠自己手工打造。他和家人用卷尺量好形状,再用锄头和旋耕机清理出路径。

"这可不是电子迷宫。"他跟我说。有些玉米迷宫是用计算机程序制作的,看上去就像巨大的模板。迈克认为自己是工匠,与布鲁克林的手工泡菜匠人类似。

现在我要开始体验这个家庭自制奇迹了。入口处有三条路,分别标着"eeney""meeney"和"miney"。我选择了meeney。进了迷宫,我走在高过头顶的玉米秆之间。我试图用天上的云来定位,先左转,再右转,继续右转。

与我夜里做填字游戏的经历类似,在迷宫中定位也是奇妙的情绪体验。在接下来的4个小时里,我进入了下列情绪循环的状态:

乐观。

沮丧。

极其沮丧。

恼怒——我觉得自己就像实验室里的老鼠般任人摆布。

苦涩——走到死胡同里，我笑得很大声。

快乐——有进展！

不舒服——我渴了，双肩包压得我肩膀痛。

自鸣得意——我超过一位背着小孩子的父亲。至少没有9公斤重的爱哭鬼拖我后腿。

愧疚——我无意中走了紧急出口，算是作弊了。是的，这个迷宫有紧急出口。迈克带我回到了转错方向的路口。

解开迷宫是门科学。数学家们开发出了几种算法，来之前，我在网上找到了算法单子并打印了出来。

我之前计划从最简单的策略开始：跟随墙壁法（Wall Follower）。之所以有这样的名字，是因为你把右手放在墙上，每到路口就右转。也许会走一些回头路，但最终还是可以到达出口。

也可能到不了。迷宫设计者会建造与墙不相连的孤岛，以干扰跟随墙壁的策略。迈克就是这么干的。他告诉我别费心思用那个招数。

我尝试了另外两三种数学策略，包括特莱默法（Trémaux）：如果你沿着一条通道行走，用X标记通道的起点和终点，然后避开所有有两个X标记的通道（我用树枝在地上拼了X）。

但是说实话，最可靠的策略还是随机老鼠法（Random Mouse）。就像维基百科中的解释："这是一个非常简单的方法，可以由一个非智能机器人甚至老鼠来实现。沿着当前通道前进，到达交会点后随机决定方向。尽管这种方法最终总能找到正确的解决方案，但可能极其缓慢。"

确实太慢了。4个小时又20分钟。这个成绩还是我用手机不停给迈克打电话，让他提供了数量令人尴尬的提示后取得的。

我最终走出了迷宫，到达一块空地，这里有个红色的钟，上面贴着"成功之钟"（Bell of Success）的字样。我踢了踢，钟发出"当当"的声响。然后我得到了真正的奖励：可以去"放松移动厕所"（Porta Potty of Relief，当然它的正式名字不叫这个）。

开车回家之前，我又进了迷宫跟迈克道别。他站在一道木头桥上，我爬上台阶到他身边。

"我觉得自己站在这儿就像个神，主宰着人们的命运。"

当然他努力扮演有同情心的神，面带笑容，插科打诨，提供丰富的迷宫线索。不像波塞冬，更像《上帝下凡2》（*Oh God! Book II*）里的乔治·伯恩斯[①]。

我问迈克，在观察芸芸众生的20年里，学到什么样的人生经验。

"很多，"他说，"我感觉就像获得了社会学博士学位。"

首先，愚蠢的僵化思维。"有些人可以从错误中学习。有些人——特别是年轻人——你看着只想对他们说：'你为什么还要回到那堵墙呢？你又不能穿墙而过！'他们总是放不下这个想法，因为他们自以为是对的。"

其次，试图走捷径带来的危险。

"人们听到钟声的时候，表现得就像旅鼠。他们都会朝着钟声方向走。但你只是单纯地走向出口方向，却仍然走不到出口。"

简单的直路往往不是正确路线。这个迷宫里的路径是迂回的。

几年前，迈克想要向人们强调这个道理，在迷宫的中间增加一个"失败之钟"（Bell of Frustration）。他希望这会让人们意识到朝着钟声方向走是不对的。

重要的是，别总想着寻找捷径。应该意识到，有些时候你只有暂时远离目标才能找到正确的路，这跟还原魔方是一个道理。

我向迈克道了别，开车回家。按照GPS的指示，我走了一条迂回

---

① 《上帝下凡2》是1980年的美国喜剧电影，乔治·伯恩斯在片中扮演的上帝请求一位小女孩帮忙宣传自己。

的路线，经过了一些难辨认的小路，然后上了乔治·华盛顿大桥。

第二天，我又思考了一下迷宫如何隐喻人生。这是个古老的主题。有一位不知姓名的英国作家在1747年写过一首著名（至少对迷宫爱好者而言）的诗：

> 地球这座巨大的迷宫是什么，
> 我们甫一出生就进入一个疯狂的迷宫？
> ……人生的每一步都是曲折而犹豫，
> 看不见危险，我们就摆脱了恐惧！
> 但我们高兴地穿过迷宫，
> 困惑的我们兜兜转转，感叹着世事变化无常。

诗人继续抒发着情感，直到后面几句，人生的迷宫不可避免地归于终结：

> 面目狰狞的死神扯开我们眼前的薄纱，
> ……接着告诉我们，生命不过是个玩笑。

这样说来，人临死的时候才完全弄清楚，原来人生只是一个玩笑！即便是对像我这样对宗教持怀疑态度的人来说，这也显得有点凄凉。我希望人生不只是场残酷的笑话。我希望人生也不是愿者上钩的恶作剧，就像爸爸妈妈告诉孩子们圣诞节取消了，然后把孩子们伤心痛哭的视频传到YouTube上。如果人生真的是个笑话，我希望它能温和一点、愚蠢一点，就像喜剧演员斯蒂文·赖特的俏皮话（比如"所有相信念力的人，请你们举起我的手"）。

但是无论生命的尽头有什么，这首诗还是给了我们切实可行的建议来应对当下：快乐地在人生长廊中漫步，接受困惑与不可避免的变化。在问号与感叹号之间的那个箭头上发现乐趣。

本章附录

三个历史迷宫

1）19世纪50年代,《爱丽丝梦游仙境》的作者刘易斯·卡罗尔为家人绘制了这一迷宫。你必须从左侧的三个入口中选择一个进入迷宫,并找出通往菱形中心的路。顺便一提,著名的谜题作家马丁·加德纳[①]曾说,解铅笔迷宫时不应该用铅笔,而应该用牙签。他说"白痴"才会听别人的说教去用铅笔。但我觉得你想用铅笔的话也没问题。我不会对谁评头品足。

[①] Martin Gardner,美国通俗数学和科普作家,其兴趣还包括科学怀疑论、微观魔法、哲学、宗教和文学,尤其是刘易斯·卡罗尔的著作。他也是研究刘易斯·卡罗尔的主要权威。

2）这一个是高产的亚德里安·费舍尔设计的铅笔迷宫。

3）长居底特律的艺术家米歇尔·博格斯–南利（Michelle Boggess-Nunley）设计了一个创造世界纪录的最大手绘迷宫：0.6米宽，150多米长。她在居家隔离期间创作了该迷宫来给慈善事业筹款，花了3个月时间，用掉300支记号笔。

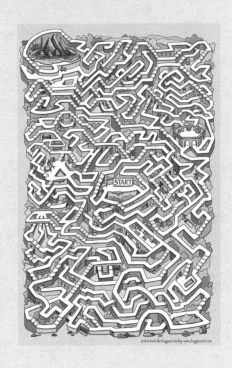

受本书篇幅所限，我不能把该迷宫呈现给大家。但不妨试试米歇尔创作的另一个迷宫，名为《通往吉萨之路》(*Path to Giza*)。注意：解开铅笔迷宫的经典办法是从终点开始逆向寻路。这样做往往更容易，因为，迷宫的设计者通常会从入口画到出口，然后再漫不经心地分出几条岔路。米歇尔说她避免了这样的绘制方式，所以对这个迷宫就不用尝试逆向求解了。（更多米歇尔的迷宫和书籍见网站boggessart.com。网站thepuzzlerbook.com有本迷宫的放大图片。）

这三个迷宫的解法见thepuzzlerbook.com。

第八章

数学和逻辑谜题

Math and Logic Puzzles

是父亲让我了解了数学谜题。

他并没有关注传统的数学谜题。他喜欢的数学谜题要更加古怪,更加接地气。父亲最大的乐趣来自让不知情的人茫然不解——陌生人、朋友、家人,无论是谁——他往往能用与数学有关的玩笑做到这一点。大概在我8岁的时候,我有一次问他赛车能跑多快。当时还没有谷歌,所以父亲就相当于我的搜索引擎。

"最快的大约5000万。"父亲说道。

即使对我这个没上过学的脑子来说,每小时5000万英里听起来也很离谱。

"不对劲吧。"我说道。

"没错,"他说道,"每两星期5000万英寻①。"

我盯着他看。

---

① 英寻常用做海洋测量中的深度单位,1英寻相当于约1.8米。

"哦，你想知道每小时多少英里？"父亲说道，"我以为你问的是每两星期多少英寻呢。"

你可能知道，1英寻相当于6英尺，两星期是14天。父亲有意用每两星期的英寻数作为他衡量速度的默认标准，并认为世界上再没有其他人使用这样的计量单位，事实可能确实如此吧。我还是感谢他给了我这么有用的信息。

在计算每两星期多少英寻之余，他把时间都花在研究与2月29日有关的数学问题上，而且乐在其中。

只为让自己高兴，让陌生人糊涂，他会跟人吹嘘说自己出生在2月29日。而且不但是他，他的妻子、女儿、儿子（也就是我）都出生在2月29日。

但事实上，我们都不是在2月29日出生的。"你觉得我们一家四口都在闰日出生的几率有多大？"他会这样问。

对面的陌生人通常会耸耸肩膀，不知道该说什么。

"几率是4.5万亿分之一。"父亲会这样说。

相比冷笑话，他更喜欢讲"老爸式"的笑话，超越现实而且不合常理。

所以，你可能已经看出来了，我从小受娱乐式数学教育的熏陶，带来的结果喜忧参半——我喜欢数字，对于数字抱有合理的怀疑态度，但同时也很多疑。

遗憾的是，我在解答数学谜题方面只是过得去而已，但绝不是超级明星。（我至今仍对六年级时考砸的一次数学考试懊恼不已，试题问的是院子里有23头奶牛和14只鸡，一共有多少条腿。我当时怎么能知道鸡只有两条腿？我是在纽约市长大的，又不是在西弗吉尼亚州的哪个农场！我又没读过鸟类解剖学的博士。好吧，没错，我应该知道鸡是两条腿的。我也应该成熟起来，不要在后面几十年里每个星期都对这个错误耿耿于怀一番，但可惜事实并非如此。）

为了写这本与谜题有关的书，我买了12本数学与逻辑益智读物。

读这些书的时候，我常常会产生轻微的恐慌。我如何才能知道多少个球体能同时触碰到中心球体？我都想不出来从哪里开始。切入点是什么？

为了解决这一问题，我决定向世界级数学谜题专家讨教，希望能学到她的一些方法。视频电话开始时，坦妮娅·霍瓦诺娃先向我问好。但我还没来得及开口问她什么，她先问了我一个问题。

"我有两枚硬币，"她说道，带着俄罗斯口音，"面值相加是15美分。其中之一的面值不是5美分。这两个硬币是什么样的？"

我的手心开始冒汗。我没料到居然还有随堂测验。

也许她说的是外国硬币？也许是卢布？

"不是外国硬币，"她说道，"美国货币。"

我运用了我确实知道的一条解谜策略：审视所有字眼，看自己是否忽略了暗含的假设条件。

两枚硬币。

面值相加是15美分。

其中之一不是5美分。

最后一句有些含糊。她并没有说"两个都不是5美分"。所以……如果一个不是5美分，但另一个是呢？

"一个10美分，一个5美分？"我试探着说道，"因为另一个是5美分。"

"很好，你通过测试了。你可以继续。"她微笑着说。这令我如释重负。因为坦妮娅是个很有趣的人。她是俄罗斯移民，如今在麻省理工学院当讲师。她开设了一个关于世界最刁钻数学和逻辑谜题的高人气博客专栏（名字很简单，就叫"坦妮娅·霍瓦诺娃的数学博客"，Tanya Khovanova's Math Blog）。她已经解开了几乎所有类型的数学谜题，包括硬币谜题、火柴棍谜题、渡河谜题、数学公式谜题等等。

坦妮娅的使命感很强。"这个世界让我感到非常不安，"她说，

"错误的思维方式太多了，谜题可以帮助我们更好地思考。"

想想概率吧，她说。我们不擅长从概率上进行思考，但关于赔率的谜题可以帮助我们学习，例如让我们明白买彩票是多么愚蠢。"这种事就是不道德的。我想，彩票发行者赚了钱之后，应该拿出来一部分花在教育人们不要买彩票上面。"

坦妮娅的童年是在莫斯科度过的，自打那时起她就迷上了数学。

"我记住的第一件事不是谜题，而是一种思想。我记得那是我5岁的时候，我们在一个村子里度假，我正准备睡觉，脑子里想的是每个数字后面都跟着一个数字。在某一时刻，我意识到数字是无穷的。我当时觉得就像是触到了无穷，触到了宇宙，这种感觉令我非常愉悦。"

在20世纪70年代的苏联，身为一名犹太女性数学天才的日子并不好过。她面对的是性别歧视和反犹太思想。坦妮娅说，进入名校莫斯科国立大学（Moscow State University）——地位在苏联相当于麻省理工学院在美国——的考试在暗中操纵下对犹太人非常不利。犹太学生要参加单独考试，题目都是更难的"棺材问题"，或者说"杀手问题"。她与其他的犹太学生一起学习并成功通过了不公平的考试。

1990年，坦妮娅离开了俄罗斯。她到了美国，嫁给了一个与她长期保持友谊的美国朋友。她就职于一家总部在波士顿附近的国防承包商，但很不喜欢这份工作，因为"我认为它毁掉了我的人生"。她开始在麻省理工学院作为志愿者教书，此后校方聘请她做全职的讲师。

她的哲学是：谜题应该更多地应用于数学教学。首先，它们在娱乐中教会我们努力思考。其次，谜题可以带来数学上的真正进步——条件概率和拓扑学等领域就是起源于对谜题的探索。

数学谜题1.0

最初的数学谜题——至少是根据一些学者的见解——可以追溯

到公元前约1500年的埃及莱茵德纸草书①。它们实际更接近于数学问题,因为解答的过程中并没有体现太多奇思妙想。但纸草书的无名氏作者的确尝试给这些问题加入了一些稀奇古怪的细节,比如第79题:

> 有七间房子。
> 每间房子里有七只猫。
> 每只猫杀死七只老鼠。
> 每只老鼠吃了七粒大麦。
> 每粒大麦播种之后可以结出七赫卡特(hekat;一种计量单位)大麦。
> 这些东西的总数是多少?

(答案见本书368页)

而第一部列有真正弯弯绕绕的数学谜题的书,据说过了几百年才出现。9世纪时,神圣罗马帝国的查理曼大帝也非常喜欢解谜,他聘请了英国学者阿尔昆②做他的谜题设计师。阿尔昆的著作《青年趣味智力问题》(*Problems to Sharpen the Young*)中就包括已知最早的渡河问题。题面如下:

> 一个人要运一头狼、一只羊、一捆卷心菜过河。他划船每次只能带一样东西。如果没有人看着,狼会吃羊,羊会吃卷心

---

① Rhind Papyrus,莱茵德纸草书全名为Rhind Mathematical Papyrus,RMP,是古埃及数学研究最著名的例子之一,现存于大英博物馆。因苏格兰古董商亚历山大·亨利·莱茵德(Alexander Henry Rhind)在1858年购入纸草书而得名。纸草书分3个部分:算术和代数、几何、其他杂项,列有数学问题87个。

② Alcuin of York,出生于约克郡,牧师、诗人和教师。他受查理曼大帝之邀,成为宫廷的主要学者和教师。阿尔昆对加洛林文艺复兴有很大贡献,他的学生中有许多是加洛林时代的重要知识分子。

菜,他怎样才能把这些东西全部运过河呢?

(答案见本书第368页)

顺便说一句,这个问题衍生出了上千种其他渡河问题。根据时间和场所的不同,渡河问题中的狼、羊、卷心菜还可以替换成豺、鹅、成袋的豆子。有些版本是色鬼和单纯的姑娘,还有些则带有令人不快的殖民色彩,要过河的是传教士和食人族。

对于渡河问题,你要意识到你必须采取一种反直觉的方式以退为进。你必须要打破常规。

打破常规

坦妮娅提醒我要"跳出盒子,打破常规思维方式",这并非老生常谈。"跳出盒子"本身就是个谜题:下面试着用四条直线将九个点全部连接起来。

答案是:

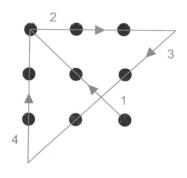

"跳出盒子"这个说法如今已被滥用，而且常常作为笑点，就像卡通片里，猫咪想从废纸箱中跳出来。但它仍是一个非常重要的概念：想找到解决方法，你通常不得不打破预期。

"关于这一点，我从学生们那里学到的，与我教给他们的一样多。"她说道。

"能说得具体一点吗？"我问道。

她让我想一下这个谜题："你有一个篮子，篮子里有5个苹果。你的5个朋友都很饿。你给每个朋友一个苹果。分完后，每个朋友都有一个苹果，但还有个苹果在篮子里。这是怎么回事？"

常规答案是：你给前4个朋友每人一个苹果，然后你连篮子带苹果一起给了第5个朋友。这样一来，每个朋友都有一个苹果，而且还有一个苹果在篮子里。

"要想得到答案，你必须要打破常规思维，"坦妮娅说，"但是我的学生在打破常规思维的道路上走得更远。"

他们的解释包括：

其中一个朋友已经有一个苹果了。

你把其中一个朋友杀掉了。

你非常自恋，把自己也叫作你的朋友。

没拿到苹果的那个朋友跟你断绝来往。

从树上掉下来一个苹果，刚好掉在篮子里。

而坦妮娅最喜欢的一个解释是：篮子是你的朋友。我们不能忽视人对物品的情感联结。

"我的学生给我上了一课，我擅长打破常规，跳出盒子思考。但我意识到，我跳出了一个小盒子，但还在一个更大的盒子里面。或许我们都是这样。"

如何解决问题

到底如何才能让自己跳出盒子思考？如何解决数学问题？对于拼图（通常是从边缘开始）和填字游戏（寻找复数形式，先填词尾的S）我知道怎样入手，但怎样去解决数学问题呢？

在与坦妮娅和另一位了不起的数学谜题专家，达特茅斯大学的教授彼得·温克勒交流之后，我列出了解决数学和逻辑问题的几个手段。这里是我最喜欢的3个。

1）逆向思考

看到问题的时候，尝试逆向思考。把它颠倒过来。

有时候就是字面的意思，倒过来。

比如这个问题：

以下数字序列的横线上应该填写什么数字：
16 06 68 88 ＿ 98

（答案是87。把书倒过来你就知道原因了。）

有些谜题需要你稍微脱离字面意思，进行逆向思考。比如说下面这个［改编自扎克·基多（Zack Guido）的《原来如此》（*Of Course!*）］：

一个人被关在长、宽、高都是10英尺（约3米）的房间里。房间的墙壁是水泥的，地面是土的，出口只有一道上了锁的门和一个天窗。这个人有一把小铲子，他用铲子在地面上挖洞。他知道自己不可能挖隧道逃出去，但他还是挖个不停。这个人有什么计划？

（想要自己尝试解开谜题的话，先别往下看。）

答案是：这个人不只是在挖洞。他同时在做一件与挖洞相反的事：造一个土堆。他的计划是当土堆足够高的时候，他爬上土堆，继而从天窗逃走。

我很喜欢扭转自己的思考方式。这一周早些时候，我正在清理我们家的男性成员（包括我）到处乱丢的衣服。我抱着几件衣服走进卧室，把衣服丢进洗衣篮就走了出来。等等，如果我带着洗衣篮呢？如果我拿着洗衣篮去收衣服，就不用来回走了。就像威尔·肖茨曾经建议的那样，这值得弯腰鞠躬（我拎起了洗衣篮）。

2）明确真正目的

我最喜欢的一个益智题目来自马丁·加德纳（Martin Gardner），自1957年起，他连续30年在《科学美国人》（Scientific American）杂志上开设数学专栏。这个专栏非常有名，加德纳每个月都会写与数学谜题有关的文章。他在2010年去世，但依然拥有大批拥趸。每两年举办一次的加德纳聚会（Gathering 4 Gardner）会吸引成百上千名加德纳的支持者，他们聚在一起谈论谜题、悖论，以及马丁的非凡才华。

下面这个谜题来自马丁撰写的《趣味数学谜题》（Entertaining Mathematical Puzzles）一书：

> 两个男孩相距20英里，同时骑自行车相向而行。两人出发的那一刻，一辆自行车的把手上有只苍蝇开始向对面飞去，抵达对面自行车把手后立即折返。苍蝇如此往返飞行，直到两人相遇。
>
> 假设两人保持每小时10英里的速度匀速骑行，苍蝇保持每小时15英里的速度匀速飞行，那么苍蝇的累计飞行距离是多少？
>
> （想要尝试自己解谜，就先别往下看。答案就在后面。）

怎样解这道题呢？很多人——包括我——的第一反应，都是去画苍蝇的折返路径，然后把若干单程距离相加。

用这种方法的话，你得算一号骑车人的把手到二号骑车人的把手之间的距离。然后苍蝇折返，你再计算二号骑车人的把手到一号骑车人的把手之间的距离。以此类推，直到两人相遇。

这样一来，计算就非常复杂，因为涉及骑车人的速度、苍蝇的速度、时间，还有距离。这种操作叫作"无穷级数求和"。

这类计算是不可能在脑子里完成的。好吧，几乎不可能。据说才华横溢的匈牙利数学家约翰·冯·诺伊曼[①]有一次在聚会上被问到这个问题，他没有使用计算器，而是在脑子里进行了无穷级数求和之后，给出了正确答案。

出发时，苍蝇在一号自行车上

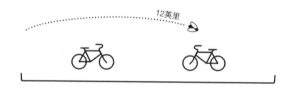

48分钟之后，苍蝇飞到了二号自行车。它已经飞了12英里，然后往回飞。

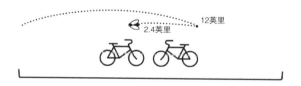

到了第57.6分钟，苍蝇又飞了2.4英里，落到一号自行车上。苍蝇此时飞了14.4英里。然后再次折返，计算以此类推。

---

① John von Neumann，是出生于匈牙利的美国犹太裔数学家，现代电子计算机与博弈论的重要创始人。

冯·诺伊曼是聪明反被聪明误。如果他停下来想一想，可能就会意识到有一个更简单的方法来解这道题。

现在说回到刚才的策略：这道题的真正目的是什么？

你应该用尽可能简单的方式表达这个问题。把这个问题抽丝剥茧，你会意识到你实际只需要一样东西：那就是苍蝇在特定时间内飞过的距离。

你可以完全忽略苍蝇怎样来回地飞。你也无须理会两辆自行车的把手。这些都无关紧要。你只需要知道苍蝇在两车相遇所需时间内飞了多远。

这样就是很简单的计算了：

假设自行车的速度是每小时10英里，两人相距20英里，那么两人花一个小时就能相遇。

所以苍蝇是嗡嗡嗡地飞了一个小时。苍蝇在这一个小时里飞了多远？它的速度是每小时15英里。答案自然是15英里。

我们往往会把简单问题复杂化。我认为不只是数学谜题，很多时候都会这样。

我不确定这个例子是否恰当，但它一直萦绕在我的脑海里，所以我还是想讲出来。最近，我面临着如何给自己理发的难题。居家隔离期间我没法去理发店，朱莉又明言她不会剪。我只能借助YouTube上的教学视频自己动手。

我第一次尝试的结果好坏参半。前面的头发剪得还可以，但后脑勺的头发剪得很不整齐，简直就是个灾难。

所以我停了下来。我重新理解这个问题。自己动手的目的不是要理出完美的发型，而是为了在视频通话中有个还过得去的形象。而在通话时，没有人会看到我的后脑勺。

这样一来就简单了：只剪前面的头发，后脑勺的就让它疯长好了。难题迎刃而解！不过这是我人生中第一次留鲻鱼头[①]。

[①] 前短后长的发型，从后面看有点像鲻鱼的尾巴，所以被称为鲻鱼头。

3）大事化小

如果你在谷歌上搜索"史上最难逻辑谜题是什么",你会遇到讲一个绿眼睛巫师和一群长着蓝色眼睛和褐色眼睛的岛民的难题。好吧,你会搜到这个问题和其他几个谜语。对于"最难逻辑谜题"这一称号还是有几个竞争者的,但是我最喜欢岛民的这个。[雷蒙德·斯莫林（Raymond Smullyan）创作的三神谜题（The Three Gods Puzzle）也是个强有力的竞争者,如果你对谜题来者不拒的话,不妨去搜一搜。]

我第一次得知绿眼睛巫师的谜题并不是通过网络,而是在几个月前的家庭聚会上,听我的表兄道格拉斯说起的。对我来说,谜题在维持和亲戚们的关系上并没有什么用处。家庭聚会时,我经常喃喃自语,用铅笔写写画画,而不是听凯特阿姨讲她孙子孙女的事。我知道这样不好,但就是忍不住。

谜题是这样的[以下措辞来自xkcd漫画的作者兰道尔·门罗（Randall Munroe）]①：

> 有一群眼睛颜色不同的人生活在一座小岛上。他们都极为擅长逻辑推理。这群人里没有人知道自己眼睛的颜色。每到午夜,都会有一艘渡轮在小岛停靠。能说出自己眼睛颜色的岛民可以乘船离开小岛,其他人继续在岛上待着。每个人都能看到其他所有人,记录每种眼睛颜色的人数（除了自己）。他们之间不能进行其他沟通。
>
> 岛上有100个蓝色眼睛的人,100个褐色眼睛的人,还有一个碰巧是绿色眼睛的巫师。所以,任何一个蓝色眼睛的人都可以看

---

① xkcd是兰道尔·门罗的网名,也是他创作的漫画的名称,门罗称该漫画是"关于浪漫、讽刺、数学和语言的网络漫画",题材多样,包括生活感悟、爱情、数学和科学笑话、计算机笑话、流行文化等。

到有100人长着褐色眼睛，99人长着蓝色眼睛（还有一个长着绿色眼睛），但不知道自己眼睛的颜色，只知道可能101人有着褐色眼睛，99人有蓝色眼睛，或者100人有褐色眼睛，99人长着蓝色眼睛，自己的眼睛是红色的。

在岛上居住的无尽岁月中的某一天，巫师可以开口说话一次（假设是在正午）。他站在岛民面前，说道：

"我看到有人长着蓝色眼睛。"

谁会离开小岛？在哪天夜里？

我的第一反应是：什么？

仅凭这么少的信息，怎么判断谁会离开小岛？这就相当于从一个人买的水果来算出国民生产总值。

但这个谜题是有答案的。（想要自己尝试解开谜题的话，先别往下看。下面要说答案了。）

这个谜题已经出现了几十年了，不过不能确定究竟是谁提出来的。它属于一个怪异但由来已久的谜题类型：不会说话的人必须靠自己弄明白某些事情。有时候是关于人们戴着什么颜色的帽子，有时候则是满脸泥巴的孩子。

但思路都是一样的：你需要弄清楚的是别人怎么看你。这实际上与博弈理论中的重要概念"共同知识"相关，会对商业策略、选举方式等诸多方面造成影响。

当我的表兄跟我讲到这个谜题的时候，我很茫然。我不知道切入点是什么。然后，我在漫不经心中作了弊。我无意中听到道格拉斯对我的另一个表兄耳语道："没错，你得把人数减少点。"

我装作没听见，这样才显得我更聪明，但这句话的确是个突破口。

如果我把这个谜题的人数缩减到最少会怎么样？比如说岛上只有两个人：一个绿眼睛的巫师，一个蓝眼睛的岛民——咱们就叫她宝石蓝。

这种情况下，宝石蓝会在什么时候离开小岛？岛上再没别人，这样当巫师说"我看到有人长着蓝色眼睛"的时候，那这个人只能是宝石蓝了。她意识到自己就是蓝眼睛！当天晚上她就会乘渡轮离开。

好吧，这样很简单。现在想象一下，岛上只有3个人：绿眼睛巫师，两个蓝眼睛的岛民，宝石蓝和青蓝。绿眼睛巫师说："我看到有人长着蓝色眼睛。"宝石蓝看到青蓝长着蓝色的眼睛，心里会想巫师说的人原来是青蓝。宝石蓝对自己的眼睛颜色一无所知，可能是蓝色，可能是褐色。

现在转换到青蓝的视角。她的推理过程与宝石蓝完全相同。

所以当天晚上，她们俩都没离开岛屿。

第二天，宝石蓝和青蓝醒来，看到彼此都在岛上。

啊哈！她们俩恍然大悟，现在得到新信息了。

宝石蓝现在可以推断出她自己的眼睛是蓝色的。为什么？她只需要和青蓝换位思考就可以了。如果宝石蓝的眼睛是褐色的，青蓝就会知道巫师看到的是自己的眼睛。青蓝就会知道她自己的眼睛颜色，她就会离开小岛。

反过来，青蓝用宝石蓝的角度来思考也是一样。这样到了第二天，宝石蓝知道自己的眼睛也是蓝色的；否则的话，青蓝就乘渡轮走了。

第二天夜里，渡轮来的时候，宝石蓝和青蓝都上了船。这一版本的答案是：两个岛民在第二天夜里离开小岛。

现在，我们把规模扩大，巫师和3个蓝眼睛岛民，宝石蓝、青蓝和海蓝。具体的推理过程我就不说了，用类比法可以得出答案：3名岛民在第三天夜里离开小岛。

根据观察其他女士的反应，她们都会得出结论。现在最重要的来了：把人数扩大到100个蓝眼睛岛民，这个推理仍然站得住脚。

所有100名蓝眼睛岛民会在第一百天的夜里离开小岛。

这里我学到的是：大事化小。把问题缩到最小。拆开解决，而非面对整体。在现实生活中我常常使用这种策略来解决问题。举个例子，我怎样才能让自己这把懒骨头每天到跑步机上锻炼几分钟呢？如果我告诉自己"今天必须走一个小时"，那么我永远都不会去走。所以，我要把大事化小。我不去想整个这件事。首先，我先完成穿上运动鞋的子目标。这个我是可以做到的。然后是打开跑步机电源的子目标。这个我也可以做到。然后到跑步带上走5分钟。我还可以做到。最后，我走起来了，而且感觉还不错。这样一来，我在跑步机上走了整整一个小时。

不过，我之所以喜欢这个蓝眼睛的谜题还有另一个原因。它一下子就教会你换位思考，用其他人的角度看待世界。这对我来说是个至关重要的技能，在如今这个派性思想盛行的时代尤其如此。

本章附录

9个历史数学和逻辑谜题

1）火柴棍自19世纪初开始成为谜题的主流道具。这里有一个火柴棍谜题，来自鲍里斯·A.科尔登斯基（Boris A. Kordemsky）于1956年出版的《莫斯科谜题》（*The Moscow Puzzles*），这本书是苏联历史上最受青睐的益智读物。

移动一根火柴让等式成立。（答案见368页）

2）亲属关系谜题也有几百年的历史了。下面是一个经典的亲属关系谜题（答案见368页）：

两个女孩是同年同月同日同时生，而且是同一个母亲，但她们却不是双胞胎，这是为什么？

3）下面是刘易斯·卡罗尔创作的另一个亲属关系谜题（答案见368页）：

Kgovjni的总督想要办一个规模非常小的餐会，他邀请了他父亲的妻弟、他弟弟的岳父、他岳父的弟弟、他妻弟的父亲。客

解谜

人最少有几人？

4）1983年去世的藤村幸三郎生前是日本最著名的制谜大师。下面是我在他的《东京谜题》(*The Tokyo Puzzles*)一书中最喜欢的谜题之一（答案见369页）：

消失的日元

三个人住旅馆，住宿费30000日元，每个人拿出10000日元。现金和账单由女工拿给收银员。

旅馆为了答谢住客，给住宿费打了折扣，找回5000日元。女工从这5000日元里拿走2000，将剩下的3000日元给了住客。三名住客平分了这3000日元，每人拿回1000日元。这样一来，每人之前拿出10000日元，现在拿回1000日元，每人实际花费9000日元。

每人花费9000日元，三人共花费27000日元。加上女工拿走的2000日元，共计29000日元。还有1000日元哪去了？

5）有一类逻辑谜题——通常称为费米问题[①]——是提升解决现实问题能力的出色训练方式。有个费米问题是这样的："纽约市有多少个钢琴调音师？"要求你估算一无所知的事物的规模。

如果你不假思索地猜测，答案可能在数量级上差得很远。实际上，根据大卫·爱泼斯坦（David Epstein）在其心理学著作《成长的边界》(*Range: Why Generalists Triumph in a Specialized World*)

[①] 费米问题命名自恩利克·费米，是在科学研究中用来做量纲分析、估算和清晰地验证一个假设的估算问题。这类问题的特点是初次听到提问时，会觉得已知条件太少，难以想出答案，但改变分析对象之后，可以接近确切答案。恩利克·费米（Enrico Fermi）是美籍意大利著名物理学家、美国芝加哥大学物理学教授，有"原子能之父"之称。

中的解释，最好的方法是将问题分解成你可以进行合理估算的若干部分。

爱泼斯坦写道："纽约有多少个家庭？拥有钢琴的家庭比例是多少？钢琴多久调音一次？调音一次要用多少时间？一名调音师一天内能去几个家庭？调音师每年工作多少天？"

这样的猜测结果并不精确，但距实际数字相差不会太远。正如爱泼斯坦提到的："想得到大体上合理的答案，不需要纠结对每个问题的估算是否精确。"

爱泼斯坦将这种方法称为"观念瑞士军刀"中的重要工具之一。我也发现，在判断来自媒体的统计数据是否可疑，或者判断鸡尾酒会上听到的推断是否靠谱时，这种方法是很有用的。想要了解一下这种方法，不妨想想下面这个费米问题（答案见369页）：

多少个卫生纸卷可以将得克萨斯州覆盖？

6）作为如今密室逃脱谜题的常见类型，液体测量问题拥有至少400年的历史。最早的液体测量问题之一可见于1633年亨利·凡·艾滕（Henry van Etten）的书名针对搜索引擎做过优化的著作《趣味数学；或作为自然之秘密，以及算术、几何学、宇宙学、钟表学、天文学、航海、音乐、光学、建筑、静力学、机械、化学、供水系统、烟花等实验；尚未被大众熟知，选自古代、现代哲学家之杂项问题汇总，适合渴望了解哲学事业之诸多美妙结论之学者、学生和绅士》(*Mathematical Recreations; or, a Collection of Sundrie Problemes Extracted out of Ancient and Modern Philosophers, as Secrets in Nature, and Experiments in Arithmetick, Geometry, Cosmography, Horologography, Astronomy, Navigation, Musick, Opticks, Architecture, Statick, Mechanicks, Chemistry, Waterworks, Fireworks &c. Not Vulgarly Made Manifest Until This Time, Fit for Scholars, Students, and Gentlemen, that Desire to Know the Philosophical Cause of Many Admirable Conclusions*)(答案见369页):

一个容量8品脱的杯子中装满葡萄酒,怎样用5品脱和3品脱的杯子将葡萄酒分成两等份,即每份4品脱?

(感谢威廉·哈茨顿在《谜题简史》中挖掘出这个谜题。)

7)切蛋糕(或切馅饼、比萨)这类问题的复杂程度可能高得惊人,有时甚至要用到高级的数学知识。下面这个经典问题不需要微积分知识也能解答(答案见370页):

你有一块生日蛋糕,只切三刀,将蛋糕分成8等份。

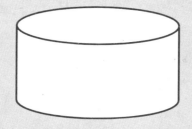

8)迄今为止,我最喜欢的谜题有些来自于我儿子卢卡斯在4岁的时候玩的"哪一个不属于同一类",但他只给我看两样东西。"哪个是异类?棒球还是灯?"如果我说是棒球,卢卡斯会告诉我正确答案是灯。如果我说是灯,那么正确答案就是棒球。我很佩服他这种超现实主义的理解方式。

几年以后,我儿子六年级的数学老师伊南娜·唐纳利给学生们布置了一个"哪个是异类"的问题,也同样有创意。对于这些问题,正确答案不止一个。比如说,在下面的例子里,8,10,12与其他数字组不同类,因为这一组不符合毕达哥拉斯定理(勾股定理)。

但你也可以说是另外一组数字。解谜界的许多人士认为答案不唯一的谜题是很拙劣的，不过我很喜欢把它们当作培养创造力的训练。其他答案见370页。

3，4，5	6.9，$\sqrt{84.64}$，11.5
8，10，12	5，12，13

9）逻辑学家和谜题界传奇人物雷蒙德·斯莫林在他1978年出版的《这本书的名字是什么？》(*What Is the Name of This Book?*）一书中创造了一类叫作"骑士与无赖"的谜题。这些谜题的地点都是一座小岛，岛上有两种人，只说真话的骑士，以及只说谎话的无赖。

下面是一个难度最低的例子，不过仍然令人感到困惑（答案见370页）：

在骑士和无赖的岛上，你遇到了两个人。第一个人开口说："我们都是无赖。"

这两个是什么人？

第九章

暗语和密码

Ciphers and Secret Codes

我潜入了位于弗吉尼亚州兰利的美国中央情报局（CIA）总部，执行一项绝密任务。

好吧，说"潜入"的确言过其实。我花了几个星期才从CIA媒体关系部门获得许可。我接受了全面细致的背景调查，到访期间全程有数名CIA官员陪同。此外，还有一个电视摄制组跟拍，我的书出版时，电视节目也会随即播出。

所以，我跟杰森·伯恩①还是不一样的。但无论如何，我还是成功地进入CIA总部，也的确任务在肩。我素未谋面的侦探同伴们指导我观察一切事物，注意任何看起来可疑的东西。留意影子的变化、异常磁场活动，还有地砖的图案。我的任务就是寻找线索，帮助解开一个有着几十年历史的谜题。我要寻求克里普

---

① 劳勃·勒德伦（Robert Ludlum）所著的系列小说《谍影重重》的主人公，同名电影系列由马特·达蒙主演。

托斯（Kryptos）的破解之道。

这里要解释一下，克里普托斯是世界上著名的未解之谜之一。1988年，CIA委托马里兰州的艺术家詹姆斯·桑伯恩为总部的扩建工程设计一座雕塑，而且希望这件艺术品能够体现出CIA的解密使命。桑伯恩的作品克里普托斯（希腊语，意为"隐藏"）于1990年揭幕，这座雕塑就在与CIA自助餐厅毗邻的庭院里。

克里普托斯是一面波浪状的青铜墙壁，约6米长，3.7米高。桑伯恩在这面铜壁上镌刻了大约1800个看似随机排列的字母和4个问号。这些字母是密码，传达着一个秘密的信息。除了桑伯恩本人，以及或许知道一些情况的某位前局长（桑伯恩暗示过他对那位局长也是有所隐瞒的），没人知道如何破译密码。30年过去了，密码仍未完全破译——甚至CIA自己也没办法。克里普托斯就这么一直待在后院，无声地嘲弄着探员们。

当然，雕塑上的部分内容已经破译出来了。在20世纪90年代，美

国国家安全局和CIA的密码破译专家们，加上广大解谜爱好者，破译出了密码的四分之三。雕塑上密码的第一部分包含了桑伯恩的一句晦涩难懂的话，关于"微妙的阴影和错觉的细微差别"。第二部分是全球定位系统的坐标，暗示某处埋藏着某物。第三部分是转述考古学家霍华德·卡特①描述自己在1922年通过图坦卡蒙陵墓的缝隙细看墓室内部的经历。

但是第四个部分——被发烧友们称为K4——一直是个谜。这一部分只有97个字母，但或许是有史以来最令人恼火的97个字母。

OBKR
UOXOGHULBSOLIFBBWFLRVQQPRNGKSSO
TWTQSJQSSEKZZWATJKLUDIAWINFBNYP
VTTMZFPKWGDKZXTJCDIGKUHUAUEKCAR

在过去十年里，包括2020年，桑伯恩发布过一些关于K4的令人好奇的线索。他透露K4包含"Northeast"（东南）、"Berlin"（柏林）和"Clock"（钟）等字眼。但到本书付印之际，K4仍未被破译。

"现在回想起来是很有意思的，"CIA的历史专家兰迪·伯克特说，"当（CIA）即将向外界宣布克里普托斯的时候，内部有备忘录称'也许我们的员工应该先知道如何破解这个谜题'。他们当时认为两天时间就足够。现在30年过去了，我们还是没有完整的谜底。"

当我开始为本书调研时，我加入了一个由数千名K4发烧友组成的网络社群。每个星期我都会收到几次有关最新破译理论的消息。与密码相关的也许是埃及象形文字？或者是但丁的《神曲》？或者是美洲原住民的鬼舞？或者是第二次世界大战的恩尼格玛密码

---

① Howard Carter，英国考古学家，埃及帝王谷图坦卡蒙王陵墓以及戴着"黄金面具"的图坦卡蒙木乃伊的发现者。

机[1]？类似的理论层出不穷，而且创意无限。

此外还有对于K4破译之后的猜测。桑伯恩曾说即使雕塑上所有的密码都被破译出来，还会有另外一个难解之谜。也许是个地下宝库？开保险箱的密码？没人知道。

桑伯恩的确很聪明，但我喜欢克里普托斯现象的真正原因在于解谜爱好者的不屈不挠。30年之后，他们依然乐此不疲。这些解谜爱好者是很多元的——计算机科学家、艺术家、医生、职业密码员——所有人都为了破译密码这个目的联合在一起。这是何等勇毅啊！好吧，也许有人会把这种行为叫作偏执。但我更喜欢勇毅这种说法。

我曾经听过对一个数学家的访谈，他说自己工作中多数时间都是费尽心机却一无所获。他必须要接受这一点，不然的话就疯掉了。

我多少也算是个勇毅的人，但对于这种程度的勇毅只能心存敬畏。在探索的路上，我需要得到积极的反馈，我需要每天都能完成点什么，即便只写了只言片语也是好的。而这些人——他们才拥有最佳状态的解谜心。

尽管温和与迷糊的声名在外，但CIA并不欢迎普通游客来访。多数解谜爱好者只能从雕塑的照片和绘画，以及亲眼见过雕塑者的转述来进行破译。因为要写这本书，我才获得了参观许可。也许亲眼看到雕塑会启发新的线索。在我实地考察之前，我在破译克里普托斯的社群里发了一条信息，就应该寻找什么征求大家的意见。我收到了一大堆请求，包括：

带个指南针，看指向是否正常。

留意投在雕塑上的任何阴影。

留意颜色有异的草地。

---

[1] Enigma，即"谜"，恩尼格玛密码机是对"二战"时期纳粹德国使用的一系列用于加密与解密文件的密码机的统称。

留意雕塑底部的奇特标记。

附近有洞的话，看看洞里有什么①。

在一个夏季的周六，我拿着请求清单，通过安检，进入CIA的主办公楼。原来，要去看克里普托斯还要走上一小会儿。兰利的院落很大，而且出奇地安静。这里有草坪、榆树，还有个鲤鱼池。要不是在停车场附近认出了那架阿富汗战争中的直升机②，我会把这里当成某所名校的校园。

与陪同人员一起，我穿过几条走廊，经过了"英国朋友"赠送的红色电话亭，经过了CIA历史上重要时刻［例如激发电影《逃离德黑兰》（*Argo*）创作灵感的伊朗人质事件］的绘画作品，经过了唐恩都乐③在自助餐厅设的柜台。由于是周末，所有的办公室几乎都空着。

我们终于穿过玻璃门，来到了一个庭院，这里有红色的花园桌椅。然后，我就看到了既熠熠生辉又令人备感沮丧的克里普托斯。

雕塑比我想象的要小。我之前一直觉得它的规模可以与英国的巨石阵相媲美。它的波浪形状还是让人觉得很放松的，覆盖其上的铜绿令整个雕塑显得很庄重。

"我能摸一摸吗？"我问道。

我的导游——历史专家兰迪·伯克特，态度友好但不苟言笑，身穿黑色西装——点头示意可以。我伸出手去抚摸着镂空的字母。天气虽然暖和，但铜壁很凉。也许我的抚摸能让它交出秘密，就像斯波

---

① 克里普托斯实际上是由几个部分组成的。除主要的铜壁之外，桑伯恩还在CIA的院子里摆放了几个更小的元素，包括一个池塘和几块花岗岩石板，石板上都有刻着莫尔斯电码的铜匾。——作者注
② 指的是中情局在阿富汗作战中使用的俄制米-17"河马"直升机。"9·11"事件发生后，中情局组建了一支叫作Jawbreaker的先遣队，这些特工先去了与阿富汗相邻的乌兹别克斯坦，得到一架米-17直升机作为交通工具，为了纪念"9·11"事件，这架直升机的尾部涂了91101这几个数字，代表"9·11"事件后第一架进入阿富汗作战的美国飞机。
③ Dunkin' Donuts，专业生产甜甜圈、提供现磨咖啡及其他烘焙产品等的快餐连锁品牌，总部位于马萨诸塞州。

克①把双手放在别人的脸上感知对方的思想。可惜的是，我的脑海中没有任何画面闪过。

"有什么线索吗？"我问兰迪。

"我没线索。"兰迪说道。他从事的不是数学或密码研究。"我在人类情报部门工作。"

我继续窥探。也许雕塑旁的这个漩涡是解谜的关键？哗哗作响的水声是否有规律可循？幻想性错觉又在蠢蠢欲动了吗？

我的克里普托斯导师

在前往中情局之前，我做了一番功课。为我提供指导的是埃隆卡·杜宁（Elonka Dunin），她经营的克里普托斯网站人气最高。埃隆卡是专业游戏开发人员和管理顾问，在工作之余，她真正的爱好是密码和暗号。她撰写过许多关于密码学的书籍和文章，《达·芬奇密码》的作者丹·布朗（Dan Brown）有本小说的一个角色就是以她为原型的［角色的名字叫诺拉·凯耶（Nola Kaye），一个手忙脚乱版的埃隆卡］。几年前，她从田纳西州搬到了华盛顿哥伦比亚特区，原因之一就是为了离克里普托斯更近。

埃隆卡对于密码的兴趣始于童年时期，但其真正开始在她生命中占据重要位置，则是她在2000年一次黑客大会上解决了挑战之后。原来她还有这个本事。在"9·11"事件之后，她对密码的兴趣更浓了。

"与别人一样，我对那天发生的事情很愤慨。"埃隆卡说道。她的表兄在五角大楼工作，当天碰巧不在办公室里。"我不知道自己是不是帮得上反恐战争的忙，这种感觉有些像第二次世界大战时在英国

---

① Spock，《星际迷航》的主角之一，是半人类半瓦肯人，在进取号星舰上担任科学官及大副，他可以将手放在对方头上进行精神交流，获取自己想要的信息。

的布莱切利园①工作。"

埃隆卡联系了联邦调查局并提出可以给予他们帮助。她受邀做了一场讲座,内容是关于恐怖分子可能使用的密码。这场讲座很受欢迎,最终CIA也邀请她去讲解,这样一来,她得以亲眼看到克里普托斯。她说她还没有破译过任何恐怖分子的密码,当然,就算真破译过,她也得这么说。

埃隆卡通过自己的网站收到了许多电子邮件,有些很有意思,有些则很没劲。"我收到的许多电子邮件都声称'我破译了第四部分'。我的态度是,'很好啊,快跟我说说'。有个人说:'如果你取这个字母,再取那个字母,就能拼出我的家庭住址。这证明政府一直在监视我。'"

"这会不会只是个恶作剧,根本就没有破译的方法呢?"我问埃

---

① Bletchley Park,是一座位于英格兰米尔顿凯恩斯布莱切利镇内的宅第,又称X电台(Station X)。"二战"期间,这里是英国政府进行密码解读的主要场所,所收集到的军事情报代号为ULTRA,有人认为这些军事情报起到了提早结束战争的作用。

隆卡，"或者桑伯恩在设计时出了个错，导致没办法破译密码？"

"我觉得这套密码是真实存在的。"她说道，但可能需要新的思维模式。"人们使用强大的计算机来破译密码已经有几十年了，至今都没有结果。所以我想，应该有个人以旁观者的身份提出想法，以一个全然不同的角度来看待密码。这个人可能是园丁，可能是厨师，也可能是小孩子。"

跨越年代的秘密

在谜题界，暗语和密码是一个非常有趣的小众话题①。一方面，它们作为谜题颇具娱乐性；另一方面，它们在世界的塑造中也扮演着角色。

密码作为战争中沟通方式的历史至少可以追溯到古希腊。在"二战"时期，盟军之所以能够获胜，部分原因在于破解了纳粹的密码。现在，密码与我们生活的联系比以往更加紧密。你的信用卡和银行账户、加密货币、进入各种系统的口令——统统依赖密码和暗语。

它们在无数爱情故事里扮演的角色就更不用说了。千百年来，情侣们一直通过密码来传情达意。在维多利亚时期，英国有些保持地下情的男女双方会在报纸的分类广告上发布彼此才看得懂的加密信息（例子见175页）。当朱莉和我开始在工作中秘密约会时，我会给她发暗语，以躲避信息技术部门的监督。主题词"第三季度业绩"就是我用来表达"我爱你"的浪漫密码。

密码学社群喜欢密码，而对于密码因何产生全不在意。有网站专

---

① 严格说来，暗语和密码有一些细微的区别。根据西蒙·辛格（Simon Singh）所著《密码故事》(The Code Book)的说法，"暗语是词语或短语层面的替换，而密码则是字母层面的替换"。比方说拿"鸽子入巢"来表示"间谍已经渗入宴会"，这就是暗语。桑伯恩在克里普托斯上雕刻的字母就是密码。但多数人会把这两个词混为一谈，我在本章节中也未作明确区分。——作者注

门研究如何破解黄道十二宫杀手①20世纪60年代留下的加密信件。有书籍介绍俄罗斯囚犯文身的象征意义。有民间组织自发尝试破解产生于15世纪、写满怪异符号的伏尼契手稿②。密码破译爱好者们致力于解读历史人物的日记，包括儿童作家碧翠克斯·波特③在少年时代写的日记。波特的日记被破解之后，人们发现她对一些事物的评价骇人听闻，比如她对收藏于伦敦的英国国家美术馆（National Gallery）的米开朗基罗肖像的批评："我要勇敢地说，这个米开朗基罗被画得太丑、太差了。还好没人会看到这句话。"

我们应该为破解私人日记心怀愧疚吗？我不能确定。

"说老实话，我不在乎内容，"颇受好评的"密码脑"（Cipherbrain）博客专栏作者、密码学爱好者克劳斯·施梅（Klaus Schmeh）如是说道，"乐趣在于解开密码的过程。"

千百年来，人类隐藏信息的方式之多令人瞠目。最有名的密码或许要数恺撒密码，之所以叫这个名字，是因为据传是恺撒发明的。但我猜想，恺撒是抢了别人的功劳，密码真正的发明者另有其人，也许是罗马军团的暑期实习生之类的。

你很有可能见识过恺撒密码，或许就是在餐馆里儿童用的拼图垫上面。密码的要领就是将你信息里的每个字母都在字母表上向左或向右移几位。比如，你可以将每个字母右移三位：A用D来表示，B成了E，C成了F，以此类推。单词HELLO就变成了KHOOR。因为字母的偏移量是三位，这种加密方式叫作恺撒3。如果字母的偏移量是四位，那么就叫作恺撒4。

---

① 20世纪60年代末在美国加州北部犯下多起凶案的连环杀手，曾给媒体寄送多封以挑衅为主的信件，信件中包含密码或经过加密的内容等与命案有关的线索，至今仍有密码未被解开。大卫·芬奇执导的电影《十二宫》便是以此为题材。
② 天书一般的神秘书籍，书中有插图，语言无人能识。"伏尼契"一名来自购得书稿的美国书商。
③ Beatrix Potter，英国著名儿童读物作家，彼得兔形象的创造者。

破解恺撒密码非常容易。但如果想要加入一些令人困惑的变化，你可以使用维热纳尔（Vigenère）密码。维热纳尔密码是在同一条信息里使用几种恺撒密码，要有表明字母偏移量的关键词。克里普托斯的前两条信息就使用了维热纳尔密码［关键词包括"palimpsest"（重写本）和"abscissa"（横坐标）］。如果你看得一头雾水，那说明加密的目的达到了。

克里普托斯第三部分用的是截然不同但同样令人感到费解的密码：换位密码。换位密码依靠的是字母的秘密排列顺序。比如下面这条用换位密码中的"之"字密码（或者叫栅栏密码）写的信息。

TPTEBELEDPRPEADVADUTRPESSNHLADANSSAEE

只有按照预先设计好的方式排列字母并以"之"字形排列字母，你才能知道答案——术语叫作"明文"。

T		P		T		E		B		E		L		E		D		P
	R		P	E		A	D	V	A	D	U	T	R	P	E	S	S	N	H	L
		A		D		A	N		S		S		A		E		E	

这条信息的意思是：

"Trapped at Dave and Buster's. Please send help."［被困在戴宝氏（Dave and Buster's）①。请支援。］

所以桑伯恩在K4上用了什么密码？一切皆有可能。维基百科列出的密码有120种——培根密码、跨棋盘密码——而且这还远不是密码世界的全貌。

---

① 提供就餐和游戏结合的"体验式就餐体验"的连锁餐厅。

发起攻击

加密方式如此之多，破解密码该从哪里入手呢？对它发起攻击。密码破译者们使用的比喻很暴力。攻击密码！找出薄弱环节！加以利用！攻击手段可有的是［如果你想做一些延伸阅读，我推荐埃隆卡与刚才提到过的克劳斯·施梅合著的《破解密码实用指南》（*Codebreaking: A Practical Guide*）］。

埃隆卡告诉我，最重要的攻击手段是"频率分析"。也就是说要留意某些字母或符号在密码中的出现频率。英语里有些是高频字母（比如E、S、R），有些则没有那么高的应用频率（比如X、J、Z）。好比你正在尝试破解一个以动物来代替字母的密码。你可能会注意到其中出现了许多乌龟，由此推测这些乌龟或许代表字母E、S或者R，很可能不是字母Z。在此基础上进行下一步推测。有些字母组合很常见（比如S后面接H），而有些组合则几乎不存在（比如Q后面接F）。

这样就可以逐渐地理出头绪。你要寻找重复模式。无论破解简单还是复杂的密码，这种方法都同样有效。"二战"中破解纳粹恩尼格玛密码机的过程中使用了多种方式，但有一项突破的取得，是因为破译人员注意到纳粹的许多信息在开头都有一个相同的加密单词：德语的"to"。这一点使他们进一步破译出短语"Nothing to report"（无事可报告）。

说到盟军对于恩尼格玛密码机的破解，它是计算机发展史上的里程碑事件。艾伦·图灵（Alan Turing）——历史上最了不起的人物之一——发明了早期的计算机，可以快速筛选德国密码系统中成千上万种可能的组合方式。正是依靠艾伦·图灵的计算机与人力观察的结合，盟军才得以破解恩尼格玛密码机。

计算机与人的搭档继续发挥着重大的作用。2020年，一个新的软件程序帮助破解了黄道十二宫杀手在20世纪60年代末发给警方的一封加密信件。这个程序筛选了650000种可能的符号组合。一位密码破译的发烧友注意到包含短语"hope you are"（希望你是）和"trying to catch me"（试着抓住我）的一种组合方式，然后与另外两名同好一起最终破解了加密信息。后来人们用相同的软件来对付克里普托斯，但一无所获。

盘问"元凶"

在去拜访兰利之前，埃隆卡把詹姆斯·桑伯恩的电邮地址给了我。我与桑伯恩取得联系之后，他同意接受采访。在居家隔离期间的一个夏日，我给他打了电话。我有些担心他脾气暴躁，就像有人在网上留言告诫过我的那样，但他实际上还是愿意交流的——至少在某种程度上是。

我问桑伯恩在30年后的今天对克里普托斯有什么看法。对于自己最著名的作品，桑伯恩的感受很复杂。一方面是烦躁，缠着他要线索或提示的人数以千计。这些人当中有些彬彬有礼，有些就没那么客气了。"我收到过许多威胁口吻的邮件和电话，而且在家门口看到过奇怪的包裹，我不得不借助机械打开。"（桑伯恩补充说，随着时间的流逝，来询问的人越来越有礼貌了。）

另一方面，他对克里普托斯至今仍令大家着迷而心怀感恩。"坦率地说，最令我满足的就是我创造出了一件不断激发好奇心的艺术品。"他说。我问他是否希望K4被人破解。

"哦，我毫不在乎它是否被破解。我想说的是，我真的不想它被破解。你知道吗？我宁愿这个秘密活得比我长久。"

"那你为什么还要提供线索呢？"我问道。

"好让人们保持对它的好奇心。"

这倒是真的。密码一旦被破解，一切就都结束了。不会再有人发邮件来威胁他，也不会再有网上留言说桑伯恩有多阴险。

我问桑伯恩创作克里普托斯时感觉如何。他说并不容易，他不得不向一位CIA退休探员请教密码学。至于雕刻过程，桑伯恩说："我花了两年半时间，与15个不同的助手合作，用掉了900根锯条，用坏了12个博世线锯机。"

我提出克里普托斯已破解的部分里有几个拼写错误，如"iqlusion"应更正为"illusion"（错觉）。这些错误是有意为之，还是无心之失？桑伯恩说有些就是故意让密码更难破解而拼错的，但至少有一处是他自己弄错了。"我找不到人给克里普托斯做校对。"

我又提到在K4之后还有一个未解之谜的观点，以及他有一篇文章暗示有些东西埋在某处。

"宝库里是什么？"我问道。

他只是笑了笑。

"是送给卡斯特罗的有毒雪茄吗？"[1]

"对啊，这种东西值得放进宝库。为什么不呢？"

之后，我将采访内容整理成文字稿，发给了埃隆卡。我向她道歉，没能让桑伯恩说漏嘴。埃隆卡在稿子上做了标注发回给我。有两段她标了"重要"，还有两段标了"非常重要"，另有一段标注的是"极为重要"。

我欣喜若狂，感觉自己就像刚考出好成绩的小学生。

顺便说一下，"极为重要"的那一段是关于桑伯恩研究各类密码的，包括"非洲有些国家缝在毯子里的密码"。这可能是破解K4的关键线索，但也可能毫不相关。

我把对桑伯恩采访的精华部分贴在了克里普托斯论坛的留言板上。有些解谜爱好者像埃隆卡一般欢欣鼓舞，有些则不为所动。"他满嘴胡言乱语，"有个人在发给我的电子邮件里写道，"所有的故事在我听来都是废话。"可以这么说，克里普托斯社群对桑伯恩是又爱又恨。

---

[1] 据说CIA曾多次策划对古巴前领导人卡斯特罗的暗杀行动，雪茄下毒是其中之一。

在参观CIA之后，我把自己观察到的东西也贴到了克里普托斯论坛的留言板上。这些记述显得神秘莫测，不过让人困惑那就对了。我写到了雕塑旁边的漩涡，我的指南针放在附近磁石上的反常旋转，以及克里普托斯中间部分加固螺栓的位置。

我收到一大堆电子邮件。克里普托斯发烧友们整体上对我十分感谢，但提出了更多问题：

漩涡是顺时针旋转，还是随机方向？

你觉得排水口、金属箱或者花岗岩上的洞会不会藏着扬声器或麦克风？

我无法回答这些问题。我尽力了，但我的观察显然不够细致。

我决定最后一次联系桑伯恩。值得一说的是，桑伯恩不但是才华横溢的艺术家，也是精明的商人。几年前，桑伯恩对浪费大量时间回复电子邮件中的猜测感到苦恼，于是立下了一个新规矩。你可以把自己的猜想发给他，他会给出非常简单的回答，"正确"或是"错误"。为了得到答案，你要给他50美元。

我很嫉妒。一两句话就值50美元。这种赚钱效率令作家们羡慕不已。克里普托斯社群的其他人都讨厌这种收费50美元才给回复的行为。在留言板上，有些致力于破解K4的发烧友们说这条规矩"俗不可耐"，而且要以欺诈起诉桑伯恩。

我通过贝宝（PayPal）支付了50美元，把我的猜想发了过去，就只是猜想。我的方法是仅凭印象而非科学严谨：我想进入詹姆斯·桑伯恩的思想，从他的话语里得到一些东西。我的猜想是：

"占用了你很长时间。从破解出的坐标向东北方向走两步。按照柏林时间面朝7点钟方向。走12步。开挖。希望你喜欢这个想法！"

我把这看成是买彩票，我有40亿分之一的机会说对。

几天之后，我得到了回复。桑伯恩感谢我支付了答题费，但"可惜的是，这并没有解开密码"。这50美元花得并不明智，但能这么试一试竟出奇地令人感到满足。

本章附录

四个历史暗语和密码

1）维多利亚时期的爱情密码

在19世纪末，英国报纸上的分类广告中有保持秘密恋情的男女给彼此发送的加密信息。这些信息引人注目，还能满足窥探欲。有些就像是短篇爱情小说，比如解密自1869年某个广告中的这一条：

> 爸爸到了。知道了一切。我没说你的名字。可怕的场面。求婚了。接受了。记住，我们见了面就当完全不认识。不要写信，不安全。太遗憾了，忘了我吧。永别了。
>
> ——格林威治

或者1856年的这一条：

> 我拥有英格兰最美的骏马，却不能拥有最美的女士。你的沉默深深刺痛了我。我无法忘记你。
>
> ——M

你在吉恩·帕尔默（Jean Palmer）所著的《痛苦的专栏密码和暗语》（*The Agony Column Codes & Ciphers*）一书中可以看到更多类似的信息。现在不妨试着破解1886年的这一条：

A.B. to M.N.—Tn dvcr trw rhtn yltcfrp drtln yln srsd t s uy

dn trw t uy.

2）报纸上的密文

本·巴斯（Ben Bass）是《纽约时报》的正式密码专家。在疫情广泛传播初期的几个月里，纸质版《纽约时报》每周刊登两次他设计的密文。由于没有音乐会或百老汇戏剧可供报道，《纽约时报》的艺术栏目又想填满版面，谜题刚好可以解这一燃眉之急。威尔·肖茨问本——一位曾经给《难解之谜》设计过密文的律师——是否愿意受聘给《纽约时报》设计密文。"我感觉就像是头奖彩票从天而降，"本说，"我自掏腰包都愿意！"（可以通过推特账户@BenBassBeyond关注本对于谜题的心得。）

a）PAPYIP CY OKB JZAG YOPOB DKJYB ZPUB QPZ TB OGWBH JZ JZB VJD JX P IBGTJPVH.

b）VNWU CYMFB'I YFTNQ "JA BMW'L WAAB WM ABPQZLNMW" NI Z IAYC-BACAZLNWK ZTKPDAWL.

c）RWKW JYUWP PQEZQ JFQTP RWKW JYUWP PQEZQ JFQTP, KAORZ IYVE PQEZQ JFQTP FQEW. VRQZ QKW ZRW YIIP?

d）UXJMUX PKGCNVUQJV'G LJJTA XUUVJU MXINYX NVIRFSXS QCNG NVGQMFIQNJV: "QKGQX EMXZFXVQRA."

3）埃德加·爱伦·坡的密码

埃德加·爱伦·坡是密码的爱好者，他的短篇小说《金甲虫》（*The Gold-Bug*）的情节中就包含了一个密码。不过他对密码的痴迷远不止于此。他邀请读者设计密码来考验他。1840年，坡在宾夕法尼亚州的报纸《亚历山大周报信使》（*Alexander's Weekly Messenger*）上吹嘘自己可以解开任何置换密码。接下来的几个月里，坡宣称破解了

100个读者发来的置换密码——他对此洋洋得意,居然还说某个密码破解起来"毫无麻烦"。

  当宣布终止挑战时,坡将来自某位读者的两个密码刊登出来。他声称已经破解了密码,但从未公开过结果。密码爱好者们花了150多年的时间,终于在1992年和2000年分别破解了这两个密码(结果是描写自然风光的段落,"闷热的"下午,以及"宜人的微风",我觉得以恐怖小说见长的坡应该不会喜欢这两段描写)。

  下面是坡在报纸专栏中破解的读者密码。坡指出了密码设计者——只署名H——犯的几个错误。我已经尽我所能将错误改正过来了。

       850; ?9

    o 9? 9 2ad: as 385 n8338d ?† sod—

   3 —86a5: —8x8537 95: 37od: o— h—

    8shn 3a

   s9d?8d— ?† —og37 —8x8537

   95:sod—3 o— 9 ?o—

   67o8xah— 95o?9n ?† 5o537 —8x8537 95:

   sod—

   3 o— 378 n9338d— 858?† ?† 38537 —8x8537

   95: sod—

   3 —h!!ad3— nos8 ?† sahd37 sos37 —8x8537

   95: —og37 o— 9 sdho3 ?† sahd37 95:

   8o;737 o— 9 !a28dshn

   o?!n8?853 ?† 27an8 o5:o6938— 9 2o—8 ?95

4)美国航空航天局的密码

  2020年7月发射的"毅力号"(Perseverance)火星探测器上有几

个谜题和密文。现在来看看你是否能发现这块铝牌上藏着的3个单词的信息。

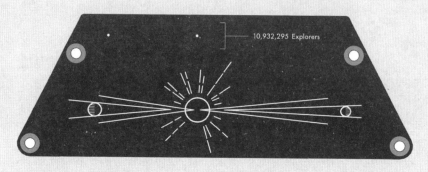

以上四个谜题的答案见370、371、372页。

第十章

视觉谜题

Visual Puzzles

2020年春季,《巴尔的摩太阳报》(The Baltimore Sun)刊登了一则或许是报业历史上最伟大的勘误启事。

《巴尔的摩太阳报》4月26日星期日版的"找不同"栏目不慎使用了相同图片,本报在此深表遗憾。

原来,第一幅男孩无缘无故高兴地刷着牙的插图,与第二幅男孩无缘无故高兴地刷着牙的插图一模一样。

当我在推特谜题栏目下第一次看到这条勘误信息的时候,我的心里五味杂陈。

我为编辑感到难受,他无疑会被同事调侃好几个月。我可怜那些气急败坏的解谜者。

179

想象一下吧，几百个小时的脑力都花在了寻找根本不存在的区别上。正如一位读者在推文中所说，这个伪谜题已经让她变成了"半疯"。它造成了巨大的人力浪费，仅次于对圣杯的找寻或参议院里司空见惯的冗长演说。

但奇怪的是，我也非常激动，以至于我把它打印出来贴到了家里的墙上。我不确定是什么原因促使我这么做。或许是因为它的卡夫卡色彩。或许是因为我把它当作人生的完美隐喻，至少我在情绪比较低落的时刻是这样想的。如果往后的30年里，我不断地追寻生命的意义，到头来却发现整个宇宙也不过是个儿戏，那该怎么办？"哎哟！对不起！忘了说了，没有任何意义，一切都是夸克的随机运动！"

往好的方面想，并非所有的视觉谜题都会让我陷入虚无主义的漩涡。事实上，我很热衷这个类型的谜题。而且，在看过了数以百计的视觉谜题之后，我已经提出了自己不算太科学的分类体系。在我看来，多数视觉谜题都可以归到以下两类：

1）捉迷藏型

2）视错觉型

这两类我都喜欢——部分原因是它们都很好玩。但我同时也认为它们都蕴含着重要的道理，那就是，不要相信自己的第一印象。目击者的证词并不总是可靠的。我们的感官既不完美也不客观，会让我们受骗。

捉迷藏型

我们先来看第一种，捉迷藏型的视觉谜题。它们的形式很多样——"找不同""这张图片有什么不对劲？""威利在哪里？"[①]，但

---

① Where's Wally?（在美国叫 Where's Waldo?）是英国插画家 Martin Handford 创作的系列图书。

勃鲁盖尔的《尼德兰箴言》

目标相同：都是找出隐藏或伪装的物品。

这个类型的开创者之一——威利在艺术上的曾祖——是一位16世纪的佛兰德画家，名叫老彼得·勃鲁盖尔（Pieter Bruegel the Elder）。

勃鲁盖尔擅长精细的人群场景，而且会埋下各种费尽心思才能找到的彩蛋。我最喜欢他的画作《尼德兰箴言》（*Netherlandish Proverbs*），勃鲁盖尔在里面隐藏了对112条谚语的直观描述。你能找出一名男子在河里"逆流而上"吗？或者找出一位嘴叼着刀的骑士，形象地展示了"武装到牙齿"吗？

这些习语在现代英语里都有意思接近的对应说法，但是很多古老的荷兰谚语只属于它们那个特定的年代。当时的荷兰人似乎特别执着于使用与粪便相关的表达方式。

"马粪不是无花果"（意为：不要被外表迷惑）。

"吃下去的是火，拉出来的是火花"（做危险的事，出了差错也不奇怪）。

"他们在一个窟窿里拉屎"（他们是要好的朋友）。

"他在地球上拉屎"(他目空一切)。

你现在应该明白了。我虽然不是专家,但是我敢打赌,《尼德兰箴言》是文艺复兴时期屎尿屁玩笑最多的画作。

除了勃鲁盖尔,还有其他许多艺术家也创作过与视觉搜索相关的作品。文艺复兴时期有一位叫作卡罗·克里韦利(Carlo Crivelli)的画家,他总是在画作中藏一根腌黄瓜,这根腌黄瓜可能飘在耶稣的头顶上方,或者躺在圣母的脚下。没人知道他为何对腌黄瓜如此执着,不过我相信弗洛伊德学派的学者们对此应该有些见解。

这种类型的谜题在之后几百年都很盛行。19世纪的雕刻师柯里尔与艾夫斯①喜欢在蚀刻画里隐藏动物形象。下面这幅1872年的画里藏

① Currier and Ives,一家美国平版印刷公司,由纳撒尼尔·柯里尔(Nathaniel Currier)和詹姆士·梅利特·艾夫斯(James Merritt Ives)两人从1857年起经营,印刷美国生活图片和政治卡通海报,公司于1907年关闭。

着一匹马、一只山羊、一头野猪，还有几张人脸。

小时候，我喜欢在艾尔·赫什菲尔德[①]给《纽约时报》画的插图里找名字，这种爱好陪伴我度过了许多欢乐的时光。众所周知，他会把自己女儿的名字"Nina"藏在名人漫画里，也许是衣服的褶皱，也许是人物的眼眉。旁边这副梅丽尔·斯特里普（Meryl Streep）的漫画里就藏了三处"Nina"。

© The Al Hirschfeld Foundation. AlHirschfeldFoundation.org

之后就是威利。1987年，以寻找威利为主题的第一本画册面世，这个戴着黑框眼镜，身穿红白间条衫，总是藏在拥挤的嘉年华和海滩场景的卡通形象立即受到广泛喜爱。威利衍生出了数十个系列、一部动画片、一个4626个打扮成威利模样的人同时出现在日本某游乐场的世界纪录，以及许多戏仿形式（比如本页的这一个）。

威利的创造者是英国艺术家马丁·汉德福德。在威利之前，汉德福德创作过另一个捉迷藏型的画作。那是他在1981年为The Vapors乐队的一张专辑设计的封面，但并不适合儿童：人群场景中的屋顶藏着个杀手。

我本来想要采访汉德福德，

---

① Al Hirschfeld，美国漫画家，以运用简单的黑白线条来描绘百老汇明星等各界名流闻名，有"线条之王"（The Line King）的美誉。

跟他聊聊他的画以及威利之前那个杀气腾腾的先驱,但是我发现他是很与世隔绝的一个人。据我所知,他几十年来没有接受过任何采访。我脑子里闪过去英国找他的念头,寻找威利的创造者应该很有意思。进行一场现实世界中的"汉德福德在哪里?",但我最后还是决定尊重他的隐私。

我不擅长搜寻类的视觉谜题,尤其是现在。我已经到了这样的年纪,去餐厅点菜时,孩子们都为我感到尴尬,因为我手拿着菜单要伸得很远,还要用手机的闪光灯照着上面的字。这意味着我今后在这方面有所长进的机会也很渺茫。

但是,尽管我不是专家,我还是很喜欢这一类的谜题。它们对于头脑的训练不同于填字游戏或数独,但仍然会给你带来豁然开朗的感受,那种来自多巴胺的美妙刺激。也许这跟进化有关——我们的祖先天生喜欢在灌木丛中寻找浆果。

"我把它叫作寻宝本能。"我的朋友诺亚·查尼(Noah Charney)说道。他是一位艺术史学家,曾写过几本研究绘画作品中隐藏符号的书。"我们有这种欲望,想要知道藏起来的或者秘密的东西。如果你写了本书,书名里有'秘密'或者'失传'这类字眼,那么这本书肯定好卖。"[诺亚就是这么干的:他有本书的名字就是《失落的艺术》(*The Museum of Lost Art*)。]

但我觉得捉迷藏类的谜题给我们带来的好处,远不止教会我们不要相信第一印象,还鼓励我们更仔细地观察世界、欣赏细节、学会关注。我前一本书的主题是感恩,我因此对学会关注特别感兴趣。我曾写过在咖啡店里排队时努力地集中注意力。"在排队的时候,我强迫自己把手机放在口袋里,真正地关注周围环境。毕竟,关注行为本身就是感恩的重要组成部分;你的注意力如果不集中,就不能心怀感激。天花板下垂着一盏靛蓝色的灯,它是面包圈的形状,此刻正发出明亮的光芒。吊灯很漂亮,我心里想着。靛蓝色的灯可不多见。"

在沿着一条街行走的时候,我们也许应该想象《威利在哪里?》

的页面就在面前徐徐展开，这样我们就会从数以百计的细节中感受乐趣。谁知道我们会发现些什么呢？

幻想性错觉

视觉谜题的诸多益处之外也有一个危险，而且是巨大的危险。这便是之前提到过的幻想性错觉，我们可能会看到实际上没有的隐藏物品，或者在噪音中发现实际并不存在的规律。

视觉谜题是孕育幻想性错觉的理想温床。不妨想想《达·芬奇密码》。当我在写作这一章节的时候，我和孩子们一起观看了《达·芬奇密码》，它贡献了动作电影诞生以来最出色也最书呆子气的一句台词。汤姆·汉克斯说道："I have to get to a library, fast!（我得去图书馆，马上就去！）"（他在电影里倒是没去图书馆，而是打了一通电话，但世界各地热衷于图书馆的人仍然会欣赏这种态度。）

但是令我想看这部电影的主要原因，还是里面的视觉谜题元素。你或许还记得，影片（以及小说）的情节是围绕绘画中的隐藏符号展开的。有一幕里，性情古怪的学者角色指出了达·芬奇《最后的晚餐》中的一系列隐藏符号。

这是真实的吗？达·芬奇真的在画里隐藏了这些信息？

"《达·芬奇密码》里多数情节都是胡扯。"我的艺术史学家朋友诺亚说道。

举个例子说吧，圣约翰就是圣约翰，不是什么抹大拉的玛利亚乔装改扮。"传道者约翰在传统绘画作品中的形象就是没有胡子的，所以这根本没有什么好奇怪的。"

话虽如此，达·芬奇在作品里可能还是藏了一些不那么亵渎的东西。他毕竟也非常喜欢谜语和镜像书写法。

"餐桌上面包的摆放位置实际上是以音符为基础的，"诺亚说道，"如果你去谷歌上搜索一下，你甚至能听到曲子，它听起来确实像是那个年代的音乐风格。所以这一点我是相信的。"

我希望《达·芬奇密码》中其他的秘密都是真实的。试问，隐藏了数百年之久的神秘信息有谁会不喜欢呢？但达·芬奇阴谋论者都是于噪音中寻找规律的狂热分子，就像中世纪时对月亮里的人信以为真的那些人①。这正是幻想性错觉的诱人之处。

我与幻想性错觉抗争了许多年。10岁的时候，我花了一个周六的时间琢磨麦片包装盒背面的"图片哪里不对劲"的谜题。那是个蓝精灵主题的麦片，现在已经停产了。那张蓝精灵图片里共有5处不对劲的地方，比如拿着香蕉当电话听筒。

好吧，我找到了10处。比如说，电话没有接线（那张图之后隔了好久5G才问世）。我急急忙忙给蓝精灵麦片公司写了一封信，询问既然我超额完成任务，是否可以获得奖励，也许他们可以为我免费提供一年的麦片。

我收到了那家公司的回信，具体措辞我记不清了，但大概意思是：

---

① 古时人们曾认为满月看起来是一张人脸，欧洲文化传统中有关于这个"人"的多种说法，比如中世纪基督教有说法是此人即该隐，犹太教则说是雅各布的脸被刻在月球上。

请不要再骚扰我们,你这个小讨厌鬼,我们的产品你继续买就是了。

也对。

另一次幻想性错觉的经历与一本叫作《假面舞会》(*Masquerade*)的精美画册有关,我在引言中也提到过。我非常喜欢这本书,它是在我11岁那年出版的,我花了很多时间研究那些并不存在的线索,以期找到地下宝藏。

给没有我那么痴迷的读者介绍一下,《假面舞会》出版于1979年,作者是英国艺术家基特·威廉姆斯。书中有一系列精美而充满幻想的插图——长着兔子耳朵的男子和小提琴,太阳和月亮一起跳舞,等等。这些插图包含着埋藏于英格兰某处的一个真实宝藏的线索:一尊平装书大小的黄金兔子雕塑,投保10万英镑。

整个世界,或者至少是世界上的一部分人都曾为这本书疯狂。

"《假面舞会》的痴迷者们在乡间到处挖掘,他们穿行了数十万英里,写给威廉姆斯的信数以千计,偶尔还有人攀爬悬崖被困住,或者因为擅闯历史建筑被警察逮捕。"文学期刊《黑兹利特》(*Hazlitt*)有篇文章如是描述道。

我从未去过英格兰,但是我确实也有自己的理论。插图的海鸥说明了宝藏是在沿海地区!

当时,基特·威廉姆斯告诉记者,《假面舞会》为他带来的关注出乎意料,他的生活也因此毁于一旦。有人甚至会在凌晨3点来敲门。他收到成袋的信,以及各种可怕的包裹,有一个里面装着沾满血的塑料手。

但是当我找到基特,与他通话的时候,我觉得他的茫然和困惑多于愤怒。"人们从四面八方飞到英国,花掉毕生积蓄。还有件令人难堪的事……有个人每天给我写7000字的信,比我这辈子写的字还多！"

在为期两年的花园搜索之后，那个兔子雕塑被找到了。它是在贝德福郡（Bedfordshire）阿拉贡的凯瑟琳①纪念碑附近的一座公园中被挖出来的，埋藏地点是春分当天正午纪念碑在地面投影的顶端。

发现雕塑的手段有些不太干净，因为发现者很显然是从基特的一个前女友处得到了大体位置的内幕消息。

但是无论如何，声势浩大的《假面舞会》寻宝终于结束了。

或许还没有结束？

有位英国记者写了一本叫作《寻找金兔》（*The Quest for the Golden Hare*）的书描述这个现象，他在书中写道：

"来自《假面舞会》痴迷者的信件成千上万，因此我确信，人类思想匹配规律的能力和欺骗自己的本事一样强大。有些痴迷者忙着曲解谜语，有些则罔顾雕塑已被发现的新闻，继续一门心思地寻找那只兔子。他们对自成一系的理论坚信不疑，没有任何外部的证据能够驳倒他们。"

这种对我们思维方式的洞察力准确得可怕！我们有时候面对证据也不为所动。我们可能发现了某种所谓的规律，然后就痴迷于此，拒绝改变。匿名者Q②的信徒们在本质上与《假面舞会》痴迷者并无不同，区别只在于前者追寻并不存在的证据来支持自己的政治阴谋论，而后者寻找的则是金兔雕塑。

当然，就纸上谈兵式寻宝的话题，我能写出整整一本书，这里我只再讲一件事，因为我自己也算是牵涉其中。

这场寻宝始于1982年出版的一本书，书名叫作《秘密》（*The*

---

① Catherine of Aragon，卡斯蒂利亚女王伊莎贝尔一世和阿拉贡国王费尔南多二世的女儿，英格兰国王亨利八世的王后。
② 即QAnon，起源于2017年美国一个署名为Q的匿名用户在论坛提出的阴谋论，后与其支持者共同发展成狂热的极右翼理论，让他们看起来更像是邪教，被社交平台封锁账号和删除内容。

Secret）。注意别跟另一本也叫《秘密》（The Secret）的伪科学励志书搞混了——书中讲的是只要想象的功夫深，身高5英尺5英寸（约1.67米）的会计师成为NBA巨星的梦也能成真。

我们这里说的《秘密》是由一位叫作拜伦·普赖斯（Byron Preiss）的作家创作的，他在美国和加拿大埋下了12处宝藏——都是装满宝石的小盒子。他把宝藏的线索隐藏在了12幅画和12首密文诗里。

迄今为止，已经有三处宝藏被发掘出来：一处在克利夫兰，一处在芝加哥，还有一处是2019年在波士顿找到的。这样一来，可供寻宝者们牵肠挂肚的宝藏还剩下9处。寻宝者们的确沉湎其中——网站、播客、视频平台、真人秀节目都提到了这批宝藏。普赖斯已在多年前的车祸中丧生，但成千上万的寻宝狂热者们仍对揣摩他的心思乐此不疲。

甚至达到群情激昂的程度。

有骗局（假装找到了一处宝藏），也有故意引起争端而被禁言的论坛账户。有一个沉迷于《秘密》的寻宝人同意与我邮件交流，前提是不能透露他的名字，他解释道："99%的纸上谈兵型寻宝者都是正常人，有那么几个真的精神不正常但是又懂计算机的，会做一些在论坛上发帖子、激怒他人之类的事情。"

我发觉他说得对。比如说吧，Reddit上有一条信息："最有能力发现这个宝藏的人竟然是像你一样的小丑，这真是耻辱。但凡长了眼睛就能从那该死的画里看到那该死的地图。"

读完几条类似的信息之后，我认为99%这个比例还是有些乐观。

在寻求《秘密》宝藏的狂热者中有几个赫赫有名的人物，"俄勒冈人"（the Oregonian）便是其中之一。他有个网站，发布他对线索的分析以及寻宝的理论。在居家隔离期间，我给他发了电子邮件，告诉他我因为写书的缘故有意寻找位于纽约的一处宝藏。他回应说可以帮忙。他认为自己掌握了宝藏的确切地点。他回复给我的电子邮件里包含了一个11页的附件,内容是对画和诗的详细分析。

他解释道,这幅画——主题是一位身穿白袍、悬浮于大海之上的长发女子——波涛中隐藏了数字74。这很有可能是纽约市的经度①。

悬空女子的面容与自由女神像很相似,这是另一条线索,表明在埋藏地点是能够看到自由女神像的。

还有一句诗文说到纽约人谈论着一个"西印度群岛当地人"。这有可能指的是出生于西印度群岛的亚里山大·汉密尔顿②。据"俄勒冈人"说,这暗示着宝藏就在一个与汉密尔顿有关的地点("俄勒冈人"叮嘱我不要在书里泄露这个地点)。

诸如此类的线索还有很多。

最终的答案:宝藏就埋在某个废弃店面所在小巷里的一棵树下(他也叮嘱我不要透露是在哪个街区)。

"俄勒冈人"承认这听上去很荒谬:"对于那些没有花时间研究过《秘密》的人而言,这个答案听起来是有些令人费解、荒唐可笑。这就对了。宝藏的埋藏地点**的确**就是令人费解、荒唐可笑的。拜伦·普赖斯的大脑运转方式相当难以捉摸。"

如果"俄勒冈人"知道宝藏在那里,他自己为什么不去挖呢?

嗯,他不想进监狱。那棵树归公园管理局管辖。几年前,他从

---

① 纽约市的经度和纬度分别是:西经74度00分,北纬40度43分。
② Alexander Hamilton,美国开国元勋之一,经济学家,政治哲学家,美国宪法起草人之一与第一任美国财政部长。

公园管理局获得了挖掘许可,但他只能雇用一位有国际认证资格的树木栽培师,而且只能使用风铲①——他一直没有时间去找这种挖掘工具。我说我愿意去租风铲。我们联系了公园管理局,但他们改了主意,不许我们挖了。

然而,又过了几个月,"俄勒冈人"给我发了电子邮件,提到他或许找到了一个漏洞。在公园管理局的网站上,他发现一条针对爱护树木的纽约市民的提示,"用手耕工具在地表以下几英寸处松松土,防止土壤板结"是很重要的。

"那么……也许你可以带上手耕工具去挖一挖?"他写道。他还建议我带上些万寿菊,装作种花来掩人耳目。他本来想亲自动手,但住的地方实在太远。

于是在一个周日,我用购物袋装上几株万寿菊,拿上小铲子,前去执行这个秘密的园艺任务。我差不多花了一整天的工夫。我要汇报的是,纽约有棵树如今在根部多了几株漂亮的万寿菊;我还要继续汇报,《秘密》提到的宝藏并非埋在那棵树下——至少不在地表以下4英寸的深处,那已经是我尽力挖到的最大深度了。

视错觉型

读到这里,你也许都忘了,视觉谜题还有一个类型:视错觉,一幅图片看起来与客观实际并不相符。对于视错觉,解谜者不得不弄明白其中的道理。你的眼睛为什么会上当?

有言在先:在讨论视错觉时,我要厚着脸皮自相矛盾了。具体说来,我之前告诫过大家过度诠释、在啥都没有的地方偏要深度挖掘的危险。因为我相信视错觉隐含着一条人生哲理。我认为它们并不是只

---

① Air spade,是一种通过软管打出高压空气,以去除树根或其基部土壤,同时不损坏根部的专门工具。

是愚蠢的视觉把戏，它们也是人类不完美思维方式的深奥隐喻。视错觉教会我们不要相信感官，以及我们在正确理解世界这个方面做得很不好。

该死的幻想性错觉！

下面是我最喜欢的两个视错觉例子。

你以前或许看到过这幅图。

我看过许多次。实际上，我花在看这幅图上的时间比看其他任何图都要多。小时候，我曾经患过轻度强迫症，有许多奇怪的仪式性动作。每晚睡觉之前，我都要对着清单完成以下的重要事项：

1）调整百叶窗4次。

2）拿起我在一年级制作的贵格会信徒小雕像，将它的帽子旋转360度。

3）观看用透明胶布贴到卧室墙壁上的花瓶-人脸剪影。

每天晚上我都会盯着墙上的那幅图看一分钟，不停地转换视觉焦点。我先强迫自己留意花瓶，然后换到人脸，再换回到花瓶。如此重复8次。这让我感觉良好，就像完成了某项任务，头脑做了几次俯卧撑。

人脸/花瓶错觉图是由丹麦心理学家埃德加·约翰·鲁本（Edgar John Rubin）创造的，构建出的是前景/背景错觉。视角转换的错觉有许多种形式：兔子还是鸭子？干瘪的老太太还是漂亮的年轻姑娘？单词FedEx还是白色箭头？

但传递的信息都是一样的：你能看到什么，取决于你怎样看那幅图。这与你的先入之见有关。如果你在图片中寻找花瓶，那么就可能看到花瓶。如果你脑子里想的是人脸——没准儿你整个下午都在翻家庭相簿——那么就可能看到人脸。

我们的思维框架会改变我们看待世界的方式。这就是为什么我认为视错觉是人生的重要隐喻。我已经开始相信思维框架和重构框架的重要性了。和看这幅花瓶和人脸的图片一样，某个处境的诠释方法往往也不止一种。

如果我在演讲前感到紧张，我该如何诠释这个处境呢？害怕还是兴奋？这取决于我自己。机场的安检人员对我进行搜身检查，我可以把这看成自己的身体隐私权受到侵犯。但如果我把这看作是免费按摩呢？好吧，这种自我安慰并不总能奏效。

但是，有许多研究都表明了你所采纳的思维框架的力量。我读过一篇研究报告，陌生人参与囚徒困境实验，实验的结果因思维框架的不同而有差别。如果冠以"社区游戏"的名号，人们往往表现得比较大度，如果是"华尔街游戏"则不然。

下图是我第二喜欢的视错觉图片：

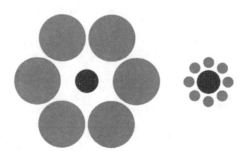

暗色的两个圆圈哪个大一些？

答案是两个暗色的圆圈一样大。左边的暗色圆圈看起来小一些，因为它周围的圆圈看起来比它大得多。

这幅错觉图是由心理学家赫尔曼·艾宾浩斯（Hermann Ebbinghaus）创造的，目的是展示环境有多重要。我们的感知并不纯粹，所有的感知都会受到参照物的影响。这就是"一切都是相对的"在视觉上的明证。

这是令我痴迷的另一方面，也是我试图给孩子们灌输的东西，但是也不总能奏效。如果遇到问题，不要忽视它，而是用正确的视角看待这个问题。它也许意义重大。但如果你从三万英尺以外看它，或许它没有想象的那么重要。

我以此为主题为《心理牙线》(Mental Floss)杂志写了一篇专栏文章，题目叫作《不堪的旧日时光》(The Bad Old Days)。主要想表达的是，我们如今面对巨大的挑战，但过去我们的处境也并没有好到哪儿去。实际上，过去通常远不如现在。对于"过去的美好时光"的怀念实际是表错了情。

那个专栏文章实际是"当我小时候，我不得不走8英里的上坡路去学校"的加长版，不过还是忠实地记录了往事。我刚刚写完一个关于家务劳动的专栏文章。是的，如今的家务劳动让人备感痛苦，我也是这么跟儿子们说的。但是也要想到，在维多利亚时期的英格兰，洗衣服是多么麻烦，这至少涉及8个痛苦的步骤，就像比尔·布莱森（Bill Bryson）在其所著的《待在家里》(At Home)记述的那样：把待洗的衣物在气味刺鼻的碱液中浸泡几个小时，之后拍打、刷洗、蒸煮、清洗、拧干、晾晒、漂白。整个过程需要付出巨大的艰辛。你得用"槌子"把衣服上的灰尘捶洗干净。

你的经历就是上面图片里的深色圆圈，而把它与什么样的参照物对比取决于你自己。

本章附录

十一个历史视觉谜题

隐藏的标识

在20世纪80年代,有谣言说宝洁公司的月亮和繁星的旧标识包含撒旦教的符号(比如说月亮的胡须里藏着666)。这当然是胡说八道。但是,上百家公司都会在自己的标识里隐藏一些不那么有争议的秘密符号。看看你在下面几个标识中会发现怎样的玄机。

1)

2)

3)

4)

5)

6）丢失的方格

这个谜题是由数学家保罗·嘉理（Paul Curry）在1953年创造的。三角形A的白色部分有7个方格，但三角形B的白色方格却有8个，这是怎么回事？

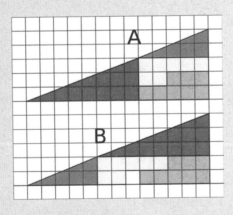

7）苏联露营谜题

下面的视觉谜题是20世纪80年代用来考苏联学生的。问题如下。本图片的放大版见网站thepuzzlerbook.com。

a）这个营地住了几个旅行者？

b）他们何时抵达：今天？还是几天以前？

c）他们的交通工具是什么？

d）最近的城镇有多远？

e）此时的风向是北风还是南风？

f）此时是一天当中的什么时候？

g）亚历克斯（Alex）去哪儿了？

h）昨天是谁值日做杂务？（说出他们的名字）

i）今天是几月几日？

邦加德问题

以下四个谜题并非普通的"找不同"谜题。它们叫作邦加德问题,《哥德尔、埃舍尔、巴赫》(Gödel, Escher, Bach)的作者侯世达曾写道:"解决邦加德问题的技巧非常接近'纯粹的'智慧,如果真有这种东西的话。"

邦加德问题是由俄罗斯计算机科学家米哈伊尔·莫伊谢耶维奇·邦加德(Mikhail Moiseevich Bongard)于20世纪60年代提出的。它的意思是,左侧的六个图形的共同因数、属性或规律,是右侧的六个图形所没有的。两边的区别是什么?

发现区别的一个方法与科学方法类似——你要先提出假设,之后再来证明这种假设成立还是不成立。这些问题是用于人工智能开发过程的。

下面有一个相对简单的例子。左右两边的区别是什么?

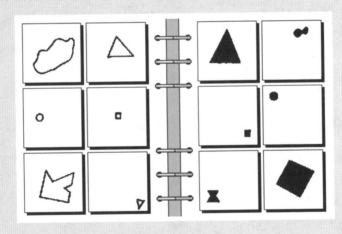

答案:左边的形状都是轮廓,而右边的形状都是实心的黑色图案。

下面是更具挑战性的邦加德问题。

8)

9)

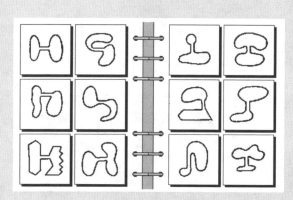

10)

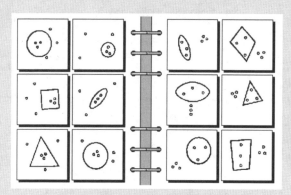

第十章 视觉谜题

11）居住在加利福尼亚州的科学家伊丽莎白·比克（Elisabeth Bik）花了大量时间玩一种更高阶的"找不同"或者"找相同"。她是打击科学不端行为的急先锋。很明显，有些生物学家在研究中加入了一些复制或篡改过的图像，以使自己的数据看起来更具说服力。比克通过推特账户@MicrobiomDigest将这些图片作为谜题发布出来。以下图片相对容易辨识：这里展示了四个不同的细胞群。但实际上，只有两组不同的细胞群。有两个是复制品。你能找出相互匹配的原图和复制品吗？

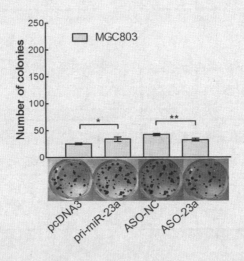

答案见第372、373页。

第十一章

数独和聪明格

看看下面这个来自日本的逻辑谜题。你看到了什么？带几个数字的无趣网格？你会不会觉得它冷冰冰的很乏味，"令人着迷"的程度就快赶上W-9报税表格[①]？我以前就是这么认为的。

[①] W-9表格的正式名称为"美国纳税人个人身份识别及声明书"，是美国国家税务局为雇主或其他实体提供的正式表格，用于验证获得收入的个人的姓名、地址和纳税识别号。是个填写基本个人信息的简单表格。

聪明格的发明者与这类谜题的开创者宫本哲也却不这么认为。他看到的是一件艺术品。

"它多美，"有一天他从东京的公寓跟我视频通话时这样说，"它讲述着一个故事，可以与你的内心对话。"宫本创造并亲手制作了1万个类似的逻辑谜题。他认为每个都是独一无二的珍宝，自有其迷人之处，正如前一章里提到的文艺复兴时期的绘画作品。

没错，计算机程序也可以制作出这类网格形式的逻辑谜题。实际上，你在报纸上看到的多数数独和聪明格，它们的部分甚至全部都是电脑生成的。但对于宫本来说，那些谜题不过是真实世界的影子，根本没有灵魂。"贝多芬和毕加索不可能被机器取代。"他说。

呃，这种说法有些夸张了吧？人工制作的逻辑谜题和电脑制作的真有这么大差别吗？我不能确定，但对于两者之间的差别深信不疑者除了宫本还大有人在。我与许多数独和聪明格爱好者交流过，他们都对逻辑谜题制作大师们的艺术技巧赞不绝口。他们津津乐道于谜题中线索的美妙，思维反转带来的惊喜，以及与制谜大师们进行精神沟通的感受。

我写这一章的部分原因是想验证一下他们的说法是否正确，这些人是否只是一厢情愿地希望人类在制作谜题上胜过机器。我也迫切地希望这是真的。我见识过人工智能的崛起，心里半是敬畏半是恐惧。电脑还有多久能写出情节离奇的非虚构类作品？它们还有多久可以给予孩子们超出为人之父者所能传授的智慧？

在与宫本交流之后，他通过电子邮件给我发了一个9×9的超大网格。"这个聪明格非常特别。"他在邮件中写道。这是他最难也最优雅的作品，堪称他的第九交响曲。

幻　方

在体验宫本的杰作之前，我在日本逻辑谜题令人惊讶的悠久历史中遨游了一阵子。这些谜题的祖先至少要追溯到公元前190年的中国幻方。根据古代神话的说法，幻方最初是在一个神秘的乌龟背上发现的。下面就是最初的幻方之一：

16	3	2	13
5	10	11	8
9	6	7	12
4	15	14	1

如你所见，所谓"幻"，是指你将横向任意一行数字相加，总数都相同——这个例子中相加的总数是34。纵向任意一列数字相加的总数也都相同。

幻方曾被认为具有超自然的力量。在古代中国，幻方可以作为护身符携带。两千多年之后，欧内斯特·沙克尔顿①的水手们靠创造幻方来对抗南极的寒冷和无聊。本杰明·富兰克林也非常喜爱这种形式的谜题，在创建邮局和发明脚蹼（去查一查你就知道！）之余，富兰克林创造了据他自己说是"魔法师所能造出来的最具魔法般魔力的幻方"。1768年，《绅士杂志》(The Gentleman's Magazine) 发表了这个幻方。

如果你将富兰克林的幻方中任意一行或一列的数字相加，总数都是2056。但他的这个方块里还有其他许多的秘密属性，四个角与中心小方块都另有玄机。我将富兰克林列出的其他秘密放在了本书的374页上。

---

① Ernest Shackleton，南极探险家，曾在1907至1909年率"猎人号"向南极进发，在1914至1916年率"坚忍号"进行南极探险。

200	217	232	249	8	25	40	57	72	89	104	121	136	153	168	185
58	39	26	7	250	231	218	199	186	167	154	135	122	103	90	71
198	219	230	251	6	27	38	59	70	91	102	123	134	155	166	187
60	37	28	5	252	229	220	197	188	165	156	133	184	101	92	69
201	216	233	248	9	24	41	56	73	88	105	120	137	152	169	184
55	42	23	10	247	234	215	202	183	170	151	138	119	106	87	74
203	214	235	246	11	22	43	54	75	86	107	118	139	150	171	182
53	44	21	12	245	236	213	204	181	172	149	140	117	108	85	76
205	212	237	244	13	20	45	52	77	84	109	116	141	148	173	180
51	46	19	14	243	238	211	206	179	174	147	142	115	110	83	78
207	210	239	242	15	18	47	50	79	82	111	114	143	146	175	178
49	48	17	16	241	240	209	208	177	176	145	144	113	112	81	80
196	221	228	253	4	29	36	61	68	93	100	125	132	157	164	189
62	35	30	3	254	227	222	195	190	163	158	131	126	99	94	67
194	223	226	255	2	31	34	63	66	95	98	127	130	159	162	191
64	33	32	1	256	225	224	193	192	161	160	129	128	97	96	65

在发明幻方的两千年后，最初版本的数独出现了。它不是在日本，而是在美国问世的，就夹在一本1979年出版的谜题杂志里。它起初没有溅起多大的水花，部分原因是名字实在太无趣："填数字"（Number Place），这就好比把国际象棋叫"把棋子放在网格里"，或者把网球叫作"让球体移动"。

它的创造者是一位叫霍华德·加恩斯（Howard Garns）的退休建筑师，维基百科上说他是"去世后才出了名"。

1984年，日本谜题出版商锻治真起发现了这颗隐藏的瑰宝，并将它加以改良（比如说让它更加对称），更重要的是，给它重新取了个名字叫"数独"。所谓"数独"，实际是用日语玩的文字游戏，它的意思是"单独的数字",因为每个格子里只能填一个数字。

有了性感的(或者说禁欲系的)新名字,数独的走红一发而不可收拾。现在,每天都可以在数以千计的报纸上看到它的身影。有各类数独比赛,YouTube上有几十个数独教学频道。粉丝们说它"比国际象棋还深奥"。甚至还有一则著名的数独作弊丑闻,据信某选手通过藏匿的耳机来获取答案。

从某种程度上说,数独的魅力在于它的规则极其简单。数独的官网上是这样说的:

- 每个方格里只能填一个数字。
- 只能用数字1~9。
- 每个3×3的小九宫格只能填数字1~9,每个数字只出现一次。
- 每一纵列和每一横行只能填数字1~9,每个数字只出现一次。

解谜者的任务,就是将合适的数字填入方格。

数独教父

在我为本书调研的早期、与宫本通话之前,我在纽约市国家数学博物馆(National Museum of Mathematics)的一次活动中见到了锻治真起——人们口中的"数独教父"。(令人难过的是,锻治在一年后,也就是2021年8月因癌症逝世。)

当时是秋季,我到了地下展厅,加入了其他大约二十位谜题爱好者。数独教父本人也在场,留着白色山羊胡,脚蹬一双白色运动鞋。

"数独**不是**头脑锻炼。"锻治说道,他的口音很重。他摇了摇头说:"是头脑水疗。"

锻治的意思是数独应该是放松的、冥想的、有趣的,而不是折磨人的苦差事。也可以使用那次活动宣传册上的另一个比喻：数独并不是"计算，而是与数字共舞"。

锻治的另一个爱好是登山，他说他喜欢数独与喜欢登山是出于相同的原因：它们都是温和而且可征服的，而不是险峻、令人望而生畏的。

锻治在白板上写下了他对于谜题的精彩概括，就是我在本书第二章里提到的：一个问号，一个箭头，一个感叹号。他解释说它们代表了解决数独问题的三个过程：迷惑，缠斗，豁然开朗！

？→ ！

锻治指着箭头。"这应该是快乐的时光！不应该是——"说到这儿，锻治做出痛苦的表情，挥动双臂，我觉得应该是代表焦虑和抓狂。大家纷纷点头表示赞同。

锻治说，数独之所以有魅力，部分原因也在于它不是数学谜题。你无须精通二次方程式。实际上，你可以用任何东西来替换这九个数字：九个字母、九种颜色、最高法院的九名法官，参议院拒绝总统在最后一年任期内提名法官人选补缺的情况不考虑在内。

而且他同意宫本的见解：最好的数独是人工制作的。

极限数独

锻治也许是温和版数独的爱好者，但事实证明，并非所有人都想要水疗。有些解谜者就是想要数字界的CrossFit[①]。这也就是为什么你会发现有些数独标榜自己的难度是"恶魔级"或者"残暴级"。

事实上，在过去的15年里，一直都有创造最难可解数独的非官方

[①] CrossFit是起源于美国的健身训练体系，强调以多种自重、负重为主的高次数、快速、爆发力的动作增强自己的体能和运动能力，训练强度极大，对训练者身体素质的要求极高。

竞争。有位芬兰数学家创造了叫作AI Escargot（蜗牛）的数独谜题，如果你有三个月的空闲时间不知如何打发，不妨用谷歌搜一搜。还有个叫作Easter Monster（复活节怪兽）的也相当难。

这些数独谜题为什么难？想解决普通的数独，你只需要提前想一个或者两个数字，你注意到这一行里唯独缺少数字7，那么把7填入方格就万事大吉。

而对于这些折磨人的数独，你不得不提前想好5个或者7个，甚至是10个数字。这就像是国际象棋的大师级过招。这些谜题仍然只有一种解法，卓越的解谜者仅凭逻辑推理就可以解开，而不需要靠猜测。但是他们需要极为先进的解谜策略。

杂技和布洛芬

威尔·肖茨曾解释过数独、填字游戏等谜题为何流行："我认为这与我们想要填补空白的天性有关，我们可以借此得到生活中鲜有机会获得的满足感。"

我也很热衷于填补空白，但是我更喜欢填字游戏，部分原因是我欣赏填字游戏的设计者们绞尽脑汁的创作过程。而对于数独，一想到电脑在3纳秒内生成的表格可以折磨我半个小时，我就很恼火。这太不公平了！

逻辑谜题可以人工制作，这令我对数独和其他类似谜题持更开放的态度。但只有先游刃有余地解开这类谜题，我才能真正欣赏它们的美感。

在采访了几位数独冠军、观看了数十个YouTube的教学视频之后，我终于进入了良好状态。我在急匆匆写下数字的时候感到了多巴胺的刺激。我又体会到了那种熟悉的、沉迷于谜题的纠结："再做一个就睡觉。要不就这一个的下一个。"

有一点非常有帮助：我学会了一些简单的技巧——先决定横向的

1，然后是纵向的1，然后是小九宫格里的1。

但数独爱好者们已经总结了大约50条高级的技巧，而且把它们都冠以生动有趣的名字，比如"二链列"（X-wing）、"唯一余数法"（Naked Single）等等。这些技巧有时被称为"杂技"，在排除数字的过程中会衍生出很多变式。比如说，某一行有数字8，那么我们需要数字4和7。

数独专家们在比赛中将这些技巧运用得出神入化，所以比赛极具观赏性。在决赛阶段，选手们面对的是安装在画架上的大幅数独，他们填写数字的速度比我签名还快。

在解数独的时候，我感觉自己像个猎手，对数字步步紧逼，设下陷阱捕捉它们。抓住你了！你跑不了，数字7，你这个小混蛋。我知道你想去哪儿。解数独又像是拆礼物，甚至是玩刮刮乐。这些数字自己就投降了。有时，我思路清晰，全程如行云流水一般，时间过得飞快。可惜这种感觉不常有。而在解"痛苦"难度的数独时，我确实会感到头痛，不得不来片布洛芬缓解。

成功的失败

数独的成功衍生出了其他逻辑谜题，种类之多令人目不暇接。具体数目很难统计，但网格形式的谜题至少有200种，名字也是五花八门，"月亮还是太阳"（Moon-or-Sun）、"两不碰"（Two Not Touch），如此等等，不一而足。有些谜题需要把彩色的点连接起来，有些需要在不相邻的方格里画叉。但所有这些谜题的逻辑和原则都是类似的。

在众多的数独衍生谜题中，最有人气的当数聪明格，每天在互联网上有500万人玩聪明格，相关的出版物多达200种。与解数独相同，你要注意的是，一个数字不能重复出现在同一行或同一列中。但还有另外一个令人头痛之处：网格被分成不同的"数组"或"区"，每个

"区"当中含有一个数学问题。比如说，一个标有数字8的"区"也许需要7+1或者4×2。（一头雾水是吧？我曾经也是。更多的规则见本章附录。）

"聪明格的解谜者有些看不起数独，"克里斯·弗莱厄蒂（Chris Flaherty）说道，"他们认为数独太简单了。"

弗莱厄蒂是《宫本与机器》（*Miyamoto and the Machine*）的联合导演。这部关于聪明格的出色纪录短片简要介绍了宫本哲也，也就是本章开头介绍的那位62岁的聪明格创始人，此外还探索了谜题设计中的艺术技巧。影片的主旨是电脑不可能迸发出创意的火花。正如一位聪明格爱好者告诉我的那样："当你解报纸上由电脑生成的逻辑谜题时，你的感觉还不错。但如果谜题出自某人的亲自设计，你感觉是在聆听故事。这个谜题并不只局限于数字，它很优雅，它能令你发出会心的微笑。你会察觉设计者们有意留下的清晰线索。或许破解谜题的方法只有一种，那就是先决定奇数再决定偶数。或许要把所有的数字2留到最后。"

聪明格发明于2004年，在此之前，宫本自称在人生中一事无成。他的父亲是一位出租车司机，他本人从高中辍学，第一次考大学遭遇失利。他的几份工作都干不顺，几段恋情也以失败收场。

他对这样的人生心怀感恩。"失败比成功重要得多。"他说道。

他对于人生和谜题的看法有些随缘的意味。"不要问结果，"他说道，"享受试错的过程就好。"

他甚至写过一本儿童读物，讲述自己的处世哲学，书中有这样的句子：

失败10次，是小成功……
失败1万次，是大成功。

这本书是宫本与抑郁和自杀倾向抗争的产物，书名叫作《无可取代的我》(*Irreplaceable Me*),他在书中用数学论证人生的重要。

如果你认为自己只是地球70亿人当中的普通一员
你可能会想死
但如果你把自己看作是一个无可取代的自己
这难道不会激起哪怕一点点活下去的勇气吗?

有一天夜里,我跟宫本视频通话时,他讲述了自己的人生故事。在一连串的失败之后,他碰巧找到一份为10至14岁学生课后辅导数学的工作。他近乎狂热地全身心投入其中。在结婚之前,大多数夜晚他都会睡在教室的地板上,凌晨3点就起床备课。

他所面临的挑战:怎样激发学生们的兴趣。他的应对之道:谜题。他需要谜题来教学生们加减乘除四则运算。聪明格就此应运而生。

"我把这种方法称为'不教之教'。"他说道。宫本在每节课开始的时候把聪明格分发给学生们。之后就没人聊天了,教室仿佛禅堂一般寂静,只能听到孩子们用笔写字发出的沙沙声。他说聪明格对学生的吸引力非常大,有一次,地震令教室摇摇晃晃,专注于聪明格的学生居然没有分神。

他坚信,自己的方法可以磨炼学生们的记忆力,增强逻辑思维能力,还可以培养独立的精神。他相信这种方法有朝一日会被全世界的课堂采纳。

"聪明格将会征服世界。"他笑着说道。

结束对宫本的采访几周之后,我认为是时候去尝试解开他的杰作了,下图就是这个9×9的网格:

答案见375页。

一开始，我尝试独立破解。我失败了，一而再，再而三地失败。我一共填了9个方格。

我需要帮手。我给一位前逻辑解谜冠军打了电话，他跟我一起尝试了90分钟，之后就放弃了。于是我又给艾莉·格鲁斯金打了电话。艾莉曾经在聪明格比赛里拿过冠军，现在是哈佛大学的大三学生，在波士顿红袜队的数据统计部门做夏季实习生。

"这绝对是我遇到过的最难的聪明格。"艾莉说道。

这句话让我感觉好受一点。宫本告诉我，他的那些12岁的学生就可以把这个聪明格解开，我听了之后很恼火。艾莉承认，这个方格有美感。她说根据不寻常的、出乎意料的"区"的形状，可以判断出它是人工设计的。我们俩通过Zoom合作——确切地说，是她在破解，我偶尔评论几句。我最大的成就是指出她计算当中的一个错误：6×3的结果可不是24！

我们休息了一晚上，第二天，艾莉在我们继续合作破解之前做了许多功课。逻辑谜题就像拼图，越到最后越简单。艾莉让我填倒数第二个数字，这样我也算出了力。

所以，我觉得这个方格是艺术品吗？足以跟毕加索的画或者贝多芬的交响乐媲美？嗯，有时候，我多少能领略到一点美感，比如当我们取得突破，把数字接二连三地填到方格里的时候。

尽管它没有像一本伟大的书那样打动我，我还是产生了与宫本的思想一起合作的感觉，就像是我拿着画笔，毕加索站在我身后，告诉我第二只不对称的眼睛应该画在哪里。

本章附录

四个历史网格谜题

1）填数字

下面是有史以来的第一个数独，只不过它不叫数独。它就是1979年刊登在某一期《戴尔》（*Dell*）谜题杂志上的"填数字"。它的创造者霍华德·加恩斯没有等到自己的发明大行其道就去世了。网格下方圆圈里的数字是给你的入手提示，就是要填入网格中圆圈里的那几个。

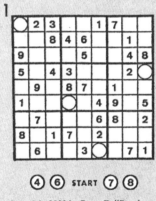
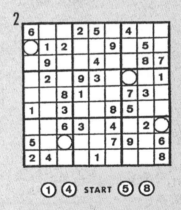
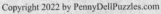

Copyright 2022 by PennyDellPuzzles.com

2）托马斯·斯奈德（Thomas Snyder）艺术数独

你可以在网上找到据称是最难的数独"蜗牛"。但说实话，那样的数独破解起来太费神。我请数独大师托马斯·斯奈德发给我一个有挑战性但又不失趣味的数独。下面这一个来自于他写的《数独的艺术》（*The Art of Sudoku*）一书，这本书主打数字分布美观的网格谜题。

除设计数独之外，斯奈德也是破解数独的冠军，曾经在从匈牙利到印度等世界各地的比赛中获胜。（他有一个战术：赛前吃一碗可可亚脆米花补充糖分。）同与我交流过的其他人相似，斯奈德说解谜就是"解决问题，是人生更有趣的缩影"。他的个人网站是gmpuzzles.com。

			1			
		2	3	4		
		5	6		7	2
	8	1			3	7
5	2					4	9
	4	3			8	6
		8	3		2	4
			7	4	9	
				5		

3）第一个聪明格

下面是宫本为学生们设计的第一个聪明格。

1. 填写4×4的网格，只能使用数字1、2、3或4。

2. 任意横行或纵列不能出现重复数字。（每个可用数字都必须出现在每一行和每一列。）

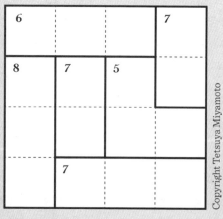

Copyright Tetsuya Miyamoto

3. 每个"区"(加粗边框内的部分)包括一个"目标数字",往往也有一个数学算式。填入的数字必须满足特定算式并与目标数字相等。

4)星之战

正如我之前提到过的,日本的网格谜题衍生出了很多变式。"星之战"就是由吉姆·布姆加德纳(Jim Bumgardner)普及的,他用于解谜的化名是"疯狂老爹"(Krazydad;见krazydad.com)。

"疯狂老爹"对规则解释如下:每一行、每一列,以及加粗边框内的区域只能有一颗星星。星星不能相邻,对角相邻也不允许。另有一种更高级的版本,每个区域有两颗星星,就是所谓的"两不碰"。

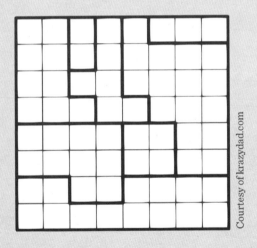

答案见375、376页。

第十二章

国际象棋谜题

Chess Puzzles

过去的几个月里,我对解谜的痴迷导致了我与妻子之间的数次争执。当我坚持完成拼字蜜蜂之后再去喂狗,她并没有显得很高兴。

但到目前为止,谜题并未毁掉我的婚姻。

现代艺术家马塞尔·杜尚就没有这么幸运了。

你也许记得杜尚这个名字,他是法国人,在荒诞艺术上很有天赋。他曾经将一个小便斗取名为"泉"(*Fountain*),作为高雅艺术堂而皇之地加以展示。1912年,他的半抽象作品《下楼的裸女2号》(*Nude Descending a Staircase, No. 2*)给艺术界带来巨大震动,对立体主义的发展影响深远。

你也许不知道——我之前的确不知道——杜尚在36岁的时候几乎完全停止了艺术创作。原因是什么?他迷上了国际象棋,尤其喜欢国际象棋谜题。或者按照内行们的说法,"棋谜"。

棋谜指的是黑方和白方棋子在棋盘上排出的残局。解谜者的任务就是要想出白方怎样以特定步数将杀黑方——可能是一步、两步，甚至是54步。

下面有一个特别简单的例子。在这个棋谜中，白方先行，要求是只走一步棋将黑方将杀。

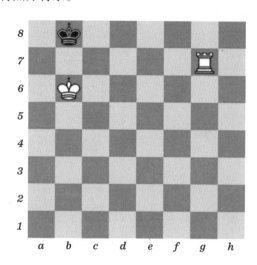

答案：将白方车向上移动一格到g8。

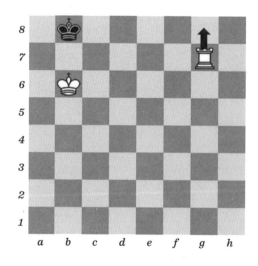

杜尚对这些棋谜上了瘾，将余生都献给了破解象棋残局。正如作家大卫·申克（David Shenk）在《不朽的游戏》（*The Immortal Game*）中写的那样："即便是真爱也无法动摇他的迷恋。1927年，杜尚迎娶了一位富家千金……在度蜜月时，他整个星期都在钻研棋谜。新娘气愤不已，于是谋划着报复。有一天夜里，杜尚终于昏然睡去，她便将所有的棋子都牢牢粘在棋盘上。三个月之后，他们就离婚了。"

居然有种谜题如此令人难以自拔，甚至能毁掉婚姻？我要好好研究一番。

这么做让我有一点紧张，倒不是多害怕可能要面临的监护权听证会，而是因为我从未喜欢过国际象棋。我也不知道为什么会这样。也许因为对我而言，象棋来得不是那么自然，它不像串串字连环（Boggle）或趣味拼字（Scrabble），这两种文字类的游戏就像深深嵌入了我的基因之中。我总觉得下象棋是个苦差事。如果有人叫我一起下象棋，我可能会想出一些非常低劣的借口。"我是很乐意啦。然而如今民主制度正受到威胁，我认为我们不该支持与君主政体有关的任何事物。"

但我很幸运，国际象棋的棋谜和比赛是两种完全不相干的事物。它们的区别就像打网球和玩杂耍。网球和杂耍的这种比喻来自弗拉基米尔·纳博科夫，这位小说家也是棋谜的重度爱好者。

"棋谜是象棋的诗歌，"纳博科夫在书名恰如其分的《诗歌与棋谜》（*Poems and Problems*）中写道，"设计者赋予它们一切有价值的艺术的共同特征：新奇、创造、和谐、准确、复杂，以及令人叫绝的虚伪。"

棋谜是受限制的，不同于比赛中双方都有可能获胜的不确定性。棋谜是令人惊讶的，它们强调不循常理的牺牲与不落窠臼的棋着。最重要的是，棋谜永远只有一种正确解法。

纳博科夫把设计棋谜当作令人满足的消遣，而且是令人获得极大的满足。他曾写道，他经常感觉到"一股精神的愉悦，棋谜的花蕾就在脑海中绽放，我有望获得辛劳而快乐的一夜"。（所以不单是我这样想，对吧？《洛丽塔》的作者怎么能把设计棋谜这件事描述得如此让人浮想联翩？）

几百年以前，象棋棋谜是作为象棋比赛的训练方法而出现的。但它们如今早已脱离了设计的初衷。现在的棋谜已经形成了不同于常规国际象棋的亚文化。你可以支持棋谜的超级明星，阅读棋谜杂志，参加棋谜界的奥林匹克赛事。

棋谜界有一整套专业术语，比如"Zepler doubling"和"maxi-mummer"，还产生了有史以来最了不起的工作头衔"problematist"，也就是象棋棋谜的设计师。

伟大的棋谜设计师被看作是艺术家。"如果你介绍棋谜而不提设计师的话，他们会被气疯的。"一位棋谜专家对我说道。这些艺术家的历史多姿多彩，前苏联有一位棋谜设计师被斯大林以叛国罪判处死刑。想知道他做了什么？他把象棋棋谜发给了西方资产阶级的象棋出版物。

拯救生命的力量

我非常幸运，找到了一位完美的向导带我遨游象棋棋谜的世界。他就是塞勒斯·拉克达瓦拉（Cyrus Lakdawala），棋谜救了他的命。好吧，或许有些夸张了，但你继续读下去，就会觉得这种说法还是有一定道理的。

塞勒斯1960年出生于印度的孟买，现居圣迭戈[①]，从事国际象棋相关书籍的写作——他很高产：按最新的统计已经写了51本。他最近的一本书关注象棋棋谜，我因此找到了他。

---

① San Diego，加利福尼亚州的一座沿海城市。

我致电塞勒斯。他告诉我，他在年轻的时候是靠参加国际象棋比赛维持生计的。"看了《后翼弃兵》，我的创伤后精神紧张性精神障碍（PTSD）都要发作了，"塞勒斯对我说道，"我双手出汗，呼吸急促。它让我回想起我要赢得比赛才付得起房租的日子。"

他的棋艺出众，足以成为国际级大师。但他发现自己真正的使命是在国际象棋的教学和写作领域，这一干就是40年。

棋谜怎么会救了他的命呢？

2018年，塞勒斯参加了一项锦标赛。他不是为了钱，就是单纯享受那种肾上腺素上涌的感觉。第一轮的时候，塞勒斯感到一阵胸部剧痛。他认为自己可能是心脏病发作，但当时他正处于优势。"如果我在必赢局心脏病发作，我可以挺过去，"他说，"于是我继续比赛，连比4场。结果胸口的疼痛加剧了。这是我到现在为止做过的最愚蠢的事，你要知道我干的蠢事可是相当多的。"

塞勒斯终于去了医院，医生告诉他，晚来半个小时，他就没命了。

从好的方面来说，他毕竟赢了比赛。

手术之后，医生叮嘱塞勒斯不能再继续参加比赛了。他的心脏无法承受太大的压力。塞勒斯很崩溃。他该怎么办？他无奈地转向了象棋棋谜。"我以前一直认为，棋谜是给那些搞不定比赛的人准备的。"

尽管如此，他还是沉浸其中。象棋棋谜给他带来三个方面的惊喜。第一，破解棋谜令塞勒斯锻炼了思维，精进了棋艺。第二，棋谜填补了退役带来的空虚感，使他不至于违背医嘱去冒险。第三，棋谜令他重新爱上了象棋。"小时候，我下棋并不是为了赢，只是因为我觉得象棋充满美感。棋谜让我对这种美感有了新的认识。"

有史以来最难的最简棋谜

最简单的棋谜叫作"一步杀"。你只需执白棋走一步——好！——将杀黑王！这就像是接近完成的拼图，只差最后的一块零片归位。

这样的棋谜能有多难呢？

好吧，相当难。

"有个'一步杀'的棋谜，难得令人抓狂——怎么也想不明白。"塞勒斯告诫我。这个小小梦魇是由列奥尼德·库贝尔（Leonid Kubbel）设计的，他就是被斯大林枪决的那位棋谜设计师的弟弟。塞勒斯说他的一个朋友——也是国际级大师——纠结了半小时才解开。

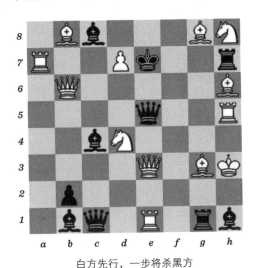

白方先行，一步将杀黑方

提示：在棋谜中，白方的兵向上走，黑方的兵向下走。答案见376页。

我结束与塞勒斯的通话之后，急切地想要破解这个棋谜——但当我翻阅塞勒斯写的棋谜书时，一不小心在页面的底部看到了答案。

于是，我让我儿子贾斯珀来试一试。贾斯珀与我不同，他在国际象棋方面相当出色。他可以提前想到四步棋以上，我们俩下棋的时候，他总能杀得我片甲不留。

"一步？"贾斯珀问道，"这也能算挑战吗？"

我跟他说试试看。他准备行棋了。

"白方往哪儿走？"他问道。

"棋盘上方。"

"好。"

他研究了棋子分布的位置。他拿起马走了一步,然后停住了。

"等等,不能这么走。"他把马放了回去。

我安安静静地看着他出神地研究棋局。这个棋谜的诡诈之处在于白方走几乎任何一步都会让黑方出乎意料地逃脱或者丢子。

"将法有20种,但只有一种能将杀。"我说道。

"还用你说!"

贾斯珀在冥思苦想,我也在做激烈的思想斗争。我非常想给他一个小小的提示,让他不必那么痛苦地思考。但我知道这样做是不对的。我曾经听很多育儿专家说起过,让孩子奋力拼搏至关重要,这样他们才能学会独立和适应不同环境。我读过很多书,比如《失败的馈赠》(The Gift of Failure)、《坚韧》(Grit),还有《去吧,把孩子扔水里,这对他们有好处》(这个是我胡诌的,但你肯定能领会其中的精神)。我知道有些扫雪车型的家长——为孩子消除一切障碍——从长远来看对孩子一点好处也没有。但放手让孩子去做真的很难。眼睁睁地看着他们陷入痛苦——哪怕是他们自己主动接受思维锻炼——会带给你巨大的压力,这与破解最难的谜题是一样的。

我提醒自己,塞勒斯非常喜欢进行这样的冥思苦想。

"失败有着特别的意义。"塞勒斯的说法与聪明格的创始人宫本不谋而合,"只管尝试,管他失败多少次。我之所以热爱象棋棋谜,就是因为它们可以让你摆脱对现实的肤浅认识。很多事的微妙和复杂都超出你的认知范围。"

塞勒斯代表着众多的思考者,他们认为国际象棋是掌握人生智慧的好办法。本·富兰克林写过一篇题为《国际象棋的教益》(The Morals of Chess)的散文,列出了4种他认为象棋可以教给我们的美德,包括远见和谨慎(不要草率行棋)。

塞勒斯说他从象棋中得到最重要的教训,就是人要懂得谦逊。"新手觉得自己棋艺超群,大师却知道自己的愚蠢,"塞勒斯说,"多年来，我终于明白了自己连象棋的百万分之一都没有掌握。象棋就像这个浩瀚的宇宙，而人则是随风飘摆的一片小树叶。"

我认同塞勒斯的观点。在这个世界上，我们需要保持认知上的谦逊。15分钟之后，我的观点得到支持，贾斯珀已经解开了棋谜，他的用时是那位国际级大师的一半。贾斯珀露出了开心的微笑。我也很高兴，因为我抑制住了把扫雪车开出来的冲动。

黑猩猩和"西洋穴怪"

几天后，我又联系了塞勒斯。我告诉他贾斯珀已经破解了难度最大的一步杀棋谜，现在我们想要尝试更高级别的挑战。

"最难的棋谜是什么样的？"我问道。

"20世纪80年代有一位叫作亨里希·卡斯帕里扬（Genrikh Kasparyan）的苏联棋谜设计师，"塞勒斯说，"他的棋谜难到匪夷所思的地步。我不太喜欢。这些棋谜太难，我没办法在教学时使用。这就像是教黑猩猩读莎士比亚。"

好吧，一般来说，如果有人把我的智力与类人猿相比的话，我可能会感觉受到侮辱。但首先，我正准备保持谦逊。其次，这些比喻正是塞勒斯的风格——我之所以非常欣赏他，部分也是因为这个缘故。

就像他早先告诉过我的那样："我可能是最受喜爱也最遭厌恶的国际象棋作者。喜欢我这种风格的，对我写的书很着迷。但是大约20%的读者非常、非常不喜欢我的风格。脸书（Facebook）如果发布我写的书的动态，他们会用呕吐或者粪便的表情包来回应。"

想象一下，如果亨特·汤普森[①]写的是象棋，而不是一路吸着

[①] Hunter Thompson，美国记者、小说家，代表作《惧恨拉斯维加斯》（*Fear and Loathing in Las Vegas*），该书叙述记者拉乌尔·杜克与律师朋友（*Dr. Gonzo*）前往拉斯维加斯报道沙漠摩托车赛，在毒品和迷幻药作用下，歇斯底里地寻找起美国梦的荒诞经历，改编的同名电影由约翰尼·德普主演。

毒去拉斯维加斯。再想想塞勒斯是怎样描述一步杀棋谜："这堪比小说家们像《惊魂记》里那样早早安排主角出局，黑王扮演的珍妮特·利①在淋浴时被戴假发的安东尼·柏金斯②刺死。"

我决定相信塞勒斯。我这个灵长类的大脑就别去面对卡斯帕里扬了。（如果你觉得凭着黑猩猩的智商也可以找虐，我把他设计的棋谜之一放在本章的附录中：第7个就是。）塞勒斯和我选择研究另一类棋谜，它们的名字很吸引人，叫作"西洋穴怪"（Grotesques）。

"'西洋穴怪'很有意思，"他说道，"我们绝对应该试一试。"

这样的名字很可怕，让人联想到哥特式教堂的邪恶山羊雕塑。这类棋谜用"匪夷所思"来形容比较好，"西洋穴怪"更像是国际象棋界从荒诞主义角度出发的戏谑之词。

所谓"西洋穴怪"，你要面对的是一个黑方棋子占尽优势的棋局——黑方棋子多如牛毛，白方棋子只有两三个。你必须要想出白方怎样才能在如此艰难的情况下取胜。这好比大卫对阵歌利亚③，或者小熊队对抗那帮有钱的势利眼④。狡黠智慧一定能战胜孔武有力。

塞勒斯给我看了一个最出名的"西洋穴怪"[是匈牙利棋谜大师奥托·勃拉第（Ottó Bláthy）在1922年的设计。顺带一提，这位勃拉第在设计棋谜之余参与发明了变压器，没这玩意儿的话，你家的电灯泡就没法与电网连通］。

黑方整整齐齐的16个棋子对阵白方两个棋子？

看到这个棋谜时，我大声笑了起来。棋子的布局太不真实了，这么一堆黑方棋子，真正的象棋比赛里是绝对不可能出现的。尽管黑方占据数量上的绝对优势，白方还是能赢。这是象棋教给我们的人生重

---

① Janet Leigh，美国演员，《惊魂记》的女主角。
② Anthony Perkins，美国演员，《惊魂记》的男主角。
③ 《圣经》记载的故事，身材瘦小的大卫打败了巨人歌利亚。
④ 1976年体育题材喜剧片《少棒闯天下》中的棒球队队名为Bad News Bears，队员几乎没有任何运动天分，在一位棒球教练的调教下取得惊人的好成绩，2005年重拍。

白方先行，7步棋将杀黑方

要一课。本·富兰克林曾写道，象棋教你认识到千万不要"因目前局面对我们不利而气馁"。

那就是说最不利的局面也能翻盘，只要努力程度足够，没有什么是不可能的。对于这条原则，我的感情比较复杂。

一方面，我写过乐观妄想的好处。我认为没有它我就当不成作家。正是出于乐观妄想，我在24岁的时候才有足够勇气给50家出版机构发去邮件，探讨将我的点子写成书的可能性，即使我截止到当时的写作生涯大多数时间都是为加利福尼亚州一家小镇报纸报道下水道引起的争端。

但是，我承认乐观妄想也有明显的缺点。举一个完全出于假设的例子你就能明白，从未有过从政经历的某人确信自己能成为伟大的美国总统。

我们需要在乐观妄想和极端现实主义之间取得一种微妙的平衡。有时候，面对着16个黑方棋子和两个白方棋子组成的棋局，你应该节省大家的时间，承认自己不行。但有时候，你得咬紧牙关坚持下去。

说回到"西洋穴怪"，想要破解这一棋谜，我需要用到另一项重要的技巧：不要相信脑子里的第一个想法。

我曾经采访过蒂娜·菲①，我问她从事喜剧创作的秘诀是什么。她告诉我一条准则：要当心脑子里蹦出来的第一个想法。第一个想法往往是最糟糕的想法，一定要深入思考。

对于这个"西洋穴怪"，我的第一个想法是"兵升变后"是取胜的关键。在国际象棋里，当白方的兵到达棋盘上黑方一侧底线，你就可以把兵"提升"为其他的棋子，这就是兵升变。在传统的象棋比赛里，兵几乎都会升变为后，因为后毕竟是威力最大的棋子。

但是这里会有个反转。要想破解这一棋谜，你一定要抵制棋盘上出现两个后的诱惑。仅凭后是赢不了的。你必须将兵升变为马。马的威力比后小得多——但它才是完成任务的适当工具：我们要的是手术刀，不是锤子。马可以走出将杀的棋，因为它可以威胁到黑方的王，即便有棋子挡住了走子路线。

为了想明白马究竟如何将杀黑王，我用到了塞勒斯的另一个窍门：从实现目标开始逆向推演。

我发现这个建议非常有用。在写作的时候，我会思考，如果我能预见到这一章的结尾，那么它会是什么样子的？我怎样做才能得到这样的结尾？我甚至在爱情里也用到这个办法。在和朱莉约会两次以后，我知道她就是我想要的伴侣（她花了差不多四个月时间才得出相同的结论）。我已经知道我的目标是什么。那么如何实现它呢？所以，针对这个棋谜，我先预想到将杀黑王的局面是什么样子，然后向回推。

在花了20分钟思考如何开始，以及在脑海中勾勒最后一步的场景之后，我和贾斯珀成功了！将杀。歌利亚被打倒了。两个打败了16个。

---

① Tina Fey，美国编剧、演员、制作人、主持人，曾多次获艾美奖、金球奖、美国演员工会奖、美国编剧工会奖等，代表作《我为喜剧狂》。

国际象棋之王

在向塞勒斯讨教的几周后，我收到了一封电子邮件，它来自一位棋谜爱好者：加里·卡斯帕罗夫（Garry Kasparov）。

这令我喜出望外。我在几个月前就想和加里联系，但一直没有回音。我想他毕竟是个大忙人。加里曾连续21年保持国际象棋世界排名第一，这一纪录至今无人打破。他在2005年退出棋坛，但仍然写书，致力于俄罗斯的人权工作，开办国际象棋学校，为好莱坞提供咨询（他曾担任《后翼弃兵》的顾问），等等。

但现在真是太荣幸了，加里同意到我的公寓来探讨象棋棋谜。

到了约定的那天，我简单布置了一下，这样就不需要浪费时间：桌上放了一套国际象棋，桌旁面对面放了两把椅子。加里到了——他头发灰白，身穿一件蓝色的西装外套——接受了我喝杯咖啡的提议。他坐在桌旁，看着棋盘。

"嗯，看得出来，你选的这副象棋挺便宜的。"加里说道。

哦，天啊。太尴尬了，不过他说得对。这是一套塑料的国际象棋，棋子不大，而且轻飘飘看着很易碎的样子。我以前花15美元给孩子买的。这实在是配不上世界最著名的国际象棋大师。

"呃，我去找找看有没有好点儿的。"我说。我们倒是有一套任天堂主题的国际象棋，马里奥是王，路易吉是后。那套要贵一些。

"不用，这个就可以。我是在苏联长大的，"加里说，"我习惯用便宜的象棋。"

"是啊，我也是想让你在这里有家的感觉。"我说。

"我现在回到苏联了。"加里忍俊不禁。

好了，危机解决了。

"我以前读过关于你的报道，说你是在破解了一份苏联报纸上的棋谜之后，对象棋产生了兴趣。"我说道。

加里点了点头。在他5岁还是5岁半的时候，他记不太清了（"当时没人发推特。"他说），他的父母正在琢磨一个象棋棋谜。"我提了个建议，"加里说，"我母亲说我破解了那个棋谜。我的父母又惊又喜，然后这一切就开始了。"加里说他并不确定当天是否真的破解了那个棋谜，但家里人一直这么说。

"研究一下我们最喜欢的棋谜如何？"我问道。

在加里到来之前，我已经摆好了"西洋穴怪"——设计于1922年的、整整齐齐16个黑方棋子对阵两个白方棋子的棋谜。加里盯着棋盘看了5秒钟，就把它解开了。

"这个很有意思，"他说，"但不是我最喜欢的那种。"加里说"西洋穴怪"太脱离实际。比赛中根本不会出现这样的布子。他喜欢更贴近实战的棋谜，有些就是来自于过去的象棋比赛。这些棋谜往往叫作"残局研究"。

不过，最优秀的残局研究与破解更虚构的棋谜有一点相同：都需要反直觉行棋的能力。"残局研究的魅力就在于你从书本或常识中获得的知识全不奏效。看似回天乏术，但还是会有奇迹发生。"

加里在棋盘上摆了几个棋子。"想解开这个棋谜，你必须弃后。"他说道。

他说，这种解法不易为人所接受。丢掉威力这么大的棋子让人感觉很奇怪。"对于电脑来说，这根本不是问题。"加里说道，"机器在一刹那就能发现这一点，因为它不在乎弃后。机器没有心理障碍，不会'牺牲'任何东西。对于一台机器而言，这不过是用一项优势去换另一项优势。一切都是从赢棋的底线出发。"

所以，我们在解决问题的时候是否应该消除非理性的心理障碍呢？

"你不能那么做，"加里说道，"因为那样的话我们就失去了人性。"他说，这会给生活的其他方面带来灾难性的后果。

电脑在解决问题方面还有一项优势，它们可以着眼于未来。加里给我讲了也许是有史以来最难的棋谜。棋盘上有7个棋子。白方有将杀黑方的可能，但要走数量惊人的520步棋。加里说他观察过电脑破解这一棋谜，然后他感到很困惑也很敬畏。"对于前400步棋，我都不明白电脑想干什么。没有我能看出来的棋路。"他说道。

我对他说，这样的故事让我想到以后要面对强大的人工智能就很紧张。

加里摇了摇头。"我对人类的未来还比较乐观。"他说。

"你不担心人工智能掌控一切吗？"

"我为什么要担心？我就是工作受到威胁的第一个脑力工作者嘛。"他说道。

我笑了起来。没错。1997年，加里在国际象棋比赛中遭遇了那次著名的败北，就是输给了IBM开发的超级电脑深蓝。

"我认为面对进步大哭一场是不对的，"他说，"人类的未来并不是对抗机器，而是要与机器合作。历史上的每项技术都会让一些人工作不保，但新的技术也在创造新的工作岗位。"

与聪明格的发明者宫本哲也相似，加里认为我们人类是不可取代的。我如释重负，尽管仍然担心人工智能带来的威胁，加里的乐观还是让我的精神为之一振。此外，我还提醒自己，他可比我聪明多了。

"这完全取决于人类与机器共同的决策过程中我们是否保持创造力，是否承认人类仍然可以做出独特的贡献。"他说。

加里很喜欢谈论决策过程。他认为那是一切问题的关键——国际象棋、谜题、人生，都是如此。几年以前，他写了一本叫作《人生如棋》(*How Life Imitates Chess*)的书。

这本书的主题是国际象棋教会我们如何将问题化整为零以便做出决策。在象棋中，所谓的"零"就是哪些棋子留在棋盘上（也就是所谓的"物质"）以及这些棋子在棋盘上的布局（加里称之为"品质"）。加里通过相似的思路来做出生活中的决策：买房子的时候，他会看看自己拥有什么样的"物质"（比如薪水、奖金等），以及房子

的"品质"(附近是否有好学校?通勤时间需要多久?附近是否有公园?)。"你把这些放在一起,然后做出决策。我们在生活中的进步一直都是与我们改进决策方式的能力联系在一起的。如果我们训练大脑去解谜或下象棋,那么它们就可以帮助我们去了解怎样才能变得更好。"

加里喝完咖啡,准备离开。我问他是否喜欢其他类型的谜题。他说自己热衷于解谜——他玩俄语填字游戏,复原魔方的成绩在3分钟左右。还好知道了这一点。毫无疑问,他在国际象棋方面可以碾压我,但我们在魔方这里基本可以打个平手。我觉得少输一项也算是种胜利吧。

本章附录

八个历史象棋棋谜

1）八皇后问题

国际象棋中有一个著名的谜题，与其他棋谜略有不同。

目标与将军无关，而是要在棋盘上摆八个后，保证任意两个后不会彼此威胁。

这个问题最初是由德国棋谜大师马克斯·贝瑟尔（Max Bezzel）在1848年发表的，据说有人花了整整两年才想出解法。这个谜题确实很难。八个后的排列方式有4,426,165,368种，其中只有92种能够达到目的。

提示：棋子排列呈L形。

2）瓜里尼问题

下面的棋谜面世于1512年，是最早的棋谜之一。这就是瓜里尼（Guarini）问题，棋子分布在3×3的棋盘区域。目标是要改变马的位置。黑方的两个马与白方的两个互换位置。行棋顺序不限（也就是说你白方的两个马可以连走）。

3）容易应付的棋谜

（提醒一下，白方棋子向上走，黑方棋子向下走。）

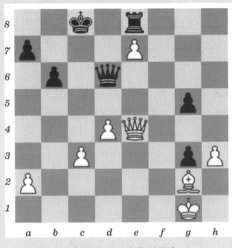

白方先行，一步将杀黑方

4）再来一个不太变态的棋谜

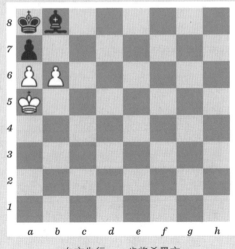

白方先行，一步将杀黑方

5）纳博科夫的棋谜

下面是这位小说家在1969年设计的棋谜。

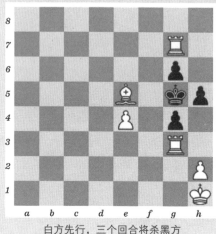

白方先行，三个回合将杀黑方

6）山姆·劳埃德的"细刨花"

还记得山姆·劳埃德吗，19世纪最著名的制谜大师，同时也搞过一些欺诈手段的那位？在涉猎其他类型的谜题之前，他专注于象棋棋谜。这个棋谜的名字叫作"细刨花"（Excelsior），是他在1861年一次打赌的时候设计出来的，目的是要用最不可能的棋子将杀黑方。

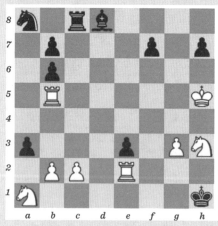

白方先行，五回合内将杀黑方

7）给黑猩猩读的莎士比亚（卡斯帕里扬的棋谜）

塞勒斯认为卡斯帕尔杨的棋谜是有史以来难度最大的，想要找虐的话，请自便！

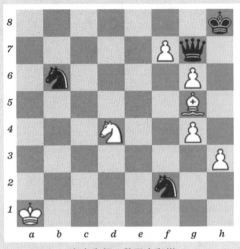

白方先行，数回合和棋

8）协助将杀

象棋棋谜最近转向超现实主义，棋谜设计师们开始追求创造性。有些棋谜里的棋子不是摆在平面的棋盘上，而是在圆柱状的棋盘上布局。还有童话棋谜，棋子都被赋予了神奇的魔力——比如车可以飞越其他棋子。

还有一类叫作"协助将杀"。在这类棋谜中，黑方和白方的棋子携手将黑方将杀。

"我不喜欢这种，"塞勒斯说，"国际象棋不是这么下的。"

这里我持保留意见。我还挺喜欢合作精神的。黑方和白方为什么不能成为联军呢？国际象棋一定要成为你死我活的零和行动吗？为什么两方不能解决分歧呢？

黑方先行，白方一步将杀黑方

答案自376页起。

象棋图示由安妮卡·罗宾斯（Annika Robbins）绘制

第十三章

谜　语

Riddles

一个秋日的上午，我打电话给住在威尔士边境的爱德华·韦克林（Edward Wakeling），与他探讨一个著名的谜语。这个谜语是《爱丽丝梦游仙境》里的疯帽子提出来的，谜面是：

乌鸦为什么像书桌？

在揭晓谜底之前，我应该解释一下，爱德华是探讨这个话题的最佳人选，他是研究路易斯·卡罗尔的世界顶级专家，在卡罗尔痴迷的谜题方面造诣尤深。

套用《爱丽丝梦游仙境》里的说法，爱德华已经掉进了深深的兔子洞。

他写过4本关于卡罗尔的谜语和逻辑谜题的专著，他的家简直就是路易斯·卡罗尔主题的私人博物馆和圣殿。他所收藏的与卡罗尔相关的各类物品多达25556件，这些藏品分门别类，堆放得到处都是——卧室、阁楼、楼梯，随处可见。我通过摄像头跟着他在他家里转了一圈，看到了许多书和小摆件：瑞典语、布莱叶盲文等50多种语言译本的《爱丽丝梦游仙境》，一本非常珍贵、上面有爱丽丝·利德尔（Alice Liddell，卡罗尔书中爱丽丝的原型）本人81岁时签名的《爱丽丝梦游仙境》，一封路易斯·卡罗尔用带有个人特点的紫色墨水写的亲笔信，柴郡猫毛绒玩具，白兔子闹钟，等等。

假如灾难来临，爱德华仅凭爱丽丝主题的食品也能维持几天，就是不太新鲜了：有饼干、橘子酱、茶叶，都保留在爱丽丝主题的原包装里，有些甚至生产于20世纪70年代。

"毫无疑问，他属于最聪明的那一类人。"当过数学老师的爱德华说道，他灰白的络腮胡修剪得很整齐，身穿一件五颜六色的毛衣。

路易斯·卡罗尔——真名查尔斯·路特维奇·道奇森（Charles Lutwidge Dodgson）——是一位生性腼腆、患有口吃的数学教授、牧师，也是谜题界的传奇人物。他的书里和私人信件中经常出现谜题，有些很直白，有些很隐晦。"他在文章里埋藏的谜题直到他去世的几十年后都没人发觉。"

实际上，爱德华本人在几年前还发现了卡罗尔的一个不为人知的谜题。"那是我人生中的一个高光时刻。"他说道。

爱德华发现的谜题是：《爱丽丝梦游仙境》一书中，白皇后说她的年龄是101岁5个月又1天。与她的孪生姐姐红皇后相同。"卡罗尔是数学家，"爱德华解释道，"所以我想这个数字可能很重要。他不会在自己的书里说废话的。"

考虑到闰年的因素，爱德华计算出红白皇后的年龄总和可以折算成74088天。他觉得74088这个数字很耐人寻味。

"我拿出计算器算了一算，差点儿从椅子上摔下来，"爱德华说道，"我惊呆了，这个数字是42的三次方。"

这有什么可令人吃惊的呢？

原来，卡罗尔特别喜欢42这个数字，他的每本书都与42有直接或间接的联系。《爱丽丝梦游仙境》里有42幅插图，红心国王提到过"第42条规定"①，类似的例子还有不少。

这是爱德华的$e=mc^2$。一次跨越近百年的思想交流。爱德华将这一发现发表在卡罗尔研究杂志《杰伯沃基》②上，文章受到广泛好评，不过也有些扫兴的人说些风凉话。[顺便一说，卡罗尔为什么如此喜爱42这个数字还是个谜。而且，道格拉斯·亚当斯（Douglas Adams）在《银河系漫游指南》(The Hitchhiker's Guide to the Galaxy)中将42作为"生命、宇宙和一切"的终极答案或许也是受到卡罗尔的影响。]

在我看来，爱德华的发现也许是人类头脑派上的最荒唐的用场，但同时也在某种程度上展示出非凡的英雄气概。

好吧，现在说回到我最初联系爱德华时要讨论的那个谜语。

爱丽丝参加茶会时，疯帽子问她：

"乌鸦为什么像书桌？"

爱丽丝最后放弃猜测，问疯帽子谜底是什么。

"我一点儿也不知道。"疯帽子说道……
爱丽丝懒洋洋地叹了口气。"我认为你应该做些有用的事儿，"她说道，"不要把时间浪费在猜没有谜底的谜语上。"

天啊！这是个没有谜底的谜语。一个需要你自己找答案的逆向谜语。

---

① 该规定为"身高一英里以上者必须立即退出法庭"。
② Jabberwocky，意为"无意义的话或文章"，路易斯·卡罗尔写的一首无意义的诗歌，记述斩杀名为"杰伯沃克（Jabberwock）"的生物的过程，收录在《爱丽丝镜中奇遇记》第一章里。

嗯，原来卡罗尔的读者们也都不喜欢没有谜底的谜语。他们是站在爱丽丝这一边的。他们不停地骚扰卡罗尔，直到他创造出一个答案才肯罢休。

在1896年版《爱丽丝梦游仙境》的序言里，不堪其扰的卡罗尔写道："我不妨在这里写下我认为是十分合适的谜底，即'因为它可以制造出note（笔记；鸣声），它们都很flat（平坦的；颜色单调的）；而且是nevar前后颠倒！'。但这只是我后来想到的；那条谜语在构思之初根本没有谜底。"

（"Nevar"并非never的打印错误。把字母顺序前后颠倒过来就成了raven——这也是卡罗尔的文字游戏。）

显而易见的是，这种专门找补的谜底还是难以令人满意，于是解谜者们多了一个极其小众的消遣，那便是为卡罗尔著名的谜语创造谜底，这个风气一直流传到现在。

下面来看几个人们为"乌鸦为什么像书桌"想出的谜底：

- 都跟坡有关①。
- 都有两个eyes（在乌鸦来讲是两只眼睛，而英语的书桌writing desk中有两个i字母，i与eye发音相同）。
- 它们的note都不是音符。
- 都与quill（翅膀或尾部的大羽毛；用羽毛管做的羽毛笔）有关。
- 都会用flap（拍动翅膀；折板）来slope（逃走；构成倾斜角度）。

太有创意了！我们人类简直就是找借口的机器。我们十分擅长无中生有，找出本来并不存在的规律。心理学上有个术语，叫作"得州神枪手谬误"，说的是有位枪手向谷仓的一侧射击，然后在弹孔最密

---

① 《乌鸦》是埃德加·爱伦·坡的代表作之一，而坡作为作家，自然离不开书桌。

集的地方画了一个靶子。这种特性可以带来好的结果（从生活的一团乱麻中概括出振奋人心的故事），也会让我们误入歧途（相信几乎任何形式的阴谋论）。

在结束视频通话之前，我问爱德华："对于乌鸦和书桌的谜语，你最喜欢的谜底是什么？"

"两个都有字母B。"他说道。

我又看了看那个谜语的原文。

乌鸦（raven）的拼写中没有字母B，书桌（writing desk）的拼写中也没有。他在说什么？

"你是说都有字母E，对吧？"我问道。

"不是，两个都有字母B。"

"都有字母V？"

"不是，"爱德华说道，"两个都有字母B。"

好吧。呃。"Both"（两个都）的拼写里当然有个字母B。

"这是个万能谜底。"爱德华解释道。

很聪明。有点气人，但是很聪明[①]。

谜语的起源

路易斯·卡罗尔之所以能解构谜语的概念，是因为谜语是人们都熟悉的谜题形式。事实上，有人甚至认为谜语是最古老的谜题。

下面是公元前5世纪的古巴比伦谜语，堪称有史以来最古老的谜题：

什么东西不受胎也能怀孕，不吃东西也能变胖？

---

① "There's a B in both"是个非常抖机灵的回应，这句话本身可以理解为"both"里有一个B，但在两人讨论谜语的语境下也可以理解成"乌鸦""书桌"这两个词都有一个B。

纸草书上找不到答案，但人们普遍认为谜底是"雨云"。

（我在这里只说一次，但这个说法适用于本章中出现的所有历史谜语：你得融入谜语的语境里。）

谜语之所以出名，也在于它们十分普遍。历史上很难找到一种没有谜语的文明。

下面是一则斯瓦希里谜语：

我是个没有门的房子。

谜底：鸡蛋。

又或者这一则中国谜语：

小缸装酱，打开两样。

谜底：还是鸡蛋！

在我看来，谜语在现代美国文化中不算特别流行。它们有些幼稚，有些无病呻吟。《哈利·波特》和许多密室逃脱中的确出现过谜语。但是想想与它们更酷的近亲——笑话吧，你就会发现谜语显得书呆子气不是没有道理的。单是从《蝙蝠侠》电影系列也能看出端倪，谜语人[1]的角色不可能多次获得奥斯卡奖。

但也并非一直如此。谜语在历史上也经历过黄金时代。或者更准确地说，几次黄金时代。在古希腊，贵族们在自己的别墅中举办猜谜比赛。这样的场合少不了酒，所谓猜谜比赛更像是酒吧问答与说唱

---

[1] 谜语人（The Riddler）是《蝙蝠侠》中的反派角色，本名爱德华·尼格玛（Edward Nygma），从儿时起痴迷于各类解谜游戏，自认为是地球上智商最高的人，为了证明自己的智慧远胜蝙蝠侠，每次犯案前，都会留下复杂的线索向蝙蝠侠透露自己的目的。

对决的结合体。古希腊的戏剧中也曾出现过谜语，其中以《俄狄浦斯王》(*Oedipus Rex*)的谜语最是出名。斯芬克斯会向每一个敢于近前的行路人提问：

什么东西早上四条腿，正午两条腿，晚上三条腿？

猜不对的人都会被杀。俄狄浦斯第一个猜中了谜底：人。在生命之初（早上），婴儿手脚并用地爬行。成了年（正午），人用两条腿走路。而到人生暮年（晚上），人走路要拄拐杖。

斯芬克斯因为谜语被破解而失魂落魄，竟然掉下悬崖摔死，是为谜题史上的一大过激反应。

斯芬克斯用这个谜语来测试智力。但在历史上，谜语的用途是很多的。它们被用来说教——早期基督教用大量谜语来引导猜谜者感受上帝的荣光。谜语被先知们用于发表宗教宣言或神谕。当然也会被人用来戏仿这些宣言。列奥纳多·达·芬奇就曾写过预言形式的谜语嘲弄神秘主义者。例如：

有翼生物将会用其羽毛支撑人类。

根据传记作家沃尔特·艾萨克森①的解释，达·芬奇后来透露，他的谜底并非飞行机器，而是用来填充床垫的羽毛。

说实话，历史上有些谜语相当可怕。在《圣经》里，参孙在设宴款待腓力斯丁人时讲了一个谜语：

吃的从吃者出来，甜的从强者出来。

---

① Walter Isaacson，美国著名传记作家，曾为列奥纳多·达·芬奇、史蒂夫·乔布斯、本杰明·富兰克林等撰写传记。

如果你想要尴尬5分钟的话，不妨在与家人或者朋友聚餐时说这个谜语，我就这么干过。

"是糖？"我的孩子们猜道，"或者是喜欢糖果的健美达人？"

"都不对！一头死狮子，尸体里有蜜蜂！"

原来，参孙曾经杀掉了一头狮子，之后注意到一群蜜蜂在它尸体里酿蜜。参孙的谜语极其不公平，因为个中玄机除了他自己再没人知道[①]。腓力斯丁人通过参孙的妻子得知谜底后，参孙为了泄愤将三十个腓力斯丁人都杀掉了，斯芬克斯的过激反应与之相比实在是小巫见大巫。

这么说起来，参孙的谜语的确不怎么样。但如何才能造就好的谜语呢？

根据牛津词典的定义，谜语是"精心措辞的问题或陈述，需要机智方能确定其答案或含义"。在我看来，关键在于机智。谜语的出其不意可能以多种方式体现。它可以是自我参照，谜底就在谜语本身的某些词当中，比如下面这条19世纪的经典谜语：

我是永恒（eternity）的开始和时间（time）的结束。

谜底是：字母e。

有时候，出其不意取决于单个词的双关语，比如谜语人在《永远的蝙蝠侠》(*Batman Forever*)中提出的这一个（这里又要提到威尔·肖茨：《蝙蝠侠》的制片人聘请了这位《纽约时报》谜题设计大师给剧本写谜语）：

如果你看我脸上的数字，你不会看到13。

[①] 参孙天生神力，曾徒手击杀雄狮，他的妻子是腓力斯丁人。

谜底是：钟。

但于我而言，最精妙的谜语应该包含丰富的隐喻含义，比如斯芬克斯的谜语。又比如J. R. R. 托尔金在《霍比特人》(*The Hobbit*)中写的这一条：

> 哭无声，
> 没翅膀能扑腾，
> 咬无齿，
> 没有嘴却咕哝。

谜底是：风。

正如研究谜语的学者们所指出的那样（是的，有一个叫作"谜语研究"的学科，稍后会介绍），好的谜语能让你用全新的眼光看待司空见惯的事物。

我体会过托尔金谜语里描述的风，当时我正待在父母家的后阳台上读《霍比特人》。看到这条谜语的时候，我停了下来，留意到了吹在脸颊上的风。确实像咬，或者说是轻轻地啃，因为那天很暖和。这就是风——怪有意思的。这条谜语就像是柔和的四氢大麻酚[①]。

因此，我特别喜欢绝妙的隐喻。它可以让熟悉的事物变陌生，也可以让陌生的事物变熟悉。它可以激发敬畏。而陈词滥调的隐喻则不会让人联想到这些，比如"用鼹鼠丘堆座山"（make a mountain out of a molehill；意为小题大做），全然没有打动人的力量。但是新奇的隐喻一定是好到没有之一。我还记得当我第一次听到"binge watching"这种说法时感受到的那种耳目一新。没错！这个词多妙啊——电视屏

[①] 大麻中的主要精神活性物质。

幕带来的享受正像是感恩节的饕餮大餐①。

热爱谜语的修道士

在历史上所有的隐喻类谜语中，或许要数中世纪的那些最为出色。它们无疑也可以跻身有史以来最处心积虑，也最具争议性的谜题行列。

在与痴迷于卡罗尔研究的爱德华·韦克林通话一周后，我又用Zoom向英国发起了视频通话请求，这一次是和梅根·卡维尔（Megan Cavell）。

梅根是谜语研究领域的知名人物。她开设了一个叫作"谜语时代"（The Riddle Ages）的网站。打开她的个人履历，你会看到她拥有博士学位，目前在伯明翰大学任副教授，此外，她公开发表的一系列文章和专著也赫然在列。但她在履历中也写了这么一段话："我希望这些不会让你觉得我迂腐或者咄咄逼人，如果看过我的一些帖子，你就会知道我某种程度上是个很好笑的人。"她的文章包含艾拉妮丝·莫莉塞特（Alanis Morissette）②、咕噜（Gollum）③等旁注，在旁征博引中透着幽默。

梅根戴一副宽边黑框眼镜，身穿条纹毛衣。她说自己之所以开始研究中世纪的谜语，部分原因是她很喜欢这些谜语所使用的古代英语。

"哦，古英语是最优美的、有喉音的语言，"她对我说道，"有时候我会对着我的伴侣吼几句古英语。比如我想要杯水，我可能会用古英语说。"（如果你想知道的话，"给我水"在古英语中的说法是

---

① Binge一词来源于英语方言，意为大量饮酒，如今多指无节制地放纵于某种行为，binge watching指疯狂刷剧。
② 加拿大女唱作人，偶尔参演影视作品。
③ 《指环王》中的角色，电影中的知名台词是"My Precious"。

"Gief me wæter"。)

梅根曾花大量时间研究《埃克塞特书》(*Exeter Book*),这个10世纪时修道士们编纂的大部头中有95条谜语。这些谜语之所以出名有两个原因。第一,其中有一些非常、非常下流。

比如没羞没臊程度出了名的第25条谜语(大致翻译如下):

　　一柱擎天,我立于床上,
　　下面那话儿毛茸茸,
　　标致可人的农夫之女,
　　壮着胆,得意地将我握紧,
　　搞着我红红的那块,揪着我的脑袋,
　　把我塞到堡垒之中。
　　感受与我的直接接触,
　　梳着辫子的女人啊,那只眼睛就要湿润了。

你很想知道答案是什么,对吧?问你呢,问你呢。

谜底当然是洋葱。眼睛湿润是被洋葱呛出了流泪,没有什么儿童不宜的场面。这种误导非常经典。

要提醒你一下,这本书是修道士们编纂的。不是醉醺醺、勾引少女的骑士。修道士们应该是禁欲的,这样的谜语与清规戒律不冲突吗?

正如梅根在最近的播客中解释的那样,谜语是"你探讨禁忌话题的安全地带……即便是禁欲的修道士也可以自由探讨性"。这让修道士们有了合理推诿的借口。"如果你理解错误,认为谜底与性有关,那你才是不道德的。"她说。

还有其他的谜语也会引发对性的联想,比如有一个暗示着皮革人造阳具(是真的),但实际谜底是马鞭。这类谜语让维多利亚时期循规蹈矩的学者惊恐万状,所以他们干脆不把这些谜语翻译成当时的英语，而且把它们斥为"下流粗俗的玩笑"。

但梅根和她的同事没有感到类似的不安。他们很喜欢这些谜语。有人甚至尝试从女权主义的角度审视它们。梅根曾经写过，这些谜语由女性秘密创作的可能性虽然很小，但确实是存在的。或者，至少是受到女性影响而创作的。

比方说，有一条谜语的谜底是面团，但谜面的语言下流，描述一位自我感觉良好的女性握着面团，就像是握着别的东西。"你注意到了吗？'骄傲的新娘'对付那个'没有骨头的东西'有多么自信？"梅根写道。

《埃克塞特书》出名的第二个原因就是我们永远无法确定真正的谜底。书中没有答案。有些谜底很明显（比如刚才说的洋葱），但有些存在争议，相当大的争议。至今已经有数十位学者在期刊、会议上进行数千小时的深入探讨，谜底仍然无法揭晓。

比如说第4条谜语。考虑到它引发的无数争论，它或许称得上是历史上最难的谜语。学术界提出的谜底从一桶水到魔鬼，再到阴茎（是的，还是下流粗俗的玩笑），至少有13种。

谜语大意如下，备选谜底在380页：

> 忙碌的时候，会被几个环束缚，
> 我必须热情地遵从我的领主，
> 弄坏我的床，大喊大叫，
> 我的领主扭了一下我的脖子。
> 经常有男人或女人来问候我，
> 睡眼惺忪；我回应着他们，冷冰冰，
> 心里充满敌意。温暖的肢体
> 有时会冲破束缚之环；
> 然而，这令我的领主心满意足，
> 那个愚蠢的人，而对我自己，

如果我能知道什么，能讲述我的故事

成功地，用言语。

　　梅根说她也不确定哪个谜底是正确的。我问她，如果永远无法得知正确答案，她会不会很沮丧。

　　正相反，她说道。"实际上我更喜欢有5个合理谜底的谜语。我喜欢和朋友们争论谜底究竟是什么，但是我从不在乎谁能说服谁。我不知道究竟是因为我是个左翼学者，还是因为我所研究的谜语，总之我不介意多元真理的存在。"

　　如此看来，梅根是解谜人群中的异类。我所遇到的大多数人都想要明确的答案和结果，无法接受模棱两可。他们就像卡罗尔的读者。

　　我自己属于反复无常的一类人。有时候，我需要一个确切的答案。在这个所谓的"后真相"①时代，我们对什么是事实和真相的提问已经足够多了。我们已经陷入了大规模的认知危机。阴谋论与地平说已经在这个世界横行。我当真想要拥抱大学时学到过的那个后现代主义，那个一切都只是叙述方式不同的多元真理吗？

　　还有些时候，我会提醒自己接受不确定性是一项出色的生活技能。如今需要接受的不确定性实在太多了。从个人的层面（如何在抖音盛行的年代教育孩子）到全球的层面（怎样更好地阻止北极圈冰山融化），我都不能确定。对我来说，克里普托斯、无法破解的填字游戏，还有第4号谜语，都是磨炼这项技能的好方法。

---

① 后真相（post-truth）一词在2016年被《牛津词典》评为"年度词语"，这个词的定义是"指客观事实对公众舆论的影响力小于情绪与个人信仰诉求的情况"。

> 本章附录
>
> # 十二条历史谜语

1）出自非洲民间谜语

　　无论我去哪儿，它都跟着我。它是什么？

2）出自J. R. R. 托尔金的《霍比特人》

　　这个东西吞噬万物：鸟、兽、书、花；它啃断铁，咬坏钢；它将磐石化为齑粉；它杀掉国王，毁灭城市，夷平高山。

3）出自20世纪初的美国

　　我是奇数。拿掉一个字母我就变成了偶数。
　　我是哪个数字？

4）出自中国民间谜语

　　越洗越脏。打一物。

5）出自10世纪犹太诗人杜纳什·本·拉伯拉特（Dunash ben Labrat）

　　什么东西在驰骋时会说所有的语言，嘴里吐着生死攸关之毒？它在休息时沉默无语，它像个小伙子或穷人般什么都听不进去。

6）出自美国（约20世纪50年代）

待在角落，行遍全球。
这是什么？

7）出自简·奥斯汀的《爱玛》

注意：这条谜语是"猜字谜"（charade），流行于19世纪的英格兰。所谓猜字谜是将谜底的音节分开，谜面的"第一个"指第一个音节，"第二个"指第二个音节，"整体"指两个音节的完整的词。

我的第一个表示痛苦，/我的第二个注定有感受；而我的整体是最好的慰藉/可以化解、治愈那痛苦。

8）出自《哈利波特和火焰杯》

注意：这也是一个"猜字谜"。

首先想一个活在伪装之中的人，
他的行踪不为人知，嘴里没半句真话。
接下来，告诉我什么在修补（mend）的最后，
什么又在中间（middle）的中间，结尾（end）的结尾？
最后说说经常听到的声音，
那个想不出要说什么就会提到的字眼。
现在，把它们连起来，回答我，
你不愿意亲吻的动物是什么？

9）出自20世纪70年代的迪克西谜语纸杯①

奶牛在周六晚上去哪里？

10）出自16世纪的欧洲

我的四个翅膀长得很结实，它们能迅速地上到高处，但我却飞不起来。我的身体总是动来动去，但却始终在同一位置。就像婴儿只能消化母亲嚼碎的面包，我嚼过的东西人才能吃。

11）出自18世纪的英国——经典影片《虎胆龙威3》也出现过

我准备去圣艾夫斯的时候，
遇到一个有七个老婆的人，
每个老婆有七个麻布袋，
每个麻布袋里有七只猫，
每只猫有七只仔：
猫仔、猫、麻布袋、老婆，
去圣艾夫斯的一共有几个？

12）出自《永远的蝙蝠侠》中谜语人的谜语，由威尔·肖茨创作

撕下一个来擦擦我的头，原来的红色变黑色。

答案见381页。

---

① Dixie Cup是世界上最早生产一次性纸杯的品牌，谜语纸杯是他们1970年开始生产的产品，一度十分流行，到1978年新鲜感消失，遂停产。——编者注

第十四章

日本机关盒

Japanese Puzzle Boxes

在新冠疫情令世界停摆之前的几个月,我和家人经历了一次毕生难忘的旅行。在筹备多年之后,我们终于去了日本。

旅途中的亮点颇多。有一天我们体验了日本茶道——我怀疑当时我们问了太多问题,茶道的那位女士建议我们"无声地对话"。值得一说的是,此后我只要嫌孩子们太吵,就告诉他们要"无声地对话"。这个方法百试不爽。

还有美食——随传送带迅速移动的回转寿司、种类多到令人难以置信的腌菜、历史悠久的东京麦当劳口味纯正的虾肉汉堡。

但是最令我难忘的还是在富士山脚下的短暂逗留,我们无意间进了一家不起眼的小商店,里面卖木头盒子。许许多多的木头盒子。有的只有拳头大,有的像烤面包机那么大,这些盒子都很华丽,上面有用不同颜色的木头拼成的精致图案。

在柜台后面,一位日本中年男子坐在长凳

上，他周围摆着许多制作到一半的木盒子、各种类型的锯子，还有成堆的木屑。

男子递给我儿子卢卡斯一个小盒子，做了个手势示意他将盒子打开。

卢卡斯尝试将盒盖掀起来，但盒盖纹丝不动。

男子将盒子拿了回去，放在桌上转了一圈，又把它递给我儿子。

这一次，盒子打开了。

男子笑了起来，像格劳乔·马克斯[①]那样挑了挑眉毛。

盒子里面什么都没有，但这无关紧要。乐趣就在于将盒子打开的奇妙手段。

男子又拿出一个木盒。上面有用木头雕的小老头，小老头旁边有小酒瓶和小酒盅。

这个盒子的盖子也是锁着的。

店主用拇指和食指夹住小酒盅，提到小老头的脸部。

"咕嘟、咕嘟、咕嘟，"他说道，"清酒！"

---

① Groucho Marxist，美国喜剧演员。

然后他示意卢卡斯试试打开盒子。盒子又开了。

尽管这开盒子方法中鼓励饮酒的暗示有待商榷，我还是开心地笑了起来。我不知道这其中的奥秘是什么——或许是磁铁？熟练的手法？但确实太了不起了！

男子指着门示意我们去隔壁。我们因此更为惊奇。或者至少当我们想出怎样开门时更为惊奇。我们试着转动门把手将门打开，这么做似乎合情合理。但是门没有开。

对着门又敲又晃了两分钟之后，卢卡斯意识到这扇门另有玄机。他试着从有合页的那一侧开门。门开了，我们走进去，到了一个博物馆。三个房间里摆放着几十个木头做的其他木头盒子，有的像巧克力盒，有的则是鸡蛋的形状。

我们当时还没有意识到，我们误打误撞发现的竟是日本机关盒的诞生地，这些手工打造的木质艺术品也是谜题中的一类，是在全球范围引发追捧的小众摆设。

想要打开这些盒子，你必须得破解机关。你需要旋转、扭动、翻转它们，滑动盒子上方和侧面的隐藏面板。这些面板开启之后，还有其他的隐藏面板和抽屉。整个过程可能非常烦琐，有些盒子需要多达150个步骤才能打开。盒子内部的机关极为精巧：磁铁、齿轮，还有普遍使用的滚珠轴承，以及与三维迷宫相似的木头锁扣。

手工制作的高端机关盒价格不菲，有些售价高达4万美元。与此相关的故事里往往有秘密拍卖、明星设计师，还有针对俄罗斯寡头把所有好东西都买光的抱怨。

大　师

日本机关盒不是新生事物。数百年来，日本的工匠创造出了很多更容易打开的机关盒，这些盒子最初都是珠宝、文件等贵重物品的收纳箱。在1900年之前，很多机关盒的打开方式都比较简单，通常只需要三四个步骤。到了20世纪30年代，机关盒里装香烟的做法非常普遍，我觉得这让一支接一支地抽烟变得不方便，对健康倒是有些意想不到的好处。

不过，现代机关盒的时代是由大阪人龟井明夫（Akio Kamei）开创的。明夫将机关盒的复杂程度和可玩性都提升到了新的高度。1981年，他创立了机巧创作研究会（Karakuri Creation Group），这个机关盒设计师团队中的许多成员都是明夫的学生。研究会的总部就在我们游玩的那个小镇，离富士山不远。

有一天，我从纽约与明夫通话。交流过程中存在着巨大的语言障碍（他会说一点点英语，而我全然不懂日语），因此我没办法做深入的访谈，但是我对他的个性还是有了一些了解。

明夫当时已是74岁的高龄，我问他怎么会对机关盒产生兴趣。

"小时候，我喜欢跟着大家一块儿笑。所以我就想让盒子体现幽默和玩笑。"

"迄今为止，你最喜欢的作品是哪一个？"

明夫告诉我，他很中意最初设计的一个盒子。盒子的每一个面都有小孔，看起来就像个骰子。想要打开它的话，你得按照1、2、3的数字顺序翻转盒子，翻到6的时候，盒子就会打开。当你翻转盒子的时候，里面的小钢珠就会在迷宫般的轨道中滚动并打开锁扣。

明夫说机关盒的设计不在于难度，而在于精巧。

我问他怎样源源不断地想到新的设计。

"我现在已经想不出新点子了，"他笑着说，"如果可以的话，请给我些启发。"

推广者

明夫堪称最著名的日本机关盒设计师，而机关盒爱好者中最出名的或许要数克里斯·拉姆齐（Chris Ramsay），一位满身文身的加拿大魔术师。

克里斯现年38岁，他在YouTube上开设了一个频道记录自己如何打开机关盒。视频的播放量高达1000万。（见彩页图19。）

并非所有人都喜欢他的视频。有些机关盒爱好者认为，将解法公之于众是很糟糕的。这看起来就像是出卖和背叛。但克里斯的粉丝们乐于看到他百思不得其解而满头大汗的样子。他唉声叹气，他怨天尤人，他会说"我就要疯掉了"，或者"你们看着我在挣扎中浪费生命，觉得很享受是吧？"。

但当他打开机关盒的时候，喜悦之情会溢于言表。"这太酷了！""搞定！我真是个天才！"他一边说着，一边露出开心的笑容。

我与克里斯通话，想要获得一些开机关盒的提示。他说他之所以喜欢这些机关盒，是因为它们迫使你运用所有的感官。"连锁谜题的魅力就在于你往往要依赖自己的听觉和触觉，而不是仅凭视觉去感知谜题。"

对于机关盒的出乎意料之处，他都欣然接受。他说起了一个售价2500美元的机关盒，样子就像带旋钮的老式收音机。想要打开它必须从顶部砸。"花了这么多钱买的，这种方法确实是出乎意料。"

挫折带来的喜悦

　　与克里斯交流的几周后，新冠疫情暴发的几个月前，我参加了纽约谜题大会（New York Puzzle Party）。这是个一年一届，面向机关类、实体类谜题爱好者的大会，在曼哈顿一所学校的教室里举办。正如某位在场者所言，现场的书呆子气氛浓厚度是国际动漫展（Comic-Con）的四倍，对我来说，这正是大会的魅力所在。

　　在大会上可以聆听谜题有关的讨论，获取行业资讯，以及进行谜题交易。我听了一场讲座，主讲人——顺便说一句，他的西装上衣饰有"星战"黑武士图案——讲了他如何完成一个巨大的拼图。

　　我听说了不少关于最出色和最差劲机关类谜题的故事。有位叫作布莱特·屈纳（Brett Kuehner）的收藏家、博主告诉我，他有一个只有在冰冻的时候才能打开的机关盒。出什么问题了呢？机关盒寄过来的时候已经自动开了，因为它被送到波士顿的时候正是隆冬。

　　他们谈论破解机关盒的最佳方式：拍照、画流程图，甚至拍X光片。

　　在教室里的一张课桌上，一名男子将已故岳父的收藏品摆出来卖，价格非常便宜。木制机关盒每个只售10美元。我买了两个带回家。

　　摆弄了一个星期，我终于将其中一个机关盒打开了。需要按正确顺序滑动约10块面板，然后再上下颠倒。

　　但另一个机关盒——盖子上有精美的木制富士山镶嵌画——彻底难住了我。我可以先移动一个小木条，之后……就束手无策了。好几个小时过去了，我旋转、挤压、甜言蜜语、威胁恐吓——还是拿它没办法。

　　打不开机关盒比无法破解其他类型的谜题更令人沮丧。至少我是产生了深深的挫败感。我也说不清是为什么。或许这与进化有关。或许我就是个迫切想要打开椰子的猴子。或许是因为它是实实在在的，就摆在那儿,毫不掩饰地嘲笑着你。机关盒里明明空无一物,但感觉像是有什么特殊的东西在里面。

我试图提醒自己,适度的沮丧对我有好处。这好比吃西兰花,人在情绪上也不能偏食。

我正在读一本写得非常好的书,书的作者是印第安纳大学一位叫布雷特·罗特斯坦(Bret Rothstein)的教授,书名叫作《困难的形状:一封给难掌控物体的粉丝来信》(*The Shape of Difficulty: A Fan Letter to Unruly Objects*)。该书从学术的角度审视了机关盒等机关类谜题的深奥程度。布雷特说,机关类谜题对我们大有裨益:"这一类物体令我们的预期难以满足,从而让我们保持谦逊。"

它们教给我们重要的道理,那就是确定性带来的危险。通过剥夺我们"如此渴望的确信不疑"的能力,这些谜题让世界"突然之间令人惊讶,而且出乎意料地复杂难懂"。

它们教我们摆脱一成不变的生活。"习惯就是罪魁祸首,在解谜中它源于我们无法摒弃常识。"

谦逊、不确定性、新的视角——这些也是我破解其他类型的谜题中获得的深刻感悟。

听从布雷特的建议,我试图欣然接受沮丧。但是在某些时刻,这种沮丧会转化为厌恶。我开始讨厌这个机关盒,它成了我的死对头。

一个月后,我在厨房里一边踱步一边摆弄这个机关盒,一个不小心,我失手把它摔到地上。

然后它就弹开了!

这么一摔是把里面的什么东西震开了。它不像克里斯说的那个需要砸。不对,我把这个机关盒摔坏了。这算解开还是作弊?我不确定。毕竟确定会带来危险嘛。

不管怎么说,机关盒里面有一张黄色的纸条,上面是蓝色墨水的手写字体,时间是1990年8月:

"想打开机关盒,将前面的木条向左滑。取一支小铅笔推到底部,一端就会弹开。"

有意思。解法在机关盒里面,是30年前放进去的。这就像埃舍尔①画笔下的悖论。或者,因为机关盒是日本的,也可以说它像禅宗的心印:破解之道就在谜团当中,但没领悟破解之道你又参不透这个谜团。

天　才

我在机关盒世界遇到的每一个人都告诉我,一定要联系住在科罗拉多州的设计师卡根·桑德(Kagen Sound)。杰瑞·斯洛克姆(Jerry Slocum)写过几本关于谜题历史的书,他说卡根"完全是另一种境界"。"他实在太令人钦佩了,"电影导演和谜题爱好者达伦·阿伦诺夫斯基②说道,"他的技艺令人疯狂。"

我联系到了卡根。他乐于交流。卡根告诉我,小时候他的父母从旧金山的唐人街给他买过一个机关盒,自此他对机关盒的热爱一发不可收拾。他提议通过视频连线的方式带我看看他的工坊。

"你在网上闻不到雪松的微妙气味,"他说道,"我现在也闻不到;我已经习惯这种味道了。"

但是视觉的冲击力极大。一面墙上挂着159个螺丝钳,大小各不相同,都有亮橙色的把手。还有锯子、砂纸,以及吸锯末用的威利·旺卡③式巨大钢筒。

不过最显眼的还是木头。一叠又一叠的木板,颜色各异,从深咖色到奶油色应有尽有;种类繁多,既有普通的橡树,也有从新西兰泥炭沼泽中挖出的五千年树龄的杉木。

---

① Escher,莫里茨·科内利斯·埃舍尔(Maurits Cornelis Escher),荷兰版画家,以视错觉艺术闻名。
② Darren Aronofsky,代表作《黑天鹅》《母亲!》。
③ 威利·旺卡是电影《查理和巧克力工厂》中的巧克力工厂主。

"每种木料各不相同——它们都有独特的个性,"卡根说,"它们的密度、卷曲度、颜色、可切割度都不一样。"

我看到的枫木就不下八种,其中之一标着"极卷"。卡根选择制作机关盒的木料,就像作曲家为曲子选择音符。"我看着一块木板,就能想象出怎样把它分割后再折叠成机关盒,像折纸一样。"

我问卡根决定机关盒好坏的关键是什么。他说很大程度上与节奏有关。机关盒设计师犯的最大错误?没有提示或步骤标识的机关盒。好的机关盒应该给解谜者一系列豁然开朗的时刻,让他们能够体验到环环相扣的解锁过程。这个过程是有节奏的。正如另一位广受喜爱的设计师罗伯特·亚尔格(Robert Yarger)对我说的那样,机关盒需要几起几落,就像"电影、歌曲和性爱"一样。这一点适用于所有出色的谜题,无论它们是什么类型。

我与卡根通话的时候,他态度友好,心情愉快。但他告诉我,在这个工坊里,他差一点就丧失了理智。2004年,卡根接到达伦·阿伦诺夫斯基的电话。这位《圆周率》《黑天鹅》等惊悚片的导演问卡根能否设计一个内置机关盒的书桌。

他对卡根说:"样式由你自己决定,把它做到完美就行。"

"我当时根本就不知道我要做什么。"卡根说道。

这张书桌花了卡根四年半的时间。"我在焦虑和压抑中挣扎。困在工坊里做这个项目让我得了舱热症①。"

他不再与朋友外出,也不再约会。他放弃了徒步和排球的爱好。他就待在工坊里,一次又一次地推翻自己的设计,就像《圆周率》中的主角那样疯魔。这样的努力换来了一件令人难以置信的杰作,足以与米开朗基罗为西斯廷教堂创作的天顶画相媲美。

几周之后,达伦在Zoom上向我炫耀了那张书桌。"花了他那么长时间,我有些内疚,"他说,"所以我又请他制作一个配套的凳子,然

---

① 即幽居病,指由于长期待在封闭空间内而产生的不安与易怒状态。

后多付了钱算是补偿。"

书桌包含22个机关谜题,达伦和他的儿子花了几个月时间才全部解开。桌面是可滑动木条组成的面板,看上去好似迷宫。按照正确的顺序滑动木条,桌面可变成棋盘,并解锁一个抽屉。

每个抽屉中的谜题解开之后可以解锁另外的抽屉。如果你急着找订书器的话,这个书桌并不完美,但达伦说他很喜欢在桌上写剧本。

别着急,这个书桌还有另外一个层次:当你解开所有的谜题之后,书桌会变成一架木制的管风琴,可以演奏达伦最喜爱的歌曲之一——欧文·柏林①的《蓝天》(*Blue Skies*)。拉开抽屉,琴键就会演奏出优美的旋律。

而且这还不算完!管风琴实际上与电脑程序类似。你可以在木制的主板上重新编排弦轴,这样就可以演奏另一首曲子。

尽管制作这张书桌快把自己逼疯,卡根说还是很高兴能把它做出

---

① Irving Berlin,俄裔美国词曲作家,被广泛认为是历史上最伟大的词曲作家之一。

来。"我收到达伦的很多邮件,内容都是'大卫·布莱恩[1]非常喜欢它','野兽男孩[2]的麦克·D(Mike D)觉得它相当了不起',等等。看到这些我的心情就会很好。"

桑德海姆策略

在我和卡根交流的最后,我做了一件蠢事。我问卡根他是否可以把他设计的最难的谜题寄过来。

他选了一个极其折磨人的"神秘方块"(Rune Cube),与魔方差不多大,不过是用金色的木头和金属别针制成的,上面雕刻着神秘的符号。卡根可以把它设置得相对容易(只需6步),也可以让它达到几乎不可能解开的程度(116步)。他选择了后一种。

我毫无进展。几个月来,我不断重复着摆弄它,备感沮丧,扔到一边放几天,再拿起来琢磨的过程。

[1] David Blaine,美国魔术师,以长时间忍受特殊环境而著称。
[2] Beastie Boys,美国说唱团体。

然后，斯蒂芬·桑德海姆①救了我。斯蒂芬痴迷于解谜，还收藏机关盒，他的藏品中有一件就是卡根的杰作。

卡根发了电子邮件给我，提到桑德海姆在《游戏》杂志的采访中公开向他致敬。我看了那篇采访。桑德海姆是这么说的，对他而言，解开机关盒不是重点。"我毫无立体想象力……我就是喜欢这些东西。如果不看解法提示的话，我几乎永远也无法将它们打开。但是我不在乎。"桑德海姆补充说他就是喜欢这些盒子给他带来的感觉。"即便是在别人指导下才能打开，我仍然觉得非常满足。"

我恍然大悟！我决定效仿桑德海姆。为什么要在意是否能独立打开机关盒呢？我只欣赏它的美妙就好。

我问卡根要机关盒的解法，他发了过来，一并发来的还有一个注意事项："解法中的代数符号也有极大的难度。"他说得很对。不过几天之后，我成功地驯服了这只拦路虎。

诚然，我没有通过传统的方式打开机关盒。但我告诉自己，遵循解法指示打开它也是一大乐趣。小时候，我经常花几个小时依照详细的说明用强力胶水粘塑料玩具车。这更像是折纸、队列舞，或者是骑行课——这类体验与解谜不同，但仍令人获得极大满足。

---

① Stephen Sondheim，美国著名音乐剧及电影音乐词曲作家，曾经获得奥斯卡最佳原创歌曲奖，多次获托尼奖、格莱美奖等。

第十五章

争议谜题

Controversial Puzzles

"我把这个拿出来,并不是因为它会引起巨大的争议。"

说这句话的是数学家彼得·温克勒。他正在美国国家数学博物馆做演讲,主题是他在疫情期间每周给解谜爱好者们发送的谜题。

睡美人问题是其中之一。

这个谜题的争议不在于是否冒犯了情感,他解释道。它的争议之处在于引发讨论的数量之多前所未有,令人感到不可思议,而且至今仍然没有答案。

"这个谜题令人困惑不解,研究它的哲学论文有上百篇。"彼得说道,有些论文甚至认为这一谜题直接暗示着世界末日。

它令人发疯,而且你会明白这么说很可能就是字面的意思。它令我想到了巨蟒剧团①的

---

① Monty Python,英国六人喜剧团体,代表作有电视喜剧短片《巨蟒飞行马戏团》(*Monty Python's Flying Circus*),以创新的意识流和超现实表现形式见长。

一集喜剧短片，讲的是笑话越好笑就越危险：听到笑话的人会笑死。

我之所以要用本书一个不长的章节讲睡美人问题，是因为我想要探索一下像它一样耐人寻味、也许永远不会有确定答案的谜题。我已经就克里普托斯、中世纪谜语等未解之谜做了调研，但这些谜题与之略有不同。睡美人问题看起来就像是另一种层次的神秘——需要绞尽脑汁进行深刻的哲学思考。

睡美人问题与蒙蒂·霍尔[①]问题类似，后者名气更大，争议性更小。如果没听说过或者需要提醒一下才想得起来的话，我简单介绍一下：蒙蒂·霍尔问题的走红是在1982年，当时《大观》(*Parade*)杂志的专栏中刊登出了这个问题，该专栏的作者是玛丽莲·沃斯·沙凡特（Marilyn vos Savant），她曾在智商测试中得到过228分的高分，堪称世界上最聪明的人。这一问题以蒙蒂·霍尔为名，因为情节大致与蒙蒂·霍尔主持的游戏节目《咱们做个交易》相同。下面就是问题的具体内容：

> 假如你参加一个游戏节目，面临着三道门的选择题：某一道门后有一辆小汽车，另两道门后各有一头山羊。你选了其中一道门，比如说是1号门，这时，知道所有门后有什么的主持人打开了另一道门，比如说3号门，门后有一头山羊。然后主持人对你说："你愿意放弃1号门，选2号门吗？"改变选择是否对你有利呢？[②]

想要自己尝试解开谜题，就先别往下看。接下来要说到答案了。玛丽莲认为，你应该改变选择（当然前提是你想要的是汽车，而

[①] Monty Hall，加拿大广播电视节目主持人，后来移居美国继续从事播音员工作，1963年开始主持游戏节目《咱们做个交易》(*Let's Make a Deal*)。
[②] 顺便说一句，玩家和主持人在节目之前都知道，在玩家做出第一次选择后，主持人将会打开一扇藏着山羊的门。——作者注

不是山羊)。

玛丽莲的答案引发了强烈反响,愤怒的读者来信像潮水一般涌来。事实上,有几位专业的数学家也纡尊降贵地写来信件,指出玛丽莲的谬误之处。

但这件事还有反转:玛丽莲绝对正确。她的答案的确有悖于人们的直觉,然而是对的。原因在于,当蒙蒂打开了那道门的时候,你得到了新的信息。他打开的门并非随机选择。他知道所有的门后有什么,他选择了后面有山羊的一道门。

所以现在你知道,剩下的两道门,一道藏着山羊,另一道藏着小汽车。如果你改变了选择,你就有三分之二的获胜几率,比原来三分之一的获胜几率要高。

我们把数字扩大,这样可以更加形象地加以说明。

假设有100道门,99道门后都是山羊,只有一道门后是小汽车。

你选了其中一道门,比如说是第55号门。

然后主持人打开了另外的98道门,每道门后都是山羊。

接下来你要在第55号门和第73号门之间选择。

现在你为什么要改变选择的原因就更清晰了。这是99%的几率,而不是1%的几率。

睡美人的问题也与反直觉的可能性相关。区别在于,睡美人问题迄今为止尚无广泛接受的答案。数学家和哲学家们仍在同行评审的期刊中继续争论,文章的题目令人茫然不知所云,比如《量子世界存在的衡量标准和睡美人问题》(*The Measure of Existence of a Quantum World and the Sleeping Beauty Problem*)或者《埃弗雷特概率错觉及其对审判日和睡美人的影响》(*Everettian Illusion of Probability and Its Implications for Doomsday and Sleeping Beauty*)。

正如彼得·温克勒所说:"这正是一个问题的魅力所在。"

如果你想尝试一下,可以看看下面的睡美人问题(出自维基百科):

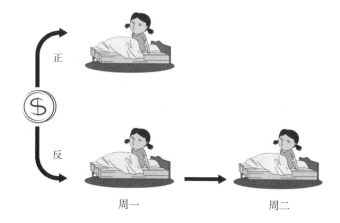

睡美人自愿参加以下实验，而且被告知以下实验细节：她将在周日晚上睡去。在实验进行中，她将被唤醒一次或两次，醒来接受采访，然后再服用失忆药睡去，不再记得是否醒来过。实验流程将通过抛一枚未经过任何处理的普通硬币来决定：

如果硬币正面向上，睡美人将在周一被唤醒并接受采访。

如果硬币反面向上，睡美人将在周一和周二被唤醒并接受采访。

在两种情况下，她都会在周三被唤醒，之后不接受采访，实验随之结束。

她每次被唤醒和接受采访时，都不能判断当天是周几，也不记得自己之前是否曾被唤醒。采访时会问她这样的问题："你现在觉得硬币正面朝上的几率是多少？"

睡美人会说什么呢？

许多数学家和哲学家都认为，她会说正面向上的几率是50%。睡美人在被唤醒后不会得到任何新信息，所以她应该认为这枚硬币抛出正面的几率与其他普通硬币相同，都是五五开。

这一类观点是"1/2说"。

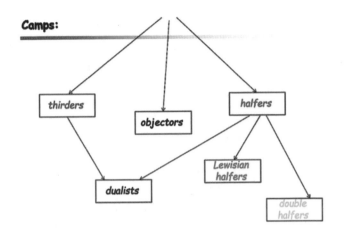

此外，还有"1/3说"。持这种观点的人认为，睡美人会说硬币抛出正面的几率是三分之一。他们的理由是：设想这个实验周复一周地重复多次，这样睡美人被唤醒的次数中有三分之二硬币抛出背面（因为在硬币抛出背面的情况下，她会被唤醒两次）。

但这还只是争论的开始。上述两种观点还衍生出其他分支，从彼得·温克勒绘制的结构图中可以看出：除了"1/2说"和"1/3说"，还有"二元说""反对说""路易斯1/2说""双1/2说"。

而且这还不是全部。

"期刊中还没有充分体现两类人数最多的群体，一类是不知道，一类是不在乎。"彼得面无表情地说。

或许还有另外一类，比如说我的侄女：这些人认为睡美人是个令人毛骨悚然的黑暗童话，涉及法律层面的同意问题，这个谜题应该改写，摒弃其中的文化包袱。

我并没有看过所有的论文，但是读过的也不少，了解所涉及的一切奇怪要素。有些论文认为，答案取决于多元宇宙。或者是房间内是否有时间记录设备。或者取决于睡美人自身的感觉——就是字面意义上的，比如消化不良。

这些东西我不能全部理解，但是我的直觉倾向于"1/3说"。

第十五章　争议谜题

或者说得更准确一些,我觉得问题可能属于语义学范畴。我认为,许多争论都可以通过语义学得到解决。比如说为人熟知的经典问题:如果一棵树在森林中倒下,它会发出声响吗?

如果你定义声响是以人类听到为标准,那么它就没发出声响。

如果你定义声响是以空气中粒子相互碰撞为标准,那么它就发出了声响。

所以解答睡美人问题或许也是一样的方式。

如果你只是问她:"硬币抛出正面向上的几率是多少?"那答案就是50%。

如果你问她:"考虑到你对本实验的了解程度以及实验的时长,硬币抛出正面向上的几率是多少?"那答案就是33.3%。

我致电彼得,把我的想法告诉他,同时也意识到我或许不能解决这个长期以来的争论。果不其然。彼得说持"1/2说"见解者就不会同意。我问他是否可以给我推荐一位这样的人,好让我能更清楚地了解他们的理由。彼得给我介绍了麦克·杰弗斯。

麦克乐于交流。他以前是高中数学老师,给学生做过许多辅导。他在两年前读到了关于睡美人问题的文章,然后就全身心地投入对它的研究。

"这就是我的白鲸①,"麦克说,"我时刻都想着这个问题。我可能会花好几个小时盯着墙壁,努力思考答案。我的妻子会走过来说:'你还盯着墙看呢。'我回答说:'你是不是觉得我把电视摆在面前看起来更正常点?'"

"两个星期前,我觉得我想得够多了。它给我、家人和工作都带来了不好的影响。我把自己写的所有关于睡美人的论文都放进文件

---

① 《白鲸》是美国小说家赫尔曼·麦尔维尔(Herman Melville)的代表作,描写了亚哈船长因被一头白鲸咬掉一条腿,而一心追捕这头白鲸复仇的故事,亚哈在追捕白鲸的过程中失去了理性,成了偏执狂。

夹，用胶带封好，放到壁橱里收起来。"听到这句话，我长出了一口气。

"然后你给我打了电话，"他说，"我又把它们拿出来了。"哦，不要啊。我都做了些什么？我成了教唆者。我就是那个不停给酒鬼的杯里添波旁威士忌的酒保。

我告诉他，对于把睡美人问题又带回他的生活，我心里感到过意不去。

"不，不，这很好，"他说道，"你对它感兴趣，这让我觉得可以把自己的想法和别人分享。"

我说不清当时心里是什么滋味，但我们一聊就是一个小时。

"我赞同'1/2说'，因为我相信有许多数学原理支持这一观点。"他说道。麦克用了各种比喻，来向我解释"1/2说"。他提到了《土拨鼠之日》①、奶酪块、皮奥里亚（Peoria）对波基普西（Poughkeepsie）。他聊起了几何、微积分、《平面国》②。我大概听懂了他所说内容的40%。在我们交谈的时候，我偶尔会捕捉到一丝灵感。我可以明白"1/2说"的立场是什么。我可以把它看作花瓶人脸视错觉中的花瓶。然后过了一分钟，这种灵感又消失了。（我的数学知识不足以准确概括麦克的论据，所以只能把他给我的备忘录贴在thepuzzlerbook.com网站上，想要深入研究的读者不妨一阅。）

我感谢麦克给我上了一堂"1/2说"世界观的速成课。之后的几个月里我同他保持着联系，他明确地向我表示，他不再像从前那样执着于这个问题了。

对哲学家们而言，就这一怪异的虚构问题争论良久，是不是时间的巨大浪费呢？也许是。但也许不是。如果你去问他们，他们会告诉

---

① 奇幻影片 Groundhog Day，电影讲述一位气象播报员在遭遇暴风雪后，每当早晨醒来，都是相同的一天。
② Flatland，英国著名神学家和小说家埃德温·艾勃特（Edwin A. Abbott）所著的科幻小说，书中介绍了二维世界。

你这一问题对高等数学以及关于知识研究的认知论都有影响。

这个问题甚至也表达了对于人类未来的某些思考。或者至少某个角度的推理展现了这样的思考。从这个角度上说，人的出生可以比作睡美人的醒来。睡美人不知道当天是星期几，我们也不知道自己是处在人类历史时间线的何处。

智人是在距今约30万年前出现的。人类还能存在多久呢？几千年？一百万年？十亿年？如果是十亿年的话，我们的存在不过是人类历史的前0.1%。这是不是很怪异？而且也不太可能是真的吧？这就好比从《牛津英语词典》中随机选取一个词，然后这个词刚好是aardvark（土豚）。

我不知道这种类比是否站得住脚。有时候我会认为它合理，有时候则不会。无论睡美人实验的答案究竟是什么，我都希望人类是处在一场漫长实验的第一个星期一。

第十六章

藏词游戏

Cryptics

　　几个月前，我第一次听说了这种令人望而生畏的英国字谜，布兰登·艾米特·奎格利曾把藏词游戏比作器官移植外加结肠镜检查。我觉得已经准备好迎接挑战了，而且也准备好迎接各种情绪：困惑、沮丧、绝望，还有愤怒。

　　我尤其在意的是愤怒。

　　今年，我在与几个谜题缠斗时已经体验过愤怒。我曾把日本逻辑谜题揉成一团，也曾把多面体魔方丢到房间的另一边。

　　但事实情况是，愤怒对于解谜的影响是负面的，对于解决通常意义的问题也只会起到反作用。这并非我个人的见解，而是目前心理学界的研究成果。有些研究表明，我们心情好的时候可以更好地解决问题。正向的情绪有利于我们发挥创造力。愤怒则刚好相反，它会阻碍我们的思维产生飞跃。此外，陷于愤怒之中会让我感觉十分痛苦，甚至毁了我的生活。

　　最近，我观看了一位儿童心理学家组织的

网络研讨会。研讨会的主题类似于"家长平稳度过隔离期指南",我想要利用一切可以获得的帮助。

在网络研讨会期间,这位心理学家给出了这样一条建议:"保持好奇,避免生气。"

我并不觉得一句话会因为押韵就必然有道理,比如"如果手套太小,上了法庭就跑不了"就没有任何意义。但这位心理学家的话语充满人生智慧,的确很有道理。

这位心理学家举了个例子,如果你的孩子因为把模型小船涂错了颜色而发脾气,不要对她生气,而是要好奇。

要好奇的是她为什么如此烦躁,要好奇的是有没有更深层次的原因,要好奇的是对这一问题应该采取什么样的具体措施并避免未来再次出现。

这真是本难念的经。孩子往往都像小疯子似的,他们唯一能做的就是气人。但是我认为这句话里有更深刻的内涵,且不局限于如何为人父母这个方面。面对从健康到爱情,再到友谊,甚至是政治,几乎所有人生中、社会上的问题,是否都可以采取相同的思路来应对呢?

这就是解谜的思维模式。我们面对一个问题,应该思考可能的解决办法,不能沉沦在愤怒的泥沼之中,加深我们的偏见。当然,这个想法不是我提出来的。在我今年的阅读和交流中,这个话题一次又一次地出现,人们用各种不同的比喻,表达着同样的想法。

作家、播客创作者茱莉亚·加勒夫(Julia Galef)谈到了侦察兵型思维方式和士兵型思维方式。"侦察兵"在知识领域中探索,寻找真理,寻找与自身偏见相抵触的信息,寻找这样或那样的证据。而"士兵"则寻求用各种必要的手段打胜仗,他们用动机性推理证实自己的偏见。

此外,人气网站LessWrong在几年前发布过一篇流传甚广的帖子,讲的是错误论和冲突论。它们是看待这个世界的两种方式。冲突论一派认为阶级、种族和政党之间都是零和博弈。而错误论一派则从非零和博弈的角度出发看社会，认为很多社会问题都可以归因于被误解的行为或信念，能够用适当的工具和途径加以解决。双方的观点都有道理，而我认为把重心放在错误论这边对我们更有好处。

心理学家亚当·格兰特（Adam Grant）在其畅销书《重新思考》（*Think Again*）中使用了另一种分类方式，他把思考者分为科学家、传教士、检察官和政治家四种。这四种人当中只有科学家对改变观点持开放态度，其他三种都是动机性推理的践行者。最后，我还采访了大卫·伯恩斯坦（David Bornstein），他是"解决方案新闻网络"（Solutions Journalism Network）的联合创始人，该组织主张发表文章不应该仅仅曝光社会弊病，而要更多地寻求解决方案。他说，我们在思考时应该更多地效仿工程师而不是律师，因为工程师寻找解决方案，律师则收集证据来证明自己这一方的观点。

以上这些比喻有个共同之处，那就是试图让动机性推理和愤怒少一点，让好奇和搜索解决方案多起来。

两种思维方式的较量司空见惯，但我决定把更多好奇、更少生气的原则应用于从谜题到政治，再到养育孩子的各个方面。它可以用来解决微不足道的小事，比如我下周要买什么食材。也可以用来思考大问题，比如政治立场。如果我与持不同政见者对话，我会努力避免口舌之争，而是用对待谜题的思维模式：我们分歧的根源是什么？我们可以做些什么来弥合差异？

这是运用框架思维解决问题的有力方式，即便只是加了"谜题"这样的字眼就会产生区别。假如我听到别人说气候危机，我只会蜷缩在角落里瑟瑟发抖。但如果我听到别人问我"如何解决气候的谜题"，我真的会想办法去解开它。在我看来，这是我们摆脱目前困境的唯一有效方式。

我们都应该更有好奇心，它是人类最伟大的美德之一。我曾经为一家杂志社采访过《危险边缘!》[1]已故前主持人亚历克斯·特里贝克（Alex Trebek），他同我讲到了我也经常思考的一些事情。他说："我对一切都很好奇——即便是我不感兴趣的东西。"这句话听起来有些自相矛盾，或许还很荒谬。但我觉得，如果大家都能像亚历克斯一样，这个世界会变得更加美好。让我们记住这一点吧：ABC（Always be curious，永远保持好奇）。

是时候了

好了，现在说回到这个可能会令人愤怒的英国藏词游戏。我在填字游戏那一章里提到过，英国的藏词游戏不同于美国的填字游戏。藏词游戏将单词玩得出神入化，疯狂且深奥难懂，包括同音词、语意双关，以及暗语。

不喜欢英国藏词游戏的人说它们是过于精英化的难解之谜。有位解谜者将解开它们的过程比作在中学时被人推进狭窄的储物柜。这其中确实有些虐待解谜者的意味。一位非常有名的藏词游戏设计师骄傲地给自己取了个托尔克马达[2]的笔名。

但藏词游戏也有许多爱好者。正如布兰登所说，相比之下，美国的填字游戏看起来有些无聊，而且维度单一。早期的藏词游戏支持者还包括斯蒂芬·桑德海姆。多年以前，他给《纽约杂志》写过一篇文章，题目是《对应"东印度群岛槟榔"的四字母单词是什么以及谁在乎？》(What's a Four-letter Word for 'East Indian Betel Nut' and Who Cares?)。

他想表达的是，他对那些奇奇怪怪的琐碎小事不屑一顾。另一方

---

[1] *Jeopardy!*，由梅尔夫·格里芬（Merv Griffin）创造的美国电视游戏节目，以问答比赛为特色，参赛者以答案的形式获得常识类的线索，并且必须以问题的形式做出回答。
[2] Torquemada，托马斯·德·托尔克马达（Tomás de Torquemada）是15世纪西班牙天主教多明我会教师，西班牙宗教裁判所的第一任法官。

面，文字游戏倒可以带来享受。他写道："好的线索就像神秘的故事，让你体会到不能自拔的愉悦，它看似简单却令人惊讶，它揭露出隐含的意思，在谜题告破时让情感得以宣泄。"

多年来，美国的填字游戏已经变得与藏词游戏有些相似。晦涩难懂的琐碎小事逐渐减少，文字游戏的比例慢慢多了起来，但是在填字游戏和藏词游戏之间仍然有着巨大的差别。

所以，对所有的美国佬来说，倒上蓝带啤酒，再拿个冷鸡蛋，好好读一读这条无疑过分精简的介绍。

藏词游戏的线索分两部分：一方面是直接的解释，另一方面是其中的文字游戏。直接解释是答案的同义词，文字游戏的部分是同音词、回文或者相应字母的其他表现形式。

来看下面这条藏词游戏的线索：

"Only about five do the puzzle."（只有约5个猜谜。）

什么意思？

好吧，我们慢慢说。

线索的前三个词："only about five"（只有约5个）。

"Only"（唯一的；仅有的）是"sole"的同义词。

"Five"写成罗马数字是"V"。

"About"（约；在周围）是藏词的关键，它告诉你字母V是在单词"sole"之中。

这样就得到了SOL（V）E这个词。

或者我们干脆写成solve（解决；破解）。

记住，线索的另一部分是直截了当的解释。在这条线索里是"do the puzzle"（猜谜）。

同样也是solve（解决；破解）。

为什么藏词游戏在英国大行其道，在美国却是小众的爱好？

我采访的一位藏词游戏设计师提出："也许美国人的思维方式更加直接，而英国人的弯弯绕比较多，而且有一种'我怎样才能把自己的生活搞得更复杂'的自讨苦吃的劲头。"我很欣赏他的措辞，"思维方式直接"总比把我们叫作"呆呆"要好听得多。

现在我们要把事情搞复杂一点，然而也更准确：单有一类美国式藏词游戏。这些字谜与英国藏词游戏相似，但是答案往往更显直白。《纽约客》《华尔街日报》都刊登过美式藏词游戏，《纽约时报》偶尔也会推出几期，粉丝群体日益扩大。事实上，上面的藏词游戏线索的例子就是来自理查德·西尔维斯特里（Richard Silvestri）设计的美式藏词游戏。所以，如果你喜欢文字游戏，但又觉得英国藏词游戏太过分，那么美式藏词游戏就是你的茶（这里我也套用英国的习语）。本书350页是莎拉·古德柴尔德（Sara Goodchild）设计的美式藏词游戏。

器官移植

我找到了布兰登说英国藏词游戏几乎令他失魂落魄的电子邮件。布兰登说，想要玩藏词游戏一定要两个人一起，独自尝试是非常困难的。于是，我招募了一名伙伴共同解谜，我的侄女安德莉亚，今年25岁，比我更加擅长填字游戏（别把她跟我另一个侄女艾莉弄混了，后者是拼图高手）。

我打开了藏词游戏。正如布兰登告诫的那样，这几乎没法解。简直就是文字大杂烩。我真想用谷歌去搜一搜。我对借助谷歌完成填字游戏的人没有什么道德上的反对意见。但我自己这些年做填字游戏的时候一直是不用搜索引擎的，所以我还是忍住了。终于，我和侄女解开了一条线索，横向第23条。

"Fans backing style of print."（颠倒打印风格的扇子。）

我们想出这里的"style of print"（打印风格）指的是"serif"（衬线）。

线索中的"backing"（颠倒）是说将"serif"倒过来拼，即"fires"。

"Fires"与"fans"可以是同义词，因为都有"激发"的意思。

这样一来，答案就是"fires"。

接下来的几个小时没有任何进展。我是不会使用谷歌搜索的，那给编辑打电话求助呢？算作弊吗？也许吧。但我实在无计可施。他至少能给我讲讲怎样针对这个字谜进行思考。

我在领英上找到了他的联系方式。原来这位叫作汤姆·约翰逊（Tom Johnson）的编辑是个很讨喜的人，他就像黏糊糊的太妃布丁一样英国。举个例子你就明白了，当他的电脑卡住时，他用来表示惊讶的措辞是"Crikey！"（哎呀！）。而且，他还提出改个时间通话，因为他要收看英国连续剧《加冕街》①。

汤姆是这个字谜的编辑，但不是设计者。字谜的设计师笔名叫作"派布勒姆"（Pabulum；意为精神食粮）。

"派布勒姆设计的字谜难度适中，不过在适中的范围里是最难的。"汤姆说。

别人可不见得这么认为。

我问了汤姆其中几条线索是什么意思，汤姆也被难住了。"问题在于，我开始下一个字谜的编辑，就会忘掉上一个字谜。"

我明白啦！这么说来，即便是藏词游戏的编辑也会遇到麻烦。我感觉好些了。

"纵向第20条是什么？"我问道。

线索是：

---

① *Coronation Street*，英国经典电视剧集，自1960年播出，该剧集主要描写虚构小镇Weatherfield的日常生活。

"Slaughtering hectic shah is wrong."（屠杀忙碌的国王是错的。）

汤姆去答案里找了找。

"啊，答案是Schechitah。"

我从来没听说过这个词。我请汤姆解释一下这条线索。

线索是这样的："Slaughtering hectic shah is wrong."

这里的"wrong"是暗语，意为"线索中有回文词"。如果你将"hectic shah"（忙碌的国王）字母顺序调整一下，可以得到"Schechitah"这个词。

"Schechitah"意为"符合犹太教规范的宰杀方式"，这也正是线索中第一个词"slaughtering"的同义词。

这么简单！

我想让你知道：我是犹太人，还写过一本关于犹太教和《圣经》的书，我居然从来没听说过这个词。汤姆在临别时给我一条建议："从所有可能的角度去思考线索。"

我和侄女又开始琢磨派布勒姆设计的字谜。我们俩轮流上阵，每天都用短信交流各自的假设，验证，回溯。我提醒自己要好奇，不要生气。我的书桌到处都是粉色的橡皮屑。

我解开彼得·戈登的火球字谜用了9天，而对付这个藏词游戏耗时要长得多。五周之后的一个周五下午，我们终于完成了。至少是第一部分。然后我们不得不继续思考同样荒唐的元谜题［将答案的字母顺序重新排列，组成的词是罕见的动物，比如MARTIAN（火星人）或者TAMARIN（狨猴）］。

在这次体验之后，我的侄女告诉我，她再也不想碰英国藏词游戏了。但是我还想继续尝试，至少再去解开几个难度更为合理的。我想要保持对藏词游戏的好奇，而不是被它激怒。我问自己：藏词游戏有什么可取之处吗？在反思之后，我想出来几个。

第一，豁然开朗的感受强烈，这与大多数出色的字谜是一样的。付出那么多辛苦后，破解一条线索的回报看起来格外值得。

第二，我还记得藏词游戏拯救了世界。或者至少是帮助盟军打赢了"二战"。1942年，英国《每日电讯报》在报社举行了一次藏词游戏竞赛。12分钟内解开字谜的参赛者都收到一封去布莱切利园从事密码破解工作的邀请信。这个字谜成了秘密招募工具，帮助吸纳了许多聪明的头脑共同破译纳粹的恩尼格玛密码（字谜见283页）。

《每日电讯报》在竞赛结束的第二天刊登了这个藏词游戏。我之前尝试过，花的时间比12分钟长很多。我想当密码破译员的幻想就此终结。

我从藏词游戏中发现的最后一个优点就是强烈的双关意味。我对双关的感情比较复杂。与多数解谜同好不同，我一开始并不喜欢双关。我总觉得它们带来的痛苦大于喜悦。我的岳父向来喜欢用双关语——多数我都忘了，但有一个令人备感痛苦，与"橄榄"和希伯来语字母表的第一个字母"aleph"有关——我的反应往往是盯着地毯看，好让他觉得没趣就不会继续说下去。然而，这一年的解谜让我的思维更加适应双关语。我已经开始注意到随处可见的双关，根本控制不住（但与已经去世的岳父不同，我尽量不大声地说出来）。我意识到曾经错过了很多可以使用双关语的机会。我最近还想到，我用身体器官安排了一整本书的结构——心、肺等等——结尾居然没有 appendix（既有"附录"之意，也有"阑尾"之意）。

我现在认为，双关语的口碑不好是不公平的。一方面，它们提醒着我们英语的微妙。双关语的核心在于一个词可以有两种不同的理解方式，通常是大相径庭的两种理解方式。英语的词汇更容易一词多用。在《牛津英语词典》中，单词"run"的含义超过600种，这个数字还只是它的动词用法。

这种语义的不确定可以全无恶意（尽管可能会引起抱怨），比如字谜和双关语。但它也会被利用，以干扰我们对重大事件的思考。以"free"这个词为例。"Free"有很多含义，大多时候都是褒义的。比如当你说到"free market"，脑海中立刻浮现出一处自由交易的市场。但如果一个市场是完全"free"的，即没有任何形式的政府干预——那么它可能会出现与自由对立的方面：垄断行业兴起，顾客没有选择的自由，工人们没有与资方谈判的自由。

这一类的谜题培养了我们的怀疑能力，让我们对于一串字母在不同语境下的意思（mean）是什么更加警惕（顺便说一句，"mean"这个单词有16个定义，包括"邪恶的""平均值""吝啬的""意味着"等）。

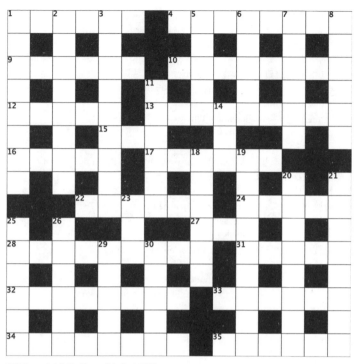

© Telegraph Media Group Limited 1942

横向

1. 演出团体（A Stage company）（6）
4. 圆颅党①喜欢的直接路线（The direct route preferred by the Roundheads）（5，3）
9. 一种常绿灌木（One of the ever-greens）（6）
10. 有气味的（Scented）（8）
12. 有适当结局的进程（Course with an apt finish）（5）
13. 可以和木材商达成许多（Much that could be got from a timber merchant）（5，4）
15. 我们一无所有而且债台高筑（We have nothing and are in debt）（3）
16. 假装（Pretend）（5）
17. 这座城镇准备好迎接洪水了吗？（Is this town ready for a flood? ）（6）
22. 这个小家伙有些啤酒；它让我面无血色，哎呀（The little fellow has some beer; it makes me lose colour, I say）（6）
24. 一个著名法国家族的时尚（Fashion of a famous French family）（5）
27. 树（Tree）（3）

---

① 17世纪中期英国国会中的党派，该派别的特色是成员都把头发剪得很短，因为没有卷发，头颅显得很圆，因此而得名。

28. 可以用这个工具来挖苹果的果核（One might of course use this tool to core an apple）
（6，3）
31. 曾被用作非官方货币（Once used for unofficial currency）（5）
32. 有教养的人帮助它们越过栅栏（Those well brought up help these over stiles）（4，4）
33. 一项匆匆忙忙的运动（A sport in a hurry）（6）
34. 生产这个发动机部件的作坊应该保密吗？（Is the workshop that turns out this part of a motor a hush-hush affair? ）（8）
35. 正常使用的照明（An illumination functioning）（6）

纵向
1. 官方指示，别忘了那些仆人（Official instruction not to forget the servants）（8）
2. 据说能治疗烧伤（Said to be a remedy for a burn）（5，3）
3. 类似于化名（Kind of alias）（9）
5. 令人不舒服的一伙（A disagreeable company）（5）
6. 债务人可能不得不用这笔钱来如此对待债务，除非债主们如此对待债务（Debtors may have to this money for their debts unless of course their creditors do it to the debts）（5）
7. 应该适合任何人的船（Boat that should be able to suit anyone）（6）
8. 传动装置（Gear）（6）
11. 有先见之明的事务（Business with the end in sight）（6）
14. 适合创办家庭幼儿学校的女士（The right sort of woman to start a dame school）（3）
18. 战争（The "war"）（回文）（anag.）（6）
19. 拿锤子敲时要避开（When hammering take care not to hit this）（5，4）
20. 敲钟发出的声响（Making sound as a bell）（8）
21. 14天的一半（Half a fortnight of old）（8）
23. 是鸟，是吃的，也是硬币（Bird, dish or coin）（3）
25. 黄道十二星座之一，与双鱼座不相连（This sign of the Zodiac has no connection with the Fishes）（6）
26. 牙齿的保护部分（A preservative of teeth）（6）
29. 著名雕塑家（Famous sculptor）（5）
30. 火车头的这一部分，高尔夫球手也很熟悉（This part of the locomotive engine would sound familiar to the golfer）（5）

答案见381页。

本章附录

一个历史藏词游戏

这是我所见过最令人伤心的谜题之一。长期设计藏词游戏的约翰·格雷厄姆牧师（the Reverend John Graham）（人称"南洋杉"）通过谜题向读者宣布了自己身患绝症的消息。下面这个字谜发表在2013年的一期《卫报》（*The Guardian*）上，几个月后，格雷厄姆就去世了，享年91岁。"无论如何，这似乎都是件很自然的事，"他说，"看起来挺好的。"

"南洋杉"的19得了18，用了13和15加以治疗。

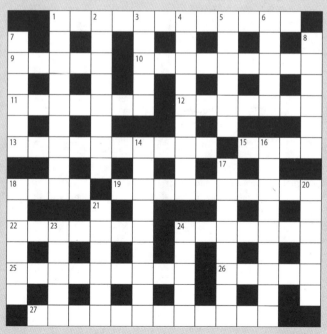

Copyright Guardian News & Media Ltd 2021

第十六章　藏词游戏

横向

1. 从属于市政厅，造成周围的恐慌（Subject to town hall causing milieu's panic）(12)
9. 遭遇狗屋（Encounter dog's home）(5)
10. 南洋杉开始朗诵古诗，带来圣诞节的欢乐瞬间（Araucaria beginning to recite old poetry books, bringing Christmas cheer）(9)
11. 拥有第一头衔的人还有常识？这太糟糕了（Man with a first having common sense? That's terrible）(7)
12. 利物浦的蓝为赶上能源供应商变成绿（Scouse blues go green in time for energy supplier）(7)
13, 15. 应对纵向18，使友好的（比如说）牧师轻松（比如说）[Friendly (say) vicar at ease (say) with arrangement for coping with 18 down] (10, 4)
18. 冰面下101°？（101° under the ice?）(4)
19. 输送食物的，听说没完没了的液体渗出逐渐减少（Food transporter heard to gradually reduce an endless effusion）(10)
22. 并不古老的古老之地？[Place(s) of non-vintage vintage?] (7)
24. 与香皂有关的食物？（Food related to cake of soap?）(4, 3)
25. 看19等等完成的大量再生物（Complete very large reproduction with look at 19 etc）(9)
26. 见纵向第1条
27. 对付纵向第18条的保持沉默的讨价还价（Bargain keeping mum to deal with 18 down）(12)

纵向

1, 26. 与纵向第18条相关的工作者，把外套给工厂女孩和主教杀手的父亲？（18 down worker gives coat to factory girl and father of archbishop's killer?）(9, 5)
2. 北方的海洋藏着爱，可以给予终极的13和15（Northern ocean hides love which could give ultimate 13, 15）(8)
3. 法国作家传球，大学第一个毕业（French writer passed, only first out of university）(5)
4. 把法国老头弄糊涂（Overplay muddle over old Frenchman）(9)
5. 逗留等看意大利王后（Hang about to see the Queen of Italy）(6)
6. 扩张19用的物品（Scamp item to expand 19, for example）(5)
7. 在公路最高点的事故？（Accident on motorway summit?）(6)
8. 缺少姿态的情形（Case lacking in posture）(6)
14. 营私舞弊的罪案处理，放弃行军指挥者的法国人？（Corrupt dealing with crime, the French abandoning the leader of the march?）(9)
16. 格雷的作品（两册？）包含拜占庭争议的开端[Gray's works (in two volumes?) contain opening of Byzantine controversy] (4, 5)
17. 据称是皮肤问题之敌的植物（Plant reported to be enemy to skin complaint）(8)
18. 成长的标志（Sign of growth）(6)
20. 一天结束时胖胖的圆杆子（Fat round Poles at end of day）(6)
21. 奥兹的猛兽，以猫为臣民（Beast of Oz whose subject was cats）(6)
23. 伴随外部编号的维度（Dimension accompanying outside number）(5)
24. 据说是执法官和乐团经理的厨师（Cook said to be lawman and impresario）(5)

答案见382页。

第十七章

寻物解谜和解谜大赛

Scavenger Hunts and Puzzle Hunts

2020年1月,我乘火车前往波士顿,参加年度最盛大的解谜活动"书呆子铁人三项赛"的角逐。好吧,这个名字只是我对它的观感。这项活动的正式名称叫作麻省理工学院解谜大赛(MIT Mystery Hunt)。

而且我的比喻只对了一半。实际上,麻省理工学院解谜大赛所需时间要比铁人三项长很多:整整72小时极为痛苦的精神折磨,间杂着一些豁然开朗的开心时刻。

解谜大赛创立于1981年,吸引了全球约两千名最聪明的人士来到麻省理工学院的校园,绞尽脑汁地破解一些最有难度的谜题。我所说的是没有线索的填字游戏、含有令人费解的符号的幸运饼干、需要代数拓扑学知识才能解答的谜语等等。

如果你的团队能够率先解开全部约150个谜题,你们就可以借助答案找到奖品:藏于麻省理工学院校园某处的一枚硬币。参赛队人数众多，有的队伍甚至超过50人。因为破解谜题需要各有所长的队员——工程师、天文学家、20世纪90年代中期嘻哈乐的专家。你也不知道到底什么样的知识能派上用场。

谜题本身与寻找奖品无关。你必须要弄明白谜题的设计者究竟在想什么。多数情况下，解谜需要深刻的理解力，以便将风马牛不相及的两个领域联系起来。举个例子，先由一系列数字推算出经度和纬度，进而联想到贾斯汀·比伯上一次巡回演唱会去过的城市。

麻省理工学院解谜大赛堪称传奇。它衍生出许多同类型的竞赛活动。高校与企业也会举办解谜比赛。当地的酒吧每月还会举办一次叫作"啤酒解谜"（Puzzled Pint）的全美国解谜竞赛。

此外，还有深受麻省理工学院解谜大赛影响的密室逃脱，这个话题我们后面再展开。

我去麻省理工学院的原因有两个。第一，测试我的解谜技巧。但是我还有另一重动机：我想要了解谜题设计的一些秘密。

正如我在引言中提到的，我的妻子朱莉是"华生探险"（Watson Adventures）策划公司的经理。该公司为公众和企业设计寻宝游戏。朱莉认为，我既然要写一本关于解谜的书，那么可以顺便为她做些事情。于是我就被委以重任，免费给华生探险设计一系列解谜活动。

我格外留意在麻省理工学院的学习机会，在抵达之后不久，我就学到了第一课。

第一课

真正的目的**不在于**难倒解谜者，而是让解谜者齐心协力，联结在一起。

周五上午，我加入数以百计的其他解谜爱好者，聚集在学校礼堂里。谜题设计师们表演了一个幽默短剧来介绍解谜大赛的规则。令所有人感到惊讶的是，今年的短剧有婚礼环节。一场具有法律约束力的婚礼。新郎新娘都是解谜爱好者,在之前的一次解谜大赛上相识、相恋。

新郎说道:"这个周末,我们共同庆祝这场艺术盛典,在这个创造乐趣、与亲朋好友分享快乐的场合,我承诺做你的伴侣。我承诺会用谜题和双关来填满你的生活。经过聪明格式的缜密思考,我要向你承诺,我们的心永远不会像离合诗的首字母那样分隔,你就像迷宫一样给我带来无数惊喜。"

在场的观众反应热烈,纷纷报以叹息、笑声和尖叫。我想起了双关的美好一面。

在短剧之后,人群散开,参赛队前往各自的备赛区。我所属的参赛队到了一间有天窗的教室,里面有白板、数十台电脑,还有乱成一团的电脑连接线。

我的朋友,在TED-Ed[①]工作的亚历克斯·罗森塔尔(Alex Rosenthal)邀请我加入他们的队伍。这支队伍的名字叫作"塞泰克天文学"(Setec Astronomy),是"太多秘密"(Too Many Secrets)的回文。队友见面的时候感觉很亲切,气氛就像是家庭聚会。大家彼此拥抱,嘘寒问暖,聊起各自的孩子、工作,还说起了一位队友与某家给他发了大量垃圾邮件的电脑公司之间的官司。

巧的是,格雷格·普里斯卡——为本书创作了许多谜题的那位——和他的妻子杰西卡也在队里。后者也喜欢解谜,不过没那么执着。她说:"我曾经跟格雷格说过:'这些都是世界上最聪明的人,他们为了破解难到离谱的谜题而来到这里。可他们是不是应该去想想如何攻克癌症才对呢?'格雷格的回答是:'他们当中许多人在每年其余362天里都在努力研究癌症,但这三天一定要来这里。'"

这让我想起了之前说过的卡斯·桑斯坦关于消除文化隔阂的演

---

① 集视频、字幕、交互式问答为一体的开放式课堂视频网站,也是TED在教育领域的分支。

讲。卡斯的研究有许多自由派和保守人士参与。对于问题的争论只会让双方渐行渐远。然而，当共同做填字游戏的时候，他们却能够愉快地合作。

所以，联合国或许也应该举办类似麻省理工学院解谜大赛的活动，我这么说不完全是开玩笑。

第二课

明确主题，全身心投入。

麻省理工学院解谜大赛的150个谜题难到叫人发狂，但这些谜题并非任意拼凑，而是由一个故事线串起来的，也就是有一个共同的主题。

今年的大赛主题是：游乐场。那对现实中的新人将在虚构的便士公园（Penny Park）度蜜月。原来，便士公园即将破产，各参赛队需要找到一枚神奇的硬币，帮助公园清偿债务。

谜题设计者们为了凸显这一主题可谓不遗余力。他们甚至打扮成便士公园里的角色——小丑、蜥蜴、狼——整个周末都身穿全套戏服在各个房间走动。

有一个不易觉察的方面我根本没有意识到，但一个队友指出，开幕短剧中有几个角色的姓名暗示着外国硬币——也就是其他国家的便士。小丑戈比（Kopek the Clown）对应俄罗斯，而宇航员卢马（Luma the Astronaut）则代表亚美尼亚。"噢……"我听了之后深受启发，类似反应之后在这个周末还发生过无数次。

第三课

把谜题的意义发挥到极致。

开始的谜题相对按常理出牌。第一个谜题在周五下午1点准时出现。这是一系列的职业名称，我们必须要想出每一对工作之间的常见联系。谁"表演'万福玛利亚'"？嗯，当然是牧师和四分卫[①]。

"塞泰克天文学家"们用了大概半个小时破解了这一谜题，将与平时一样是单个词的答案提交到了谜题设计师们的网站上。答案正确。下一个谜题解锁。

随着解谜过程的深入，谜题开始越来越古怪，也越来越有创意。有个谜题需要按复杂的针织指令逐步完成，最后用红纱线织出一个精致的物品。还有个谜题让人联想到画图猜词，但不同于画图的是，你与队友们传词达意的方式是煎饼。你需要用五颜六色的蛋奶糊在煎饼上创造出可识别的图案，让队友们来猜测。

有意思的是，麻省理工学院解谜大赛允许参赛者们使用谷歌。但谜题设计独出心裁，谷歌搜索也帮不上什么忙。

所有的谜题都令人叫绝，而且难度极大，不过有时候也令人反胃。几年以前有个谜题的形式是一块尿布包着一团软绵绵黏糊糊的东西，而线索就藏在那团东西里。

今年最恶心的谜题是桌面游戏《手术》（Operation），配有一条"不适合易呕吐的人"的警告。我不是特别容易吐的类型，所以觉得这可能是我立功的好机会。截止到目前，我对于队伍的贡献几乎是零。嗯，这么说可能也不恰当。第一个谜题要求剪纸片，我对用剪刀还算在行，所以由我来剪。但解谜过程中那种恍然大悟，我尚未体会到。

我在电脑上点开了这个"不适合易呕吐的人"的谜题。出现的图案是一个大腹便便的男子，他光着身子，生殖器官被隐去了，就像《手术》游戏里的卡通人体一样。

[①] Hail Mary，可指《圣母经》，是基督传统祈祷文之一，即向圣母玛利亚致敬。美式足球中有一种传球方式也叫"万福玛利亚"，往往是在比赛临近结束，比分仍落后于对方时进行的向前超长距离传球，以求取得达阵反败为胜，因为这种孤注一掷的传球成功几率极小，球在空中飞行时，传球的四分卫要祈祷神助。

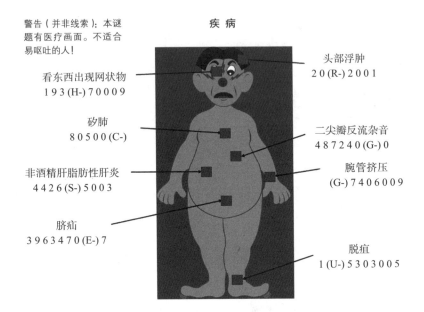

如果点击各个身体部位的话,就会弹出一段真实手术的视频。都是鲜血淋漓的近距离特写。

队里有人——不是我——认为我们应该先搞清楚手术的类型。我们请来队里一位外科医生。"这是脐疝。这是肺移植。这是开颅手术。"

队里另一个人——也不是我——想到了这些手术在保险行业都对应着一个正式代码。这些代码或许能以某种方式组成一串字母,我们可以用来完成页面下方的填空题。

B _ _ C K _ _ E

"这个词会不会是blockage(阻塞)?"我问道。

一阵沉默。

"好样的!"

"你这运气该去玩'幸运大转盘'啊!"一位队友说道。

没错。我没有做任何高难度的工作,但我像初级的游戏节目竞赛者那样填对了词。这令我如释重负。凭着我对《手术》游戏的深刻洞察力，我感觉我的贡献在进一步努力后占到了0.04%。

（注意：blockage不是最终答案。我们又做了约14组字母排列，才得到最终答案tracheostomy，气管造口术。）

第四课

避免套路。

正如我之前说的，麻省理工学院解谜大赛对密室逃脱也产生了极大的影响。密室逃脱在约15年前面世，与解谜大赛相比，规模上小得多，需时也短得多——它们通常需要最多12个人，花一个小时左右的时间破解谜题。这里的噱头在于解谜者是被困住的，他们要通过解谜得到的密码打开房间里的门逃出去。或者是打开冰屋、棺材或别的什么，具体取决于密室逃脱的主题。

如果你喜欢书呆子群体心照不宣的谜题笑话，那么来解谜大赛就再合适不过。麻省理工学院的谜题中有一个是对密室逃脱的戏仿。它并不是真正的密室逃脱，我们拿到的是一段录音，记录着几个醉醺醺的游戏者如何尝试解开谜题，从密室中逃脱出去。我们必须根据这些（虚构的）游戏者语无伦次的表述倒推出密室中的谜题，再来解开它们。这个过程非常有元游戏或者元谜题的意味。

这个虚构的密室逃脱模仿了现实密室逃脱的很多套路，比如在黑光下才能显露的答案等等。

"我喜欢密室逃脱，但是你往往会看到许多相同的谜题，"一位麻省理工学院的解谜爱好者说，"我可不想再看到要用旗语解决的谜题了。"

原来，我的一个队友就在一家密室逃脱机构工作。这种工作是很有挑战性的。你会遇到各种白痴一样的顾客，有故意破坏道具的，有把手指头捅到插座里觉得这样可以解谜的，还有喜欢室内活动所带来的隐秘感，一进来就脱得赤条条的。

许多密室逃脱还面临低俗的单身汉带来的问题。就是说某男子每周都带不同的女伴前来，装作自己是第一次玩密室逃脱。很明显，这样的人寄希望于可以用自己对回文游戏与北约字母表的了如指掌来打动约会对象。

来参加解谜大赛的选手中，有两位刚好是密室逃脱的世界级专家夫妻，住在新泽西州的大卫和丽莎·斯派拉（David and Lisa Spira）。根据最新的统计，他们完成的密室逃脱已经超过900个，此外他们还开设有一个非常诙谐的博客专栏"密室逃脱艺术家"（Room Escape Artist），发表对各类密室的评论。

大卫告诉我，他很早就喜欢上了密室逃脱，确切地说是2014年在纽约第一次完成从密室中逃脱的任务之后。

大卫说，当完成第一个密室逃脱走在大街上的时候，他进入了一种全新的状态。"那种感觉就像嗑了药。你进入一种高度敏感状态，很原始，就好像回到了石器时代，你必须对周遭时刻警惕，因为草丛里随时会蹿出个什么向你扑来。"你会注意到以前从未留意过的事物。大卫说他在完成最初的几十个密室逃脱后有这种感觉，但现在再也体会不到了。"我非常怀念那种感觉。"他说。这让我瞬间想到了我在读到关于风的谜语时的感觉。我了解他的感受。

大卫和丽莎告诉我，有些人正在创作非常有创意的优秀密室逃脱，但也有一些密室逃脱的设计者懒得动脑。如今对于密室逃脱设计中出现的问题都有了专门的说法。"锁头狂欢"（lock orgy）指装了过多锁的密室。"数字煲汤"（number soup）则是过分依赖数字密码的代名词。所以，设计谜题也像其他事物一样，要避免套路。

第五课

不要让人白辛苦。

这个周末，我曾与一位队友合作破解某个谜题，他大声地说：

"这个谜题让我感到很愤怒。我真的非常讨厌它。"他是生气,而不是好奇。

这个令人恼火的谜题包含150个看似毫不相关的图片(泰迪熊、游艇、房屋),这些图片需要通过某种方式关联到一起。这个过程太随机,太不明确。即便麻省理工学院的谜题设计师们有时也会错过标记。

这里有一个大问题,就是谜题需要太多时间完成琐碎工作,而没有足够令人恍然大悟的时刻。比如说今年的一个谜题,需要做个表格把数以千计的细胞列出来。

你要给予解谜者的,是"层层关卡"——偶尔的胜利会让他们有积极性去克服挫败感,支持着他们走到最后。

第六课

要有结局。

周一,我们又聚集在麻省理工学院的一座礼堂里。主持人宣布获胜者是一支叫作"✈✈✈银河系弄潮儿(Galactic Trendsetters)✈✈✈"的参赛队(顺便说一下,飞机的表情包也是这支队伍名称的重要组成部分,要读作"呜呜呜银河系弄潮儿轰隆隆")。

令人惊讶的是,"塞泰克天文学"的大多数成员并没有崩溃的意思。这是因为获胜也并不完全是好事。优胜者要(或者必须)设计下一年度的大赛题目,这可能会花掉几千个小时。我所在的这支队伍在过去五年里赢了两次,这次可以稍事休息了。

一位主持人透露,那枚大奖硬币藏在麻省理工学院某间教室的一个机器里面。他们把那台冰箱大小的东西搬上了台。不夸张地说,这个由废弃电子显微镜制作的设备还是很精致的,而且还装饰着真空管和闪烁的彩灯。如果你将其他16枚硬币投入恰当的孔之中,机器上的锁就会打开,冒出一阵干冰烟雾,之后那枚大奖硬币就会弹出来。

蜜月很成功。便士公园得救了！

新婚夫妇站在前排，接受大家的欢呼。新郎探过身去吻新娘，新娘别过头去（最后一个误导！），然后他们就真的吻在一起了。

我的谜题设计经历

有了在麻省理工学院的学习经验，我准备好完成委托了：为我妻子的华生探险公司设计一个虚拟的解谜活动。"我要做你的老板了，我可是很难缠的，"朱莉说，"这对你要写的书有好处。"

华生探险是我们的朋友布莱特·华生（Bret Watson）在20年前创立的。布莱特曾经与我们在《娱乐周刊》（*Entertainment Weekly*）共事，他喜欢博物馆，但苦于找不到朋友陪他一起去。于是，他创造了一个游戏，留下了非常聪明，甚至是狡猾的线索，然后他让朋友们到博物馆中搜索绘画和雕塑作品中令人惊奇的细节（比如梵高自画像后面的《削土豆的人》）。参观博物馆成了寻宝游戏，只不过寻找的都是很不起眼的信息。

他的朋友们非常喜欢这个游戏。布莱特从他们的热情中得到启发，想把这个当作事业来做。朱莉成了他的第一个雇员，负责公司的业务。他们俩把华生探险做成了真正的企业，招募了其他员工，租了办公室，购买了复印机，办公设备一应俱全。我这个局外人乐见其成，见证了他们的事业不断发展壮大。

如今他们在全国范围内运营着数千个寻物解谜项目。有些是为公司团队建设设计的，有些面向公众，有些则适合婚礼或成人礼的场合。我也尝试过一些。客观地说，我认为这些寻物解谜非常有趣。

我要设计的游戏是虚拟的。因为疫情，博物馆都关闭了，华生探险的业务重心转到了线上游戏。朱莉和布莱特想要创造一款"谋杀之谜"，参与者们将通过视频通话来解谜。

有了参加麻省理工学院解谜大赛的经历，我明白我首先需要确定主题。我和朱莉喜欢的桌面游戏是否可以当作主题呢？以《大富翁》、《卡坦岛》①、《手术》（但我的设计可以不用那些可怕的手术视频）这类游戏为基础设计若干个谜题。

我向朱莉表达了这一点。"以帕克兄弟②的总部为背景如何？"我说道，"但我们可以起别的名字。巴克兄弟（Barker Brothers）。兄弟俩爱上同一位女士，随后引发了桌面游戏工厂中错综复杂的谋杀-自杀事件。"

"嗯，"朱莉说，"你知道我们有很多公司客户，对吧？他们可能要进行团队建设。你确定这种怪异的三角恋爱故事是正确选择？"

明白。与谜题的共同设计者——一位叫瑞安·格林（Ryan Greene）的华生探险员工——探讨之后，我们觉得还是应该选用桌面游戏商店里一款更老少咸宜的谋杀游戏，排除三角恋的情节。要给参赛者们设计10个谜题，每个谜题的答案都是一个单词。10个答案构成一个元谜题（就像本书中的元谜题一样）。把这10个单词放在一起，你就能判断出凶手是谁。

我和瑞安开始头脑风暴。我们选了黑白棋（Othello），努力思索怎样才能把它变成谜题。我们该如何在其中隐藏密码呢？把黑白两色的棋子分别当成摩尔斯电码的点和划？不行，听起来不好玩。

有一件事很快就明朗起来：很难让谜题难易适中。你要创造的谜题不能太简单，但也不能难到近乎不可能完成。正如格雷格·普里斯卡曾经对我说过的那样："创造一个无人能解的谜题再简单不过。"

你需要从解谜者的角度出发看待谜题。你需要避免心理学家和

---

① Settlers of Catan，适合3~4人的模拟建设游戏，玩家作为卡坦岛上的经营者，铺路、建房，进行城市扩展，此外还要防范盗贼侵扰。
② Parker Brothers，美国玩具和游戏公司，于1991年加入孩之宝，《大富翁》便是该公司旗下产品。

作家斯蒂芬·平克（Steven Pinker）指出的"知识的诅咒"[①]，全知型的作者也会遇到这种困扰。你需要用全新的眼光审视谜题，就像是第一次看到它。举个例子来说，我创造了一个谜题，答案是一系列的单词：thimble（顶针）、iron（熨斗）、race car（赛车）、Scottish terrier（苏格兰梗犬）、wheelbarrow（独轮手推车）。

解谜者必须找到它们之间的联系。（如果想自己试试，先不要往下看。）

我无法确定的是，它们都是《大富翁》游戏中的符号，这一点是否过于明显？还是过于隐晦呢？

另外一项挑战是：大量的限制条件。正如我之前提到的，我坚信创造力来自限制。最令人感到束手无策的，无非是给你一个空白的页面，让你想写什么就写什么。

但是，限制条件会不会太多了呢？

作为谜题的设计者，我受限于版权——将锤头鲨与迈克·哈默（MC Hammer）[②]联系起来的想法就行不通，因为我们无法获得哈默的肖像权。

我还受限于是否得体。有个谜题与歌曲和身体部位有关［比如滚石乐队的《在我的拇指下》（Under My Thumb）、Lady Gaga的《扑克脸》（Poker Face）］，我不得不拒绝朋友们将《靓妞有翘臀》（Baby Got Back）放在谜题里的建议。

一周过去了，我们终于设计出了自认为拿得出手的10个谜题。这当然比不了麻省理工学院那些有开创性的题目。但我还是希望它们有

[①] Curse of knowledge，一种认知偏差，当一个人与其他人交流时，假设其他人也具有相似的知识背景与理解水平。最早由几位经济学家在1989年发表的一篇期刊文章中提出。斯蒂芬·平克曾于2012年在一篇文章中指出学术环境中英语应用存在的知识诅咒问题。——编者注

[②] 本名斯坦利·科克·伯勒尔（Stanley Kirk Burrell），美国说唱歌手。

些难度，同时又很好玩。至少，这些谜题都与黑光的使用无关。

接下来是谜题设计最令人有压力的环节，即测试运行。华生探险招募了二三十名志愿者来做小白鼠。在一个周二的晚上，他们全部登录了Zoom，获取流程指示，然后分头到自己团队的Zoom聊天室。

我进了第2组的聊天室观察。这一组是来自弗吉尼亚州的一个家庭，正在努力地破解第一个谜题——与Scrabble类似的字谜，必须要填写字母来拼出单词。

"会是pears（梨）吗？"一个人猜道。

我做了个鬼脸。我真不想看到他们漫无目的地乱猜。

"难道是tears（眼泪）？"另一个说道。

我打破沉默："狮子、老虎……"

"原来是bears（熊）！"一个人说道。

这个提示确实不够巧妙。

一晚上，这样的事发生了几次。我进入聊天室，看着他们挣扎。我开始冒汗，然后透露谜底。

正是在这个时候，我意识到了，我天生就不适合设计谜题，这一点真令我难过。在讲如何设计谜题的《谜题技巧》中，该书的作者之一迈克·塞林克提到了他请人来帮助测试谜题的事：

> 没有被再次邀请回来的都是那些见不得解谜者受苦的人。解谜者们会走过来，拿着被擦成小块的橡皮，说："我解不开！"说"来吧，我给你看答案"的谜题设计师是不称职的。因为解谜者不想知道答案。人们尝试破解谜题是因为他们喜欢痛苦，他们喜欢从痛苦中解脱出来，最重要的是，他们发现自己拥有自行摆脱自身痛苦的力量。解谜者想要从你那里得到的是认可，认可她并没有浪费时间。

底线在于，我不是个十足的施虐者，做不了谜题设计师。我更喜欢受虐者的角色。

我不擅长搞恶作剧也是同样的原因。当我的父亲跟陌生人说我们一家子都在2月29日出生的时候,我无法忍受这样的尴尬,很快,我就会摇摇头,说出实情。

我迫不及待地想要回到那个让我饱受折磨的国度,让我去折磨别人,还是算了吧。

本章附录

三个历史寻物解谜

1）下面是我为华生探险设计的谜题"欢乐涂鸦"。说明如下：

A栏的图片可以与B栏的图片两两搭配，组成一个常用短语。填写全部短语，得到方框组成的一个词即为答案（见383页）。

2）第一届麻省理工学院解谜大赛于1981年举办，作者是学院的学生布拉德·谢菲尔（Brad Schaefer）。当时只有12个谜题，就写在一张纸的正面和背面。获胜的参赛队可以得到一小桶啤酒。谜题中包括一个复杂的数学等式、一个汉语的速记简略字、校园里一根旗杆上的信息等。下面是从中选出的几个谜题，在没有谷歌的年代，想要解开它们还是相当困难的（答案见383页）。想要见识完整谜题（写了足足两面纸呢！），可以登录麻省理工学院解谜大赛的网站一探究竟。

a）距常陈一（Cor Caroli）[①]最近的球状星团。

b）叮当兄（Tweedledum）[②]的rank（等级，或国际象棋棋盘的横格）。

c）"扮演国王的人将受到 ____，我要在他的御座前献上我的敬意。"（He that plays the king shall be ____; his majesty shall have tribute of me.）[③]

d）《圣经》（The Bible）的第一个词。

3）下面是2020年麻省理工学院解谜大赛总共152个谜题中的一个《山猫》。依据惯例，这里是没有说明的。谜底就是一个单词。不要独自尝试。找个伙伴——或者50个队友一起。这个谜题的设计者是贾斯汀·格雷厄姆（Justin Graham）。

[①] 猎犬座中最亮的一颗星，距地球大约110光年。
[②] 《爱丽丝镜中奇遇记》中的角色，有个兄弟叫作叮当弟（Tweedledee）。
[③] 出自《哈姆雷特》第二幕。

山 猫

关于山猫的有趣事实：它们的吼声听起来像是欢呼和尖叫。也许就是这个缘故，其他所有圈养起来的动物都喜欢逗它们。

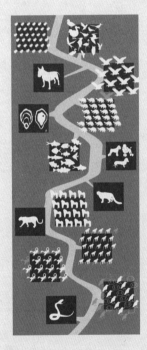

1. 这些动物崇拜天马行空的想象力。
2. 这些动物喜欢待在同一个地方。
3. 请把甜味剂洒在这只动物身上。
4. 这种动物喜欢玫瑰色的民居。
5. 当树倒下时，这只动物大声发出警告。
6. 这只动物为你放火燃烧自己。
7. 这些动物在降水量方面称雄。
8. 这些动物在对流层上空几公里处就可以找到。
9. 这些动物的头上长满软糖。
10. 这些动物在吃了麦金托什的甜点之后可能会掉牙。
11. 这些动物组成了一个欢乐的团体。
12. 当心！这只动物又要开始了。
13. 这些动物要向全球表达它们的快乐。
14. 这些动物会让你摇来荡去，就像在热带风暴中一样。
15. 这些动物在西海岸经营一家小旅馆。

答案见384页。

第十八章

无尽谜题

Infinite Puzzles

送到了。

一个像奥运会体操运动员那么高的纸箱子，裹着黄色的打包胶带，上面印着"易碎品"，寄件人地址是荷兰的一座城市。

我已经等了几个星期。

箱子里装的是一件美好的——也很荒谬的——物件。世界最著名谜题设计师之一专为我设计的独特谜题。几乎可以肯定，它是现存的谜题中最难破解的。

用它为我的解谜生涯画上句号，再合适不过。

在打开箱子之前，让我来跟你说说它的来历。这件事还要追溯到几个月之前，我与一位叫张薇（音译）的谜题收藏家会面的时候。

张薇和丈夫彼得·拉斯穆森住在旧金山湾区，两人拥有世界最出色的中国谜题收藏，因此在谜题界小有名气。几个月前我联系到了张薇，她对我说要到纽约参加一个古玩展，顺便看看一些谜题。她同意与我会面，地点就是她一个朋友在中城区的公寓。

张薇开了门，领我进屋。

"我给你带了个礼物。"她一边说，一边递给我一个白色的盒子。

我打开盒子，拿出一个带壶嘴的绿色瓷壶。

这个壶——中国制造的——是用来装酒的。但它并不是普通的酒壶。实际上，它也是个机关。

"到厨房去，用水把它灌满。"张薇说道。

我把壶放到水龙头下方，试着接满水——但壶里的水到了一定的高度之后，又全都流出去了。

"这个叫平心壶，"张薇解释道，"它提醒我们凡事都要适度，不能过于贪婪。"

原来这壶里另有乾坤，如果你倒太多的酒进去，所有酒会从壶里隐藏的管子流走。如果你想要壶里有酒，就只能倒半满。

张薇解释说，这一类的谜题叫作机关壶或机关杯。你得搞明白怎么倒，或者怎么喝才不会洒。

如你所知，我对于谜题中蕴含的人生哲理如饥似渴。我谢过张薇，也发誓不要那么贪婪（我甚至没有抱怨为什么没给我酒喝）。

张薇打开笔记本电脑，点开一个目录，里面都是她最喜爱的谜题藏品，其中包括两个著名的中国智力玩具。

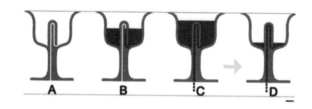

平心杯的横截面。把酒倒至B的程度，你就可以用杯来喝酒。把酒倒至C的程度，根据虹吸原理，所有的酒会从通道中流走。——内维特·迪尔曼（Nevit Dilmen）制图，图片来自Creative Commons

第一个是七巧板。所谓七巧板，就是拼在一起是正方形的七种形状的木板——三角形、平行四边形等。七巧板可以拼出几千种造型——鸟、农民、小船，你能想到的基本都能拼出来。19世纪，七巧板流传到欧洲，西方随即兴起了第一次谜题热潮，拿破仑本人也非常喜欢七巧板。1818年有部法国漫画描绘一位母亲专心拼七巧板，对孩子的哭叫充耳不闻，这简直就是无酒精版本的《杜松子酒巷》[①]，让人不禁联想到一百年之后填字游戏引发的狂热。

另一个非常有名的中国智力玩具就是九连环。张薇给我看了她的一件藏品的照片：一个木棍和铜环制作的九连环。九连环需要极大耐心才能解开，它的历史可以追溯到两千多年前，当时至少已经出现了它的雏形。解开九连环，就是要使所有的环脱离条形横板。

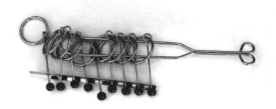

---

① *Gin Lane*，威廉·霍加斯（William Hogarth）的作品，霍加斯是英国皇家学会工艺院院士，也是英国著名版画家。《杜松子酒巷》的前景描绘了一位醉醺醺的母亲，正打开烟盒拿烟草来嗅，对于怀里的婴儿已经坠下浑然不觉。

张薇出生于中国并在1985年移民美国,她告诉我,她第一次见到九连环是在11岁的时候。那是在1966年,"文化大革命"刚开始。张薇的学校已经停课,她的父亲去了另一个城市。

张薇说是数学和谜题伴她度过了那段令人不安的时期。谜题甚至帮她保护食物免遭老鼠侵袭。张薇说,她曾用绳套把家里放粮食的柜子锁起来,她的母亲都解不开,只能等她回来。

有一天,张薇看到别的孩子在玩九连环。"我一下子就被迷住了。"她说。她想借来玩,然后被那些孩子拒绝了。

"你也知道小孩是怎样的,"张薇笑着对我说道,"所以我只好自己做一个。"张薇用窗帘杆上的塑料环和铁皮罐头的边角料做了一个九连环。

我对于九连环特别着迷,因为它在谜题中太特殊了。它的解法是递归的:环越多,解法就越复杂。

解开九连环说起来简单:把所有的环都从横板上摘下来。但问题是,每多加一个环,所需的步数就会呈几何级增长。

解开3个环只需要9步。

4个环需要43步。

解开九连环需要341步。

这是因为要摘下第九个环,你必须首先重复摘下第一个环的全部动作过程,然后再第二个环、第三个环,以此类推。

不妨想象一下,你在跑马拉松的时候,距离每多出一英里,你都需要返回起点完成之前跑的所有序列动作。跑的路线如图所示。

看到了吧?即便只跑到3英里的标志

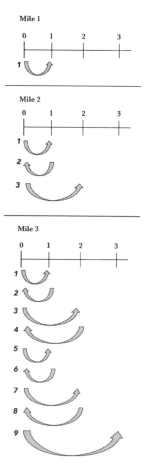

处，你要跑多少个来回？照这样跑的话，如果我把马拉松全程26英里的图表全部画出来，本书的厚度恐怕要超过帝国大厦的高度了。

这就是递归的方法。

张薇翻到下一个页面，给我看她收藏的另一个中国九连环。这一个太吓人了：长度堪比台球杆，有64个环。

要解开这个需要多少步？数以十亿计。太疯狂了。这跟平心壶的精神背道而驰！

传家宝谜题

拜访张薇之后，我回到家，对中国的九连环又做了一番搜索。结果发现，九连环在谜题家族中还是有一些近亲的。这类谜题叫作"传家宝谜题"（generation puzzles），因为要解开它们可能要花几代人的时间。你应该把它们传给孩子们，他们再传给他们的孩子们，这样子子孙孙地一直传下去。

这太棒了！我非常喜欢这种谜题——雄心壮志，还有与子孙后代的联结。一直以来，我都想有个什么东西在我临死前可以传给我的儿子们。最接近我要求的东西是我的祖父给我的西装外套——红白格子的面料，还可以放在意大利小酒馆里当桌布。不过这件外套磨损得厉害，已经很难保管了。

但如果是一个"传家宝谜题"呢？这种东西就很完美。

问题来了：什么样的"传家宝谜题"呢？有九连环，还有汉诺塔（Tower of Hanoi）。你可能见过这个东西。有时候它是当作儿童玩具在卖的。它由三根杆子和一摞圆盘组成。破解的目标是将这些圆盘从一根杆子移到另一根杆子，难点在于你要按照圆盘的大小顺序叠放，大的要放下面。

汉诺塔有时也被叫作世界末日谜题。因为它是一个关于世界末日的印度传说中的主要道具。

根据这个传说,在世界被创造出来的第一天,某座寺庙中的僧侣得到一个巨大的汉诺塔,杆子是由钻石制成的,圆盘——共64个——是黄金的。僧侣们的任务,就是不分昼夜地移动圆盘。当所有64个圆盘都被从一根杆子移到另一根杆子的时候,世界就会在一道闪电中消失。

这才像样嘛!

我得到一个启发:如果我做一个比传说还厉害的汉诺塔如何?如果我的汉诺塔有65个圆盘怎么样?

"这个东西有什么意义?"当我把自己的想法告诉朱莉时,她问道。

"延长宇宙存在的时间啊,"我说,"万一那传说是真的呢。"

但说实话,我之所以会有这个想法,是基于几个原因。

第一,我之前提到过,尝试创造荒谬的世界纪录是我的家族遗传,我父亲就曾写过脚注数量最多的法律论文。

第二,我想要用这个当传家宝。

第三,我觉得这是一个让我们联想到时间之浩瀚的有趣物品。还记得塔尼娅吗,那位俄罗斯数学家,告诉我凝视太空让她感觉像是触碰到了无限。我要用这个汉诺塔拥抱无限。

雅各的天梯①

首先，我需要与别人合作。我通过朋友推荐找到一位木匠，但圆盘那么多，这个汉诺塔的体积会很大：长达18英尺（约5.5米）。要想放在家里的话，我们得想办法把沙发处理了。以我对家人的了解，这个希望不大。

有位朋友建议我联系一位叫奥斯卡·范·德文特（Oskar van Deventer）的荷兰谜题设计师。我在解谜圈里曾数次听说过他的大名。他被认为是最伟大的谜题设计师之一。他设计过许多著名的谜题，其中包括不规则拼图、外部带各种齿轮的魔方等。

奥斯卡曾经为金赛研究所（Kinsey Institute）的性学中心设计过一个阴茎形状的谜题，他发到网上的相关视频引发了一场小小的骚动。有些守旧的解谜者感到震惊。但除了这个荒唐的争议，奥斯卡还是受到广泛尊敬的，有人甚至对他极为崇拜。

我打电话给在荷兰的奥斯卡，问他是否能为我制作一个"传家宝谜题"。

"我考虑考虑，"他说，带着几分荷兰口音，"我不想做一个巨大的九连环或者汉诺塔，那样太没意思了。"

几天之后，奥斯卡把他的计划通过电子邮件发给我：这个谜题应该包括很多小棍和一根金属杆子。谜题的目的在于移走杆子。想要达到目的，你必须转动一系列栓销。这个谜题的解法是递归式的，复杂程度甚至超过了九连环。每到新的一层，需要循环往复四次，而不是两次。

"我们就叫它'雅各的天梯'吧。"奥斯卡说。

我瞬间就被吸引住了。

---

① 出自《圣经·创世记》，雅各在逃离兄弟以扫追杀时梦见一个通往天堂的梯子，上帝在天梯顶端与他说话。——编者注

第十八章　无尽谜题

"它会打破纪录吗？"我问道。

"我还不知道能不能做出来，"他说，"但我可以试一试。"

目前最难破解的"传家宝谜题"是65连环，在收藏家杰瑞·斯洛克姆（Jerry Slocum）手里。它需要$18×10^{18}$步才能破解，那就是18后面有18个0。

接下来几个星期，奥斯卡不断地给我发电子邮件更新他的动态。进展不是很顺利。他尝试用金色的塑料进行3D打印，但打印出来的东西会在高温下融化、扭曲。他很担心成品太大，无法运到美国。中间他还因为粉刷房子休息了一周。

然后，在一个周五的早晨，我起床后看到了奥斯卡发来的电子邮件。他把谜题按照预想的那样做好了。

他制作的雅各的天梯有55个栓销，破解的步数是$1.2×10^{33}$步（1后面还有33位数字）。

或者精确一些，破解它需要：

1,298,074,214,633,706,907,132,624,082,305,023步。

我们这个谜题的难度碾压旧的纪录，超过它13个数量级。

奥斯卡第二天又发来电子邮件，用书呆子气十足的语言解释了破解这个谜题所需的时间长度。举个例子：

> 假设你移动每个栓销的时间是一个普朗克时间[①]，那么在谜题被破解时，整个宇宙都已经衰变为霍金辐射[②]。即便在太阳变成红巨星之前将谜题运离地球，谜题本身也已衰变。
>
> 而且，如果每一步只磨损一个原子，在破解之前，谜题就已被磨损殆尽了。

[①] 普朗克是德国著名物理学家，量子力学的重要创始人之一。普朗克时间即时间量子间的最小间隔，为10^{-43}秒。

[②] 即黑洞辐射，是以量子效应理论推测出的一种由黑洞散发出来的热辐射。

开　箱

某个夏日，我、我妻子，还有我们的儿子们聚在客厅里，一起划开了纸箱的包装。

我取出了雅各的天梯，把它立在地板上。它的高度大概有1.22米，看上去就像个叠叠乐和一个巨大螺丝锥，再加上摩天大厦的主梁组合在一起。

"请看！"我说道。

"破解的步数超过1.2×10^{33}步，"我说，"我们的大脑不可能明白这个数字到底是多少。"

赞恩持保留意见。他告诉我，他以前看过一个视频，讲的是如何认识天文数字。他解释说：可以设想一下，一次投一粒沙子填满大峡谷。当大峡谷被填满的时候，你取一粒沙子放在空地上。然后清空大峡谷，继续用刚才的方式填满它。被填满的时候，再取一粒沙子放在那块空地上。如此循环。

一直循环到空地上的沙子堆到珠穆朗玛峰那么高。做这一切花费的秒数仍然不够10^{33}。

我以后一定要把这个谜题留给他。"这是我听到过最棒的比喻。"我说。

正如我在魔方那个章节中所说，我非常喜欢巨大的数字。它们让我保持谦逊。如果我们人类没有自己搞砸的话，还会有数十亿，乃至数万亿的后代。

然而并不仅是如此。雅各的天梯是我如此热爱谜题的明证。在调研、写作本书的过程中，我了解到解谜可以令我们更善于思考——更能发挥创造力，头脑更敏锐。雅各的天梯不像藏词游戏或象棋棋谜那样可以提供逻辑与创造力的挑战，但它与所有伟大的谜题一样，也让我们学到聪明才智、全新视角、乐观精神有多么重要。而且于我而言，它还拥有一个我特别重视的谜题特质：引人深思。

我半点儿也不擅长打坐并调整呼吸的冥想，但雅各的天梯就是我的冥想方式。我会一边摆弄栓销，一边让思绪在脑海中来去流动。这可以教会我不介意没有结局。正如已故的数独之父锻治真起曾说过的，解谜就是一场旅程：

？ → ！

锻治说关键在于要欣然接受中间的那个部分，那个箭头所代表的解谜之路。不需要执着于结局和完美。

"这与旅程本身有关，不需要在乎目的地！"卢卡斯翻了个白眼说。

"完全正确！"我说，"翻白眼那部分不算。"

我扭动一个塑料栓销。它转起来并不那么容易。转动过程有一定的阻力，就像拧汽水瓶的盖子，然后发出一声柔和的"咔嗒"，扣到了位置。

我转向朱莉。"好啦，该你了。"

家里每个成员都顺从地扭动一个栓销——朱莉，然后是卢卡斯，然后是贾斯珀，然后是赞恩。

至少对我来说，这像是个神圣的仪式，就像我们在光明节点燃烛台上的蜡烛，或者在寺庙里敲钟。我保证每天都会转动一个栓销。或者至少是每星期，或许是每个月。但我们肯定会转的。

"我们已经启程了。"赞恩说道。

没错。

只剩1,298,074,214,633,706,907,132,624,082,305,018步。我发誓，破解这个之后，我再不碰任何谜题。

图1 扭转谜题设计师格雷戈瓦·普芬尼希设计的33阶魔方是吉尼斯世界纪录中最大的魔方（摄影：Daniele Roversi）

图2 3D打印技术让扭转谜题走进了黄金时代，魔方类的谜题也有了千变万化。图为布莱特·屈纳（thatguywiththepuzzle.com）的魔方收藏（摄影：Brett Kuehner）

图3 早期的拼图通常都是《圣经》或君王主题的。图为一个以英国历代君王为主题的19世纪拼图谜题（牛津大学波德林图书馆提供）

图4 现代拼图一般都不是手工雕刻,而是用一种类似于精品曲奇切割器的东西制作的。拼图制作者有时会对不同的拼图使用相同的模切形状。艺术家蒂姆·克莱因利用了这一事实,将不同拼图零片混在一起,创造出令人惊叹的原创画面。这是他的作品《铁马》(Tim Klein提供,puzzlemontage.com)

图5、图6 德国拼图爱好者彼得·舒伯特花了好几个月的时间完成了54000个零片的历史名画主题拼图——最后却发现少了一块。幸运的是几个星期后他从制造商那里找回了那块零片,最终完成了他的巨幅拼图(右图)。左图是彼得拼好的一摞子拼图部分,然后在社区中心将整个拼图连接起来(他的家太小,摆不开整个拼图)(摄影:Daniel Nauer)

图7　Springbok Editions拼图公司在1965年制作了图案为杰克逊·波洛克画作的拼图,并宣称这是"世界最难拼图"(The Strong提供,Rochester, New York)

图8 无意冒犯杰克逊·波洛克,但这可能才是世界最难拼图:史戴夫拼图出品,售价2700美元。这个拼图有一万种拼法,但只有一种正确方法能够让章鱼奥莉薇娅完美嵌入到珊瑚礁背景中。图中则是9999种不正确的拼法之一(史戴夫拼图提供)

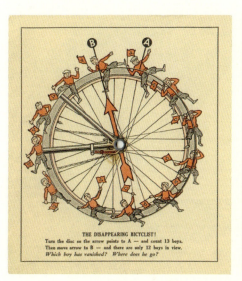 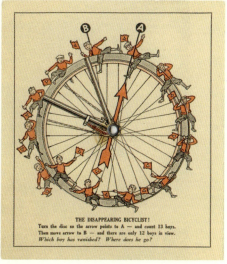

图9、图10 你还记得山姆·劳埃德,那位聪明过人却不可信的19世纪制谜师吧?劳埃德最著名的画谜之一叫《飞离地球》,售出至少1000万份。画面里的地球上有13个人,都是一身刻板的中式打扮。将球面部分置于一个能稍微旋转的轮盘上。轮盘转过一定角度,画面其中一人就会消失。这幅画带有种族主义的意味,所以我不打算在这里展示。但劳埃德还创作了其他不怎么冒犯人的版本,比如上面这个自行车轮的。将轮盘上的箭头指向A,数一下,画面里有13个男孩。将轮盘旋转到箭头指向B,再数一下,只有12个男孩了。哪个男孩消失了?他是怎么消失的?(答案见本书385页;印第安纳大学礼来图书馆,Bloomington, Indiana)

图11 "威利在哪里?"的前身:佛兰德画家老彼得·勃鲁盖尔的《尼德兰箴言》中隐藏了对112条谚语的直观描述,有一条叫作"逆流而上"(CREATIVE COMMONS提供)

图12、图13 中世纪和文艺复兴时期的艺术充满了隐藏象征。我个人觉得最奇怪的就是鹈鹕作为耶稣的象征。有些中世纪的鸟类科学家错误地认为鹈鹕是报复心很强的鸟,它们会吃掉自己的幼鸟。但这些人还相信鹈鹕三天后会后悔,会撕开自己的身体,用自己的血喂养鹈鹕宝宝,让它复活。在当时,鹈鹕所谓的这些行为被视为耶稣死后三天复活的隐喻。我敢肯定,这是除鹳鸟在某种程度上参与人类繁殖的想法之外,我见过最奇怪的与鸟类有关的信仰。图中是一个意大利教堂的彩画玻璃(Wolfgang Moroder提供)

图14 英国艺术家基特·威廉姆斯1979年出版的《假面舞会》中的精美插图,包含了某处埋藏宝藏的神秘线索。整个英格兰都为之疯狂(基特·威廉姆斯提供)

图15 1986年，艺术家麦克·威尔克斯出版了或许是史上最精美的寻物画。他的书《终极字母表》中有26幅画，每一幅都对应一个字母，并包含数百件以该字母开头的物品。全书总共有7777件物品，光是字母S开头的就有1234件，上面这幅图就是（Mike Wilks and Pomegranate Communications, inc.提供）

图16 日本机关盒是令人心动的好东西,收藏者甚至要花40000美元才能买到一个精妙的木质机关盒。上图是一个名为《莲花》的华丽机关盒,是卡根·桑德设计的(Kagen Sound提供)

图17 机关盒领头人物龟井明夫设计了这个咖啡杯机关盒。咖啡表面是锁定的,要用糖块和勺子,以及你的聪明才能打开(Steve Canfield提供)

图18 龟井明夫正在制作机关(Kyodo News/Getty Images提供)

图19 魔术师克里斯·拉姆齐拍下自己打开机关盒的视频发到网上,有数百万的观看量。图中这个机关盒价值30000美元(Chris Ramsey提供)

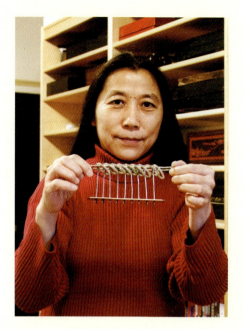

图20-23 张薇（上图）和彼得·拉斯穆森收集了大量中国谜题，包括这件清代七巧壶，只有搞明白要怎么喝或怎么倒是对的，酒才不会洒。还有一只九连环发簪，也是清代的。右下图则是一套19世纪的七巧板瓷盘［张薇夫妇与Classical Chinese Puzzle Foundation提供；摄影：Niana Liu（七巧板和九连环），German Herrera（七巧壶）］

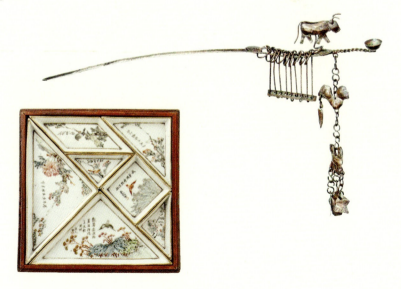

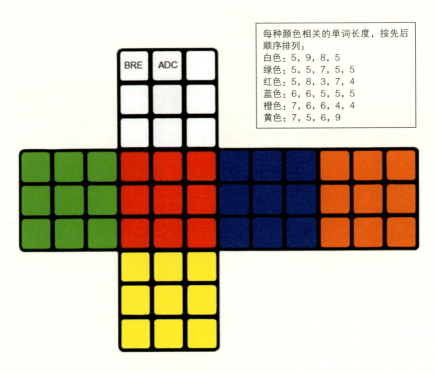

ACK	ADC	ALA	APE	BEL	BER	BLO	BON	BRE	CEN	CHI	DES	DFE	DTH	EBL
EHE	ELZ	ERW	EST	ETG	HAM	HAN	HAR	HOC	HOE	IAN	INE	INO	ITH	IZA
LAG	LEP	LIE	LIU	MAR	MCO	MER	NAC	NAM	NET	NGT	NTE	OLA	OON	OTH
OTT	RDW	RES	RNS	RRI	RYP	SPE	SSO	STO	SUB	SUE	SUR	TEE	TEY	TLA
TRH	UMB	UNT	VER	YJU										

图24 格雷格谜题大挑战中的三阶魔方。黑白版本见本书321页 © GREG PLISKA

格雷格谜题大挑战

你已经猜出了古巴比伦谜语的谜底,破解了"二战"时期的暗码。现在回到当代,迎接格雷格·普里斯卡为本书全新打造的原创谜题大挑战吧。(本章脚注也出自格雷格。)

接下来,你会看到18个谜题,每一个都对应本书中的一个章节,如填字游戏、魔方、象棋棋谜等等。

每个谜题的答案都是一个单词或短语,但有的谜题解开后直接就得到这个单词或短语,有的还需要以解谜得出的单词或短语为线索进一步找出作为最终答案的单词或短语。

这样的单词或短语共有20个,对于破解本书354页最终的元谜题至关重要。(注意:第12号谜题"希腊人对罗马人"和第13号谜题"我们是谁?"的谜底都对应两个单词。)

以下是来自格雷格的几个秘诀,可以助你在破解这些谜题(实际上是任何谜题)的时候最大限度地享受快乐,收获成功:

- 可以使用参考资料。更重要的是,破解这些谜题靠的是逆向思维、灵感迸发,以及细心的分析。但它们通常也会涉及你感觉很陌生的领域或典故。如果是这样,干脆直接查找答案!这不是期末考试,也不是比赛;这是要让自己开心,如果你卡住的原因是不知道1942年必利时锦标赛（Preakness Stakes）冠军马的名字，直接到网上搜一搜①。

- 如果你卡壳了，可以尝试从另一个角度看待谜题。如果还是一无所获，那么就先把谜题放下，喝杯咖啡，出去跑跑步，打个盹——总之去做点别的事，让你的脑子摆脱刻板思考的沟壑，说不定就会转到灵感迸发的道路。

- 如果仍是毫无进展，不妨看看本书356页开始的提示。或者登录我们的网站thepuzzlerbook.com查找更多的线索。也可以问问朋友——有时候两个人的智慧确实可以胜过一个人。

- 谜题名称和下方挨着的斜体字都是线索。想想我们为什么会为某个谜题选择那样的名称，用斜体字做那样的表述（也叫作背景叙述）。我们做出的选择和表述都不是出于随意，这些特定的语言往往会给你带来启发②。

- 解谜的顺序随意。最后一个除外，元谜题"重大秘密"只能留到最后破解。

- 得到一组答案之后，有时需要从每个答案中各取一个字母来拼出最后的谜底。在离合诗当中，每个单词的首字母可以拼在一起。而对于有些谜题，可能会有一个数字表明该取第几个字母——并非都是第一个！

- 要善于利用括号中的数字。当你看到"Author AJ（6）"这样的线索，数字6表示答案的长度，也就是有6个字母。有些情况

---

① 1942年必利时锦标赛的冠军马叫艾尔萨布（Alsab）。由于不知道这一点（也不知道《吉尔·布拉斯》的作者是谁），我在美国填字游戏锦标赛最后一轮对着字谜呆坐了五分钟，最后输掉了比赛，当然，比赛的时候是不允许参赛者查东西的。

② 我曾经和我最聪明的解谜爱好者朋友盖伊·雅各布森——他也是本书谜题的测试者——一起做过寻物解谜"海岸线之间的争论"（Intercoastal Altercations）。题目说明中提到一群鸟分散在全国各地，我们的任务就是要把它们落脚的不同城市找出来。盖伊转向我说："我敢说，元谜题的答案是PHOENIX（凤凰）。"几个小时之后，我们破解了所有的谜题，也解开了元谜题，那个答案果然是PHOENIX。

下，你会看到表示长度的数字和表示顺序的数字同时出现，比如"Puzzlemaker Pliska（2/4）"表示你要用4个字母长度的答案中的第2个字母（即GREG中的R）。
- 网站thepuzzlerbook.com提供谜题的PDF文件下载。有两个谜题（魔方和拼图）在有颜色的情况下可能更容易解开。网站上的PDF文件是有颜色的。如果你下载并打印拼图，就用不着拿剪刀破坏这本书啦！
- 束手无策的话，可以在thepuzzlerbook.com网站上给我们留言。我们想让你接受挑战，但也希望你能获得乐趣。如果用尽所有手段也解不开谜题，或者你认为发现了错误或语义太含糊，一定要告诉我们！我们乐于提供帮助。

谜题设计：格雷格·普里斯卡（https://exaltation-of-larks.com）
第16号谜题由莎拉·古德柴尔德（@sarathegood）设计

1 格雷格谜题之"谜题之谜"

"谜题之谜"的谜题

解谜者对人们为何团结的谜团感到迷惑不解。

1. 非洲羚羊
2. "ERST"（往昔）一词的常见填字游戏线索
3. 将习语"_____ and away！"补充完整
4. 背风群岛（Leeward Islands）上的旅游胜地
5. 中国著名古典钢琴家
6. 报童的呼喊
7. 德国的温泉疗养城市
8. 莎士比亚戏剧里一段独白中"brief candle"（瞬间的灯火）之前的字眼
9. 在歌曲"Watch Me"当中与whip（绕转步）配对的舞步
10. 雷蒙斯合唱团（Ramones）中的贝斯手

2 格雷格谜题之填字游戏

数据错误

　　A. J.（本书作者的名字首字母缩写）和G. P.（格雷格·普里斯卡的名字首字母缩写）第一次同时出现在一个填字游戏里！

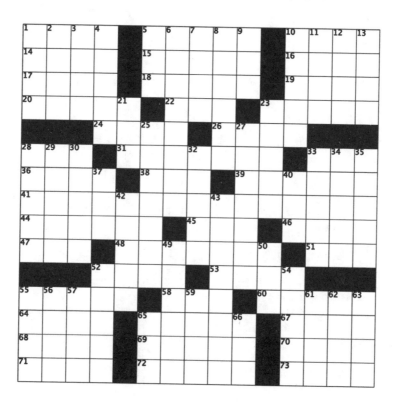

横向
1. 由希瑟·海德利（Heather Headley）饰演的百老汇音乐剧角色
5. 唱片较少有人播放的那个部分
10. 暴风雨之前的寂静状态
14. （与……）有关系
15. 20世纪60年代的视错觉绘画风格
16. 专长
17. 北极的危险障碍物
18. 巴考尔（Bacall）的爱人的昵称
19. 屏幕上的图标
20. 将"＿＿＿ alive!"（表惊讶，含义类似于My Goodness）补充完整
22. 一个冬季月份的缩写
23. 单枪匹马地
24. 享受书籍的快乐

26. 《尼伯龙根的指环》中的大地女神
28. 将____ de los Muertos（亡灵节）补充完整
31. 时间消逝了
33. 给代办人的10%
36. 草案分类
38. 将格拉夫顿（Grafton）的小说 ___ for Innocent（《无辜的首字母》）的书名补充完整
39. 拂去的尘土或撒在某物上的粉
41. 有些袜子洗过之后，或者这个填字游戏里的12个字母配对（第13个或许可以描述它们所代表的错误）
44. 凡事只想到自己的人？
45. 它在曼哈顿与st.（街）交叉
46. 朗·霍华德（Ron Howard）演艺生涯的早期角色
47. 圣诞季节的饮料
48. 不是太快的
51. 将Singjay（演唱与DJ的结合）风格的早期开创者的名字 ___-A-Mouse补充完整
52. 汽车喇叭发出的声音
53. 电脑键盘的按键
55. 冰上溜石游戏、爱尔兰式曲棍球等
58. 托尔金小说中的生物
60. 黑色星期五的活动
64. 将 ____-Seltzer（生物碱–塞尔策片）补充完整
65. 日记作者宁（Diarist Nin）的名字
67. 蝌蚪有但是青蛙没有的器官
68. 爵士钢琴家艾伦（Allen）和歌手哈莉维尔（Halliwell）的名字
69. 公交车站
70. 《黑白魔女库伊拉》（Cruella）中斯通（Stone）或汤普森（Thompson）的名字
71. 将纽约第一位黑人议员的名字 ____ Clayton Powell, Jr.（小克莱顿·鲍威尔）补充完整
72. "安静的"一词的缩写
73. 植物或牙齿下面的部分

纵向

1. 2021年英国超过9100万人次做过的
2. 英格瓦·坎普拉德（Ingvar Kamprad）创立的公司
3. 效力独行侠队21个赛季的诺维茨基（Nowitzki）的名字
4. 刘易斯·布莱克（Lewis Black）在《头脑特工队》（Inside Out）中配音的角色
5. 抢走
6. 两个重读音节相邻的诗律格式
7. 《奥赛罗》（Othello）或《阿拉丁》中的角色名
8. 某人执掌方向盘
9. 法国人在太阳下炙烤的时候
10. 拼字蜜蜂冠军阿万加尔德（Avantgarde）的名字
11. 音乐领域，以弓拉的
12. 拳击手斯宾克斯（Spinks）的名字
13. 马鬃
21. 被评为R级的常见原因
23. 说得通
25. 有一点
27. 极为尴尬的
28. 2021年的24位美国参议员
29. 《公主新娘》（The Princess Bride）中的角色蒙托亚（Montoya）的名字
30. 著名预言家
32. 旧时的咒骂语
33. R. E. M. 乐队的迈克尔（Michael）的姓氏
34. 与《美国恐怖故事》（American Horror Story）相似
35. 福特公司著名的失败尝试
37. 将常用短句"What Kind of Fool ___?"补充完整
40. 将巴西的地名 ____ Paulo补充完整
42. 资产负债表的项目
43. 房东的威胁
49. 节目的开头部分
50. 12个月的缩写
52. 头盖骨的内容物
54. 啤酒的一种
55. 长篇的故事
56. 曾经说"无罪"
57. 用来做甘宝汤（Gumbo）的食材
59. 以葡萄园闻名的山谷
61. 明星的汽车
62. 易怒的芝麻街木偶
63. 捷克、斯洛伐克等
65. 家居安防系统的首字母
66. R至V之间的字母

3 格雷格谜题之魔方

三阶魔方

我们发现了五颜六色的魔法。

这个展开的魔方的六个面都是传统颜色：白、绿、红、蓝、橙、黄。将三个字母的组合拼成4或5个彼此相关的单词或短语。在拼这些三字母组合的时候，这些单词都是按字母表顺序排序的；下面的文本框提示你每个颜色相关的单词组的字母长度。

举个例子，BRE和ADC可以组合成BREAD（面包，与白色搭配），

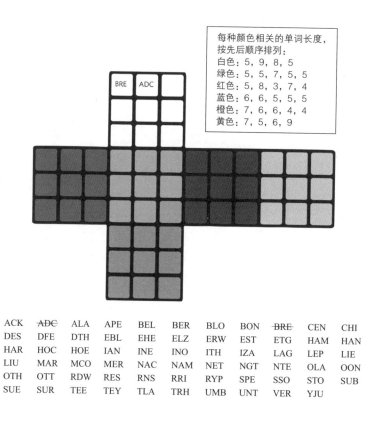

每种颜色相关的单词长度，按先后顺序排列：
白色：5, 9, 8, 5
绿色：5, 5, 7, 5, 5
红色：5, 8, 3, 7, 4
蓝色：6, 6, 5, 5, 5
橙色：7, 6, 6, 4, 4
黄色：7, 5, 6, 9

ACK	~~ADC~~	ALA	APE	BEL	BER	BLO	BON	~~BRE~~	CEN	CHI
DES	DFE	DTH	EBL	EHE	ELZ	ERW	EST	ETG	HAM	HAN
HAR	HOC	HOE	IAN	INE	INO	ITH	IZA	LAG	LEP	LIE
LIU	MAR	MCO	MER	NAC	NAM	NET	NGT	NTE	OLA	OON
OTH	OTT	RDW	RES	RNS	RRI	RYP	SPE	SSO	STO	SUB
SUE	SUR	TEE	TEY	TLA	TRH	UMB	UNT	VER	YJU	

剩下的C是下一个与白色相关的九字母单词的首字母。

这一谜题的彩色版见本书彩页图24。你也可以把答案写在上面的黑白画面中。

想出单词是什么之后，你可以把它们填写在对应颜色的面，每个方格填一个三字母组合，把所有方格填满。白色的前两个方格已经填好了。

魔方的方格都填满时，剩下的几个三字母组合可以重新排列，再拼出线索（５６６４７５）进而得出答案。

（也可在thepuzzlerbook.com/rubiks下载到本谜题的彩色高清版本）

4 格雷格谜题之回文字谜

诗谜回文

我们调查了所有可鄙的文字游戏。

全国解谜者联盟的"flats"（诗谜回文）是一种独特的诗体谜题，其中的几个单词已经被线索词代替，所谓"线索词"，实际是句子当中占据单词位置的全大写字母，而被代替的单词则是答案。

将下面六个框起来的单词按顺序排列，就能得到回文字谜的线索。

1. 同音异形词

同音异形词的发音相同但拼写不同，比如right和write。下面的同音异形词中有些外语借词。

我没出生在好年代，对于社会的看法不合时宜。
几位歌曲作家救了我。我B他们良多，该对他们表示谢意。
"A，女士，要端庄稳重。"格什温兄弟（Gershwins）写道——我完全赞同！
畅饮佳酿"生命之C"的感觉美妙又轻松！
克罗斯比（Crosby）与凯利（Kelly）欢快地歌颂着D社会的快乐，
我喜欢加入他们，因为我中意科尔·波特（Cole Porter）。
最令我激动的还是欧文·柏林（Irving Berlin）的创作。
如果"高顶礼帽"和燕尾服都不对，那我宁愿在幸福中继续犯错！

A = ▢ _ _
B = _ _ _
C = _ _ _
D = _ _ _ _

2. 锁扣

在本字谜中，FIRST的后五个字母与SECOND的前五个字母相同。当你把重叠的字母从两个词中去掉——就像这些字母重合在一起，被锁扣锁住了——剩余的四个字母（FIRST和SECOND各保留两个字母）可以拼出THIRD。比如说：RUSHING + SHINGLE = RULE。

70年代时候我是一个FIRST，
沉湎于身-心-灵不能自拔。
尝试过拉姆·达斯（Ram Dass）、佛陀、爱德加·凯西（Edgar Cayce），
通神学、印度教经典，还有一切令人精神恍惚的东西。
如果你是个爱打赌的人，你一定已经SECOND，
只要是怪异的东西，肯定就会吸引我。
造就这种行为，这种荒唐的热情的原因是什么？
这些时尚填满我心中的空虚，满足了我内心深处的THIRD。
现在我更加务实，不再相信这些潮流，
但在70年代，我可是个FIRST！

FIRST = _ _ _   _ _ _ _
SECOND = _ _ _ _ _ _ _
THIRD = ▢ _ _ _

3. 去尾

把字母多的单词（是个专有名词）的最后一个字母去掉，成为另一个单词。

"如果不是你的东西，孩子，你就不能拿！"
普京的母亲总会这样批评年幼的弗拉德。
但当俄罗斯接管了LONG，谁也不敢说这样的话。
这是SHORT，可普京只会说："太糟糕了！"

SHORT = _____
LONG = _____

4. 首字母变化（LOON，MOON）
删字母（MOST，MOT）

在首字母变化中，把某个单词的首字母换成另一个字母，可以得到另一个单词。在删字母中，把某个单词中的字母删掉，就可以得到另一个单词。

MOST和LOON是自然界中的MOT
两者的友谊并非超出MOON，
就像80年代迪士尼的卡通片里的
动画角色那样。

MOST = _____
MOT = _____
LOON = _____
MOON = _____

5. 逐项递减

题目看起来很复杂，但文字游戏本身很简单。从一个七字母单词开始，该单词首字母大写。去掉一个字母，将其余字母的顺序重新排列，可以得到新的单词。再去掉一个字母，将其余字母的顺序重新排列，可以得到另一个新的单词。以此类推，最后得到的新单词是三个字母。（五个字母的单词是专有名词；六个字母的答案实际是两个单词，首字母通常要大写。）

尽管你因为《溜冰场》（*The Rink*）获得托尼奖，
凭《蜘蛛女》（*Spider Woman*）再次出名，
但《西区故事》（*West Side Story*）才是你最成功的THREE。
六十年来，你在戏剧界展露才华的FOUR依然不减。
亲爱的FIVE·里维拉（*Rivera*），你应该歇歇了！
试试瑜伽、SIX、气功——或者出国游玩，
在托斯卡纳的落日下啜饮SEVEN。
这样的消遣是你应得的，我们还会为你鼓掌喝彩！

SEVEN = _ _ _ _ _ _ _
SIX = _ _ _ _ _ _
FIVE = _ _ _ _ _
FOUR = _ _ _ _
THREE = _ _ _

6. 换掉重复字母

将第一个单词中重复出现的字母换成其他字母，构成第二个单词。

我的书都按照SECOND的顺序
摆放在书架上。

要是把它们弄乱,我可受不了。

我有空就会检查一下。

咦!今天怎么少了一本!

怎么办?我怕极了!

就在《贝奥武夫》(*Beowulf*)和《黑孩子》(*Black Boy*)之间,那本FIRST哪去了!

FIRST = _ _ _ _ _
SECOND = | _ _ _ _ _ |

以上方框里的答案就是这个回文字谜的线索:

| _ _ ! | _ _ _ _ | _ _ _ _ _ | _ _ _ _ | _ _ _ | _ _ _ _ _ |
| A | THIRD | SHORT | MOT | THREE | SECOND |

这是一部20世纪90年代的电视剧,可以将线索中的字母顺序重新排列,得到五个单词的剧名是:_ _ _ _ _ _ _ _ _: _ _ _ _ _ _ _ _ _ _ _ _ _ _ _ _ _ _ _ 。

5 格雷格谜题之画谜

标志与符号

我们试图解读这些标志。

下面的图片对应着11个有共同之处的单词或短语。解开每个画谜，然后用提示的字母拼出线索，得出本谜题的最终答案。

每个画谜下方的数字表明该单词的字母长度以及取第几个字母。例如第一个画谜下方的（2/6）表明要从一个六字母的单词中取第二个字母。

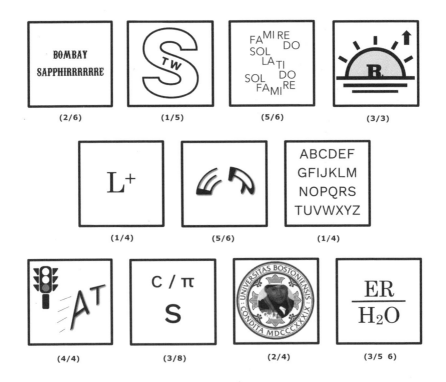

6 格雷格谜题之拼图

完美组合

即便是亦敌亦友的人也可以去豪华露营和放松休闲。

（登录网站thepuzzlerbook.com/jigsaw可下载本谜题彩色版本。）

下一页有12个正方形的拼图零片，正方形的每条边上有一个图案。括号中的数字表明图案所示的单词长度。

将这些零片剪开，重新组合成4 × 3的网格，相邻的两个图案代表的两个单词可以构成一个紧缩词，即将两个单词的发音和含义合并构成一个新词。比如说，friend（朋友）和enemy（敌人）可以紧缩成frenemy（亦敌亦友）。

在完成的网格中有17个紧缩词。我们按这些紧缩词的字母顺序列出了它们的简要描述。零片组合正确时，外缘图案对应的单词可以组成一条提示本谜题最终答案的信息。

紧缩词描述（按照答案的字母顺序）：
- 运输服务公司
- 政治术语
- 饮料品牌
- 美国联邦法定假日
- 游戏和娱乐特许经营权
- 在线游戏平台
- 肉类产品
- 蔬菜
- 评论网站与应用
- 鸡尾酒
- 儿童小说系列
- 时间单位
- 犬的品种
- 甜品
- 电影片名
- 厨房器皿
- 体育术语

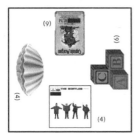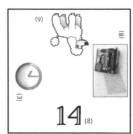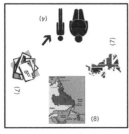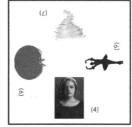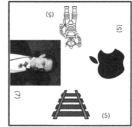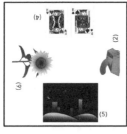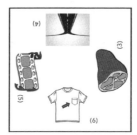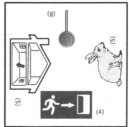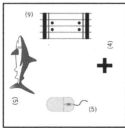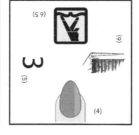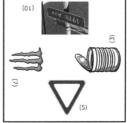

7 格雷格谜题之迷宫

我们的目标就是让你开心

我们穿过几个迷宫,要把它们打成结。

在下面的迷宫中,找出两个边框加粗的方格——以箭头为起点,以靶子为终点——之间的最短路线,即经过的方格最少。以起点箭头的方向开始,按下列规则逐格移动:

迷宫1—3:你可以向脚下箭头所指方向的任何方格移动,探访沿途经过的每个方格。如方格中是双箭头,则可以任选一个方向移动。

迷宫4—6:同1—3,但必须黑白箭头交替。

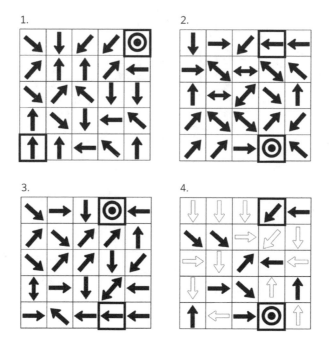

格雷格谜题大挑战

迷宫7：你只能向脚下箭头所指方向的一个方格移动。如方格中是双箭头，则可以任选一个方向移动。

我们建议你标出探访过的每一个方格，包括起点和终点。

5.
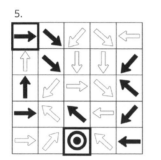

6.
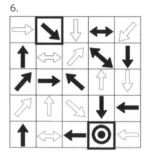

7.
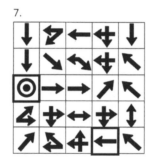

8 格雷格谜题之数学和逻辑

A. 最新时装

重要的是谁在何时登场,展示了什么,数量多少。

5位时装设计师[包蒂斯塔(Bautista)、夸梅(Kwame)、美凤(Meifeng)、尼基塔(Nikita)、萨尔曼(Salman)]今天下午发布了他们的最新设计,每一位设计师都选用了不同的面料:羊绒(cashmere)、灯芯绒(corduroy)、纯棉(cotton)、平纹细布(muslin)、塔夫绸(taffeta)。他们的展示开始时间从1点到5点,展示时长各一个小时;每一位设计师展示的套装数量从1套到5套,各不相同。

根据下面的五句陈述,确定每一位设计师的展示时间,以及他们选用的面料、展示的套装数量。然后使用所有信息,细读表格中的所有内容,得出本谜题的最终答案。

时间	姓名	套装数量	面料
1点			
2点			
3点			
4点			
5点			

1. 萨尔曼选用纯棉面料进行设计,展示套装数量是前一位设计师的两倍,前一位设计师选用的面料是灯芯绒。
2. 尼基塔和夸梅(后者从来不用塔夫绸)共展示了6套套装,展示的顺序是其中一位紧接着另一位。
3. 选用羊绒的设计师在展示5套套装的设计师之后3个小时开始展示。

4. 包蒂斯塔的展示顺序与套装数量相同，都是偶数。

5. 塔夫绸套装的数量大于平纹细布。

B. 真实的数字

我们选几首热门单曲归纳它们与旋律无关的元素。

本谜题中，我们先整理一份最喜欢的歌曲清单，这些歌名中至少有一个数字。然后把歌名缩写，保留完整数字和单词的首字母。比方说，*99 Bottles of Beer on the Wall*（《墙上的99瓶啤酒》）用99 B O B O T W来表示。

最后，我们用一个空格替换每个歌名中的一个字母或数字。空格上的字母或数字按以下顺序排列，可以拼出线索，进而得出本谜题的十个字母的答案。我们还列出了一些艺术家的名字，作为解题的辅助——但这些艺术家是以字母顺序排列的，不一定对应左边的歌名。

1 S F , 3 S ___	亚莉安娜·格兰德（Ariana Grande）
9 I T ___	披头士乐队（The Beatles）
___ O 69	鲍勃·马利与恸哭者乐队（Bob Marley and the Wailers）
___ O 17	布莱恩·亚当斯（Bryan Adams）
3 L ___	芝加哥乐队（Chicago）
___ 1 B T D	戴夫·布鲁贝克（Dave Brubeck）
50 W T ___ Y L	四季乐队（The Four Seasons）
___ O 1000 D	杰斯（Jay-Z）
99 ___	雷纳·史金纳乐队（Lynyrd Skynyrd）
2 ___ O 3 A B	肉卷（Meat Loaf）
G 3 ___	奥利维亚·罗德里戈（Olivia Rodrigo）
___ G B（500 M）	迪斯科瘪三（Panic! at the Disco）

___ 5 　　　　　　保罗·西蒙（Paul Simon）
___ W D 4 U 　　　普林斯（Prince）
25 ___ 6 T 4 　　　宣告者乐队（The Proclaimers）
19th ___ B 　　　　皇后乐队（Queen）
___ N A 　　　　　滚石乐队（The Rolling Stones）
___ D A W 　　　　搜索者乐队（The Searchers）
D 63（___ W A N）　史迪薇·尼克斯（Stevie Nicks）
7 ___ 　　　　　　白线条乐队（The White Stripes）
L P N ___ 　　　　威尔逊·皮克特（Wilson Pickett）

9 格雷格谜题之暗语和密码

重新合成

你必须自行摸索规则。

我们列出11条线索，将其中的空格与标点全部去掉，然后根据一个特定的规则转换了每条线索。你必须摸索出转换的规则，将线索复原，再将线索所得答案按该规则转换，得到一个新的单词。

这样得到的11个单词有某种共同之处。括号里的数字表明从新的单词中选取哪一个字母以及单词的长度。比如说，（3/6）表明要从一个六字母的单词中取第三个字母。选出的字母可以拼出包含两个单词的名字。

1. CORNCTRLONDELTHEESCBLANKTAB（3/6）
2. TINGERXHOSECIGIITXASLISSGROMBSOSE（2/4）
3. GLYDEDOWNHYLLLYKELYNDSEYVONN（1/3）
4. PNOITATIPICERMGNIXIRNIAADNSWON（1/5）
5. USAUTRALIANILWIDOGDOROFRMAMFAOUSERMEYLTRSTEEPINLIE（1/6）
6. LZUNDMZUASUREEZUUALLING4ZU40SZUUAREYZURDS（5/5）
7. PRESIDENTPOFPMOSCOWPORPSTPPETERSBURG（4/8）
8. WODRIGHTTHTAIGHTCNAIGHTFOLLWOIGHTHIEVIGHTMASTREIGHTROIGHTNEVREIGHT（1/8）
9. PEOIBTOXPERITEATMENTPEAITRGET（4/10）

10. ANBCYDOEFMESTICFEGHLINE（5/5）
11. HAPPOBBITSHAPPOMEIAPPNLAPPORDOAPPFTAPPHERAPPINGS（5/8）

10 格雷格谜题之视觉谜题

穿越边境

我们来展示一个事物可以同时出现在两个地点。

下面是13组国家的轮廓图,每组的两个国家的首都位置被重叠放置了。每组的两个首都城市名的拼写也被混在一起,但各自的先后顺序并没有打乱。

每一组两个国家的名字是等长的(英文字母数相同,不计空格与标点)。你认出是哪些国家之后,可以从每一组中抽取一个字母,拼出与本谜题主题相关的一个短语。

(每一组的两个国家比例大致相当,但不同组之间的比例则不一定相同。)

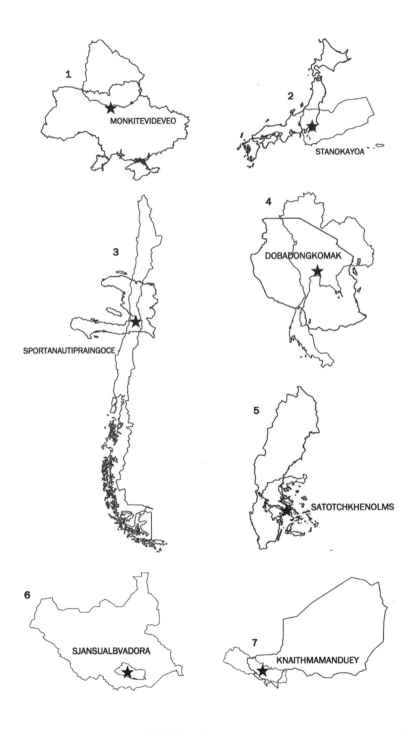

格雷格谜题大挑战

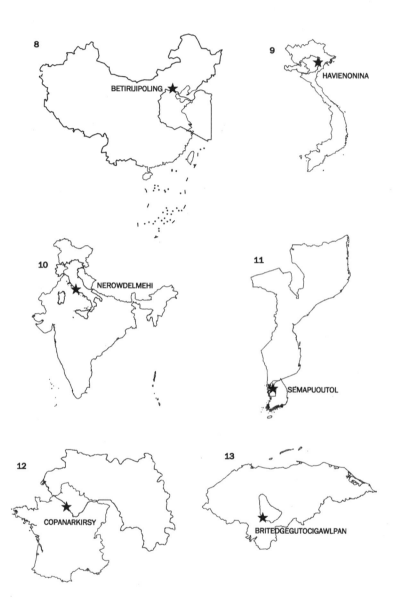

11 格雷格谜题之数独和聪明格

达成共识

我们的主人公在某些事情上意见一致。

A. J. 喜欢聪明格，格雷格喜欢数独。但是他们俩发现有些事情是可以达成共识的，包括这两个谜题……

			6	8			
2		7			6		3
	8	1	9			4	
9	7				3		
		5		3		9	
		4				7	2
	4			8	6		9
8		2			3		6
			4	5			

2/		2×		15×		840×		3/	
315×	72×		24×		42×			3+	
				32×		48×			
		18×				30×			
3+		24×		18+	15−		24+		
30×		7−			17−				
	8−	60×	42×				29+	13+	
21+					2−				
				27×		3+			

格雷格谜题大挑战

12 格雷格谜题之国际象棋

希腊人对罗马人

我们来决定：近身肉搏，还是相互了解？

（注意：本谜题有**两个**分开的答案）

下面的象棋棋盘是希腊人与罗马人的对阵战场，前者用白马表示，后者用黑马表示。

两个马按正常的象棋规则行棋，一路收集走过方格的字母。每个方格只能落子一次。两个马的走法在棋盘上要对称。也就是说，如果黑马第一步走到A的方格，那么白马第一步就走到V的方格，以此类推。

白马行棋路线上的字母可以拼出与罗马人有关的表述，对应答案由7个字母组成。

黑马行棋路线上的字母可以拼出与希腊人有关的表述，对应答案由6个字母组成。

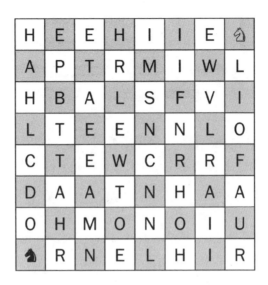

罗马人（白马）：

_____ ___ _____ ____ ___-___ __ ____

希腊人（黑马）：

_____ ____ ___ ___ _____ __ _____

13 格雷格谜题之谜语

我们是谁？

集合各部分，得到两个整体。

下面每条谜语提示着一串字母（单词、缩写、后缀等），字母串的长度由括号中的数字表示。将所有谜底连起来得到线索，再推断出本谜题的**两个答案**。

1. 一起的时候，我们在你的新陈代谢系统（metabolism）里，
   单独或成对的时候，我们在你的血液中，
   海上（seaborne）有我们的身影，洗手盆（lavabos）里也看得到我们，
   但在液体（liquid）或泥巴（mud）里，就找不到我们的影踪。（3）

2. 我喝醉了头晕，我激动兴奋，
   我不是漆漆黑。
   你喜欢我的优美书写
   直到（'Til）我往回退。（3）

3. 把我加到罐子（pot）里，我变成魔药。
   把我加到账单（bill）上，你就有花不完的钞票。
   跟我献个殷勤（make a pass）我会充满欲望，
   但把我与性（Eros）结合，只会变得越来越糟糕。（3）

4. 我们最初的模样当然就是这么朴素（It's surely this simple）。

但在最后，我们会得到你的支持和拥护。（4）

5. 无论黑（Black）或白（White），你已经观看
   我在舞台或者银幕上的表演。
   虽然我比十高，但还是要向王后折腰。（4）

6. 她盯着照片想得累：
   "我根本没有兄弟姐妹，
   但此人的母亲是我父亲的女儿。"
   照片上的人究竟是我的谁？（3）

7. 男孩粉丝（fanboys）在此，但其中一个不见了，
   然而人们也许不去猜，因为他们并不总是明白，
   也不会太简单，或者只是我们的推测，
   所以读读第一个词，你就能看出来。（3）

8. 四四拍和光的速度？
   大约100与版权保护。（1）

9. 在南非的首都，你的差事（errand）已经收场，
   国会山的保罗才开始胡乱地（randomly）忙。（4）

10. 被短吻鳄（alligator）囫囵吞，被燕子（swallow）吃下肚，
    从来不去深水区，总在浅滩（shallows）住。
    动物园里看不到，却在画廊（gallery）中展出，
    可用数字方式（digitally）捕获，请你猜猜我是何物。（3）

14 格雷格谜题之日本机关盒

日本机关盒

我们遇到一位著名的机关盒操控者。

每一栏代表一套相同类型的事物,包含相同字母的方框之间有线连接。箭头指示的方向表示是同一个单词但意思不同,从而标志着该栏归纳为另一类型。

按照JAPANESE(日本的;日语)、PUZZLE(谜题;使……困惑)、BOX(箱子;黄杨树)的顺序在方框中填单词,然后得到10个字母拼出本谜题的最终答案。

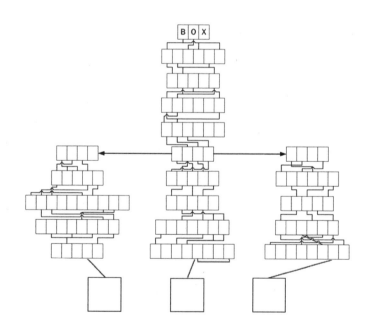

346　　　　　　　　　　　解　谜

JAPANESE PUZZLE BOXES

格雷格谜题大挑战

15 格雷格谜题之争议谜题

1/3说和1/2说

我们大刀阔斧对待睡美人问题。

以下线索都被分解开来，代表着睡美人问题的两种思路。1/3说分成了三个部分，1/2说则被分成两个部分。从每一栏中选取一项重组线索，然后找出所有答案之间的联系再得到五条线索，进而得出本谜题的最终答案。

（注意：括号中的数字是每个答案的字母数）

1/3说

1	French（法国的）	a（一个，一张，一块……）	today（如今）（4）
2	Laker's（湖人队的）	Antoine-（安托万-）	Leona（李奥娜）（4）
3	Desegregation（废除种族隔离）	definite（确定的）	check（支票）（4）
4	Surgeon（外科医生）	in（到）	karaoke（卡拉OK）（4）
5	Participate（参与）	lyric（歌词）	Jerry（杰莉）（4）
6	Endorse（背书）	owner（所有者）	Hippolyte（伊波利特）（4）
7	NWA（阿肯色州西北部）	pioneer（先驱）	contraction（省略形式）（3）
8	"America"（《美国》）	Sudan（苏丹）	article（冠词）（3）

1/2说

1	500, in（数字500，在……）	____（fish sauce）（鱼露）（3）
2	Symbol for（……的符号）	a chair（一把椅子）（3）
3	Opposite of（与……相对）	acid, chemically（酸，化学上）（4）
4	Event for（……的活动）	an ump's call（裁判的命令）（3）
5	Nam	carbon（碳）（1）
6	With "out"（与"出局"一起用）	Cinderella（灰姑娘）（4）
7	Took（拿过）	coffer server（咖啡容器）（3）
8	Big（大）	Fozzie（福滋）（4）
9	Winter time zone in（冬令时，在……）	Haile Selassie（海尔·塞拉西）（3）
10	Royal title for（……的王室头衔）	Nova Scotia（新斯科舍）（3）
11	Golfer's（高尔夫球手）	Roman numerals（罗马数字）（1）
12	Paddington or（帕丁顿，或）	Shout（呐喊）（4）

16 格雷格谜题之藏词字谜

由莎拉·古德柴尔德设计

大西洋彼岸

起源于英国的填字游戏在美国找到落脚点。

有五条横向线索各包含一个与文字游戏或定义没有关系的单词。把这些单词找出来拼在一起,根据线索得到本谜题的最终答案。

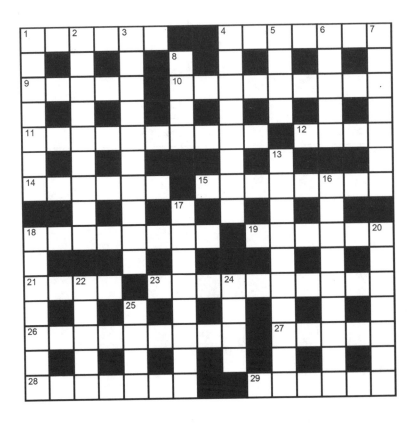

横向

1. Doctor that is following mother bird（跟随鸟妈妈的医生）（6）
4. Messy contents of bunk emptied（被清空的地堡中的杂乱物品）（7）
9. Saint consumed these, say（圣人享用这些）（5）
10. Cracked up prior to medley（混合之前先弄碎）（9）
11. Sandler not in favor of northeastern firm（桑德勒不支持东北部的企业）（10）
12. "Use glue," answers 007（"用胶水。"007回答道）（4）
14. Make gold Marvel character pen（制作黄金漫威角色钢笔）（6）
15. Confection regimen somehow gets you in the end（甜品养生法最终让你上了当）（8）
18. Spooner's slim courage endorsed（斯普纳瘦瘦的勇气表示赞同）（8）
19. Mammal runs twice into dogs?（哺乳动物两次撞到狗）（6）
21. Nintendo console includes full networking option（任天堂游戏机包括完整联网选项）（2-2）
23. Frauds blacken the French bronzes（欺骗行为让法语变古铜色）（10）
26. Another abridged novel："The Drones"（另一本删节小说：《无人机》）（9）
27. "Yellow" singer pursuing Oscar（"黄色"歌手追求奥斯卡）（5）
28. Traditional hunter rejected agent role（传统的猎人拒绝代理人角色）（7）
29. Number of Rivendell denizens grasping essentially every clue（本质上掌握每条线索的瑞文戴尔居民数量）（6）

纵向

1. MAC's reformulated top-quality, semi-rare cosmetic（魅可修改配方的顶级、稀有化妆品）（7）
2. Missing finals, US territory sounded off with empty promise（去掉最后的，美国领土上响起了空头承诺）（9）
3. Song "Row, Row, Row Your Boat," for example, led by Instagram character in Greek（Instagram的角色以希腊语领唱的《划船曲》）（1，3，6）
4. Neglected chance after dropping in（被忽视的机会去掉了in）（8）
5. Wacky person, either way（无论怎么说都是古怪的人）（4）
6. Initially miniature avatar running in overalls!（原本微小的化身穿着工作服奔跑！）（5）
7. Idly move griddle, getting pair of tweezers for half of grub（慵懒地移动平底锅，拿把镊子吃一半的食物）（7）
8. Hostilely express point（饱含敌意地表明要点）（4）
13. Mail Elinor different lubricant（寄给艾莉诺不同的润滑剂）（7，3）
16. Famous Russian environmentalistpolitician welcomes composer at five（著名俄罗斯环保主义政治家在5点欢迎作曲家）（9）
17. Disgrace southern sweetheart wearing French designer（让穿法国时装的南方甜心丢脸）（8）
18. Stupidly considers job joker offered up（愚蠢地考虑小丑提供的工作）（5，2）
20. Dress rehearsal disturbed rest at university in Tennessee（彩排干扰了在田纳西州大学的休息）（4，3）
22. In favor of surrounding lake with a group of plants（赞成湖周围种一些植物）（5）
24. Reportedly regretted lacking manners（据说后悔失礼）（4）
25. Climbing weed's termination（攀爬大麻的终止）（4）

17 格雷格谜题之无尽谜题

汉诺摩天大楼

A. J. 和格雷格一起参观世界著名建筑。

这个汉诺摩天大楼的谜题已经被组装好了,但这些环形标签里的字都被隐去了。首先根据线索找到按单词长度分类的答案,然后把每个答案依照你摸索出的规则填入各建筑的空白标签里。(提示:规则与建筑或它的名字有关。)环形标签按照字母多的单词在下,字母少的单词在上的顺序填写,正确的话,可以按指示数字从每个环形标签中抽取出一个字母拼出线索,得到本谜题最终答案。

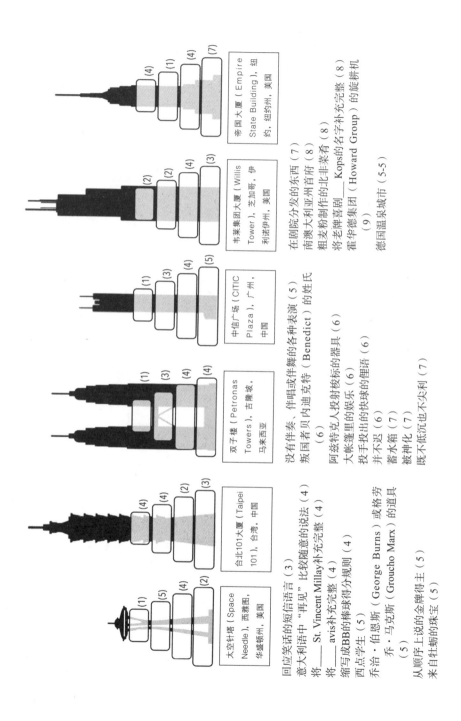

太空针塔（Space Needle），西雅图，华盛顿州，美国

台北101大厦（Taipei 101），台湾，中国

双子楼（Petronas Towers），吉隆坡，马来西亚

中信广场（CITIC Plaza），广州，中国

韦莱集团大厦（Willis Tower），芝加哥，伊利诺伊州，美国

帝国大厦（Empire State Building），纽约，纽约州，美国

回应笑话的短信语言（3）
意大利语中"再见"比较随意的说法（4）
将___ St. Vincent Millay补充完整（4）
将___ avis补充完整（4）
缩写成BB的棒球得分规则（4）
西点学生（5）
乔治·伯恩斯（George Burns）或格劳乔·马克斯（Groucho Marx）的道具（5）
以顺序上说的金牌得主（5）
来自牡蛎的珠宝（5）
没有伴奏、伴唱或伴舞的各种表演（5）
叛国者贝内迪克特（Benedict）的姓氏（6）
阿兹特克人投射标枪的器具（6）
大帐篷里的娱乐（6）
投手投出的快球的俚语（6）
并不迟（6）
蓄水箱（7）
被神化（7）
既不低沉也不尖利（7）
在剧院分发的东西（7）
南澳大利亚州的北非菜肴（8）
粗麦粉制作的北非菜肴（8）
将老牌喜剧___ Kops的名字补充完整（8）
霍华德集团（Howard Group）的旋耕机（9）
德国温泉城市（5-5）

18 格雷格谜题之大挑战

重大秘密

A. J. 和格雷格学习成功设计谜题的要诀。

（注意：本谜题是元谜题，需要将本章节中其他谜题全部解开之后才能破解。）

A. J. 兴高采烈地开始工作，希望能涉足未知领域，无惧失败或尴尬。而格雷格则是聪明的谜题设计师，可以凭空想象出智力游戏的设计方法。他们俩一起出发，去探究谜题世界中的居民究竟是什么样的人。在这一路上你一直陪着他们，沿途破解了许多谜题。

你破解前面17个谜题时得到的20个答案（第8、12、13题各有两个答案）与A. J. 和格雷格放在一起就是一套完整组合。将这些答案按照某种规范的顺序填入下面的横线，再根据指示数字从每个答案中选取字母，就可以拼出在解谜界最快乐、最如鱼得水者的特征。

A. J.

格雷格

_____ 3

_____ 11

_____ 2

_____ 1

_____ 3

_____ 4

_____ 3

_____ 3

_____ 3

_____ 1
_____ 5
_____ 1
_____ 6
_____ 8
_____ 2
_____ 3
_____ 1
_____ 2
_____ 3
_____ 13

本章附录

格雷格谜题大挑战提示

1. "谜题之谜"的谜题

这些线索指向的答案有些共同之处，不妨思考一下本谜题的题目有什么特点。

2. 数据错误

12个小格子各有一对字母组合，只有两个字母没有被用到。

3. 三阶魔方

说几个词帮你起个头：绿色的BERET（贝雷帽）、红色的CHINA（中国）、蓝色的BONNET（矢车菊）、橘色的BLOSSOM（花）。

4. 诗谜回文

可以尝试从上下文判断缺少了什么单词。下面为每个字谜提供一条线索：

1）___ monde是来自法语的短语，想要把它补充完整的话，需要填入什么词呢？

2）SECOND是动词的过去式，意为"打赌，下注"。

3）LONG是乌克兰的某个地区，最近被俄罗斯侵入。

4）MOST和LOON都是复数名词。在用作单数时，两个词可以构成迪士尼一部电影《___与___》(The ___ and the ___)。

5）从"FIVE·里维拉"入手。这是哪位百老汇的著名演员？

6）按照字母顺序能够放在《贝奥武夫》(*Beowulf*) 和《黑孩子》(*Black Boy*) 之间的宗教典籍是什么？

回文：答案是20世纪90年代一部犯罪题材的影视作品。

5. 标志与符号

如果卡壳的话，可以试试L字母带加号的那一个。这个加号在化学中是什么意思？一旦你想到答案有何共同之处，就可以倒推出每幅图对应的项目是什么。

6. 完美组合

ROBOT（机器人）+ BLOCKS（积木）= ROBLOX（罗布乐思，多人在线休闲沙盒类游戏），有这两个词的正方形零片就在4×3网格排列的正中心位置。

7. 我们的目标就是让你开心

你在每个迷宫中走的路径都是字母的形状。

8A. 最新时装

时间所示的数字表示你要从对应设计师的名字中选取哪个字母，时装的数量表示你要从面料类型中选取哪个字母。

8B. 真实的数字

你可以搜索这些艺术家的歌曲，看歌名的首字母缩写是否可以与左栏匹配。例如，亚莉安娜·格兰德有首歌叫作《七枚戒指》(*Seven Rings*)，对应左栏中的"7 ___"。填在横线上的字母"R"，就是本谜题最终线索的一部分。

9. 重新合成

第4条的规则是单词除首字母外，其他字母前后顺序颠倒，PNOITATIPICER即PRECIPITATION（降水）。

10. 穿越边境

第二组国家与首都是日本（JAPAN）、东京（Tokyo）和也门（YEMEN）、萨那（Sana'a）。从两个国家名称中得到的字母是"N"。

11. 达成共识

聪明格第一行的数字是482516739。

12. 希腊人对罗马人

黑马走棋拼出的第一个单词是ANOTHER（另一个）。

13. 我们是谁？

有些谜语与所给单词中的字母组合有关。第5条谜语，你要找的是两个真实的人，他们的名字一样，姓氏分别是Black和White。

14. 日本机关盒

每组的第二个单词分别是MANDARIN（普通话）、PERPLEX（使……困惑）、BAOBAB（猴面包树）。三个类别分别是语言、Puzzle（使……困惑）的同义词、树。

15. 1/3说和1/2说

"1/3说"的答案可以拼出三条线索，每条线索对应两个字母的缩写。"1/2说"的答案可以拼出两条线索，每条线索对应三个字母。

16. 大西洋彼岸

别气馁！在网上可以找到很多破解藏词游戏的指导。首先忽略线索的"表面"——即字面意思——试着把它分成两个部分。线索的开头或结尾读来就像是传统的填字游戏线索，那或许就是答案的定义，这表明另一部分是文字游戏或双关。对付这些文字游戏，要留意帮你把单词拆开再组合的标识（比如"reformulated"：再形成；修改配方）或者截取某个、某几个单词的部分（"contents"：内容，或者"initially"：起初）。

17. 汉诺摩天大楼

想想建筑的名称，如CITIC或Willis。这样的名称有什么特征？答案所需的单词也具有相同特征吗？或者，名称是否属于某一类型？答案所需的单词也属于同一类型吗？

18. 重大秘密（元谜题）

想一想符合这个数字的成套的东西是什么。题目叙述也值得特别关注。

参考答案

第一章　填字游戏

有史以来第一个填字游戏

2–3. SALES（季末大减价）；4–5. RECEIPT（收据）；6–7. MERE（仅仅的，只不过）；10–11. DOVE（鸽子）；14–15. MORE（更多）；18–19. HARD（困难的）；22–23. LION（狮子）；26–27. EVENING（晚上）；28–29. EVADE（躲开，避开）；30–31. ARE（是）；8–9. FRAM（务农）；12–13. RAIL（横杆，扶手）；16–17. DRAW（画）；20–21. TIED（被困住的）；24–25. SAND（沙子）；10–18. DOH（桄榔纤维）；6–22. MORAL（品行端正的）；4–26. REVERIE（幻想，空想）；2–11. SERE（爪）；19–28. DOVE（鸽子）；F–7. FACE（脸）；23–30. NEVA（涅瓦河）；1–32. RULE（统治）；33–34. NARD（甘松）；N–8. NEIF（拳头）；24–31. SIDE（站在……一边）；3–12. SPAR（用作桅杆的木质或金属圆材）；20–29. TANE（一）；5–27. TRADING（以物易物）；9–25. MIRED（使……陷于泥泞）；13–21. LAD（男孩，小伙子）

四个历史填字游戏

1）更多元的填字游戏

G	O	R	P		M	A	M	A	S		L	S	D
M	A	Y	A		L	U	N	A	T	E		U	M	A
C	H	A	M	B	E	R	D	O	O	R		M	E	N
S	U	N	G	E	A	R			P	E	B	B	L	E
			R	V	P	A	R	K		N	O	E	L	S
S	O	C	I	E	T	Y	A	F	F	A	I	R		
E	T	H	E	L			G	E	O		J	I	B
C	O	U	R	S	E	D		D	O	I	D	A	R	E
T	E	N		L	A	M		N	A	N	A	S		
		K	E	Y	I	N	G	R	E	D	I	E	N	T
S	T	Y	L	E		K	R	O	N	U	R			
T	O	K	L	A	S		L	U	C	Y	L	I	U	
A	N	N		S	A	U	C	E	R	E	C	I	P	E
S	K	I		T	I	P	T	O	E		O	K	A	Y
H	A	T		S	L	A	Y	S		W	E	D	S	

横向：1. GORP（什锦干果果仁）；5. MAMAS（妈妈）；10. LSD（麦角酰二乙胺，即致幻剂）；13. MAYA（玛雅）；14. LUNATE（新月状的）；15. UMA（乌玛）；16. CHAMBER DOOR（房门）；18. MEN（男性）；19. SUNGEAR（防晒装备）；20. PEBBLE（卵石）；22. RV PARK（房车公园）；25. NOELS（圣诞节）；26. SOCIETY AFFAIR（社会活动）；30. ETHEL（埃塞尔）；31. GEO（通用旗下品牌，已经废弃）；32. JIB；35. COURSED（流动）；38. DO I DARE（我可敢）；41. TEN（十）；42. LAM（突然逃走）；44. NANAS（祖母）；45. KEY INGREDIENT（关键食材）；50. STYLE（式样）；52. KRONUR（克朗）；53. TOKLAS（托克拉斯）；55. LUCY LIU（刘玉玲）；59. ANN（安）；60. SAUCE RECIPE（酱汁配方）；63. SKI（滑雪）；64. TIPTOE（踮着脚尖走）；65. OKAY（好）；66. HAT（帽子）；67. SLAYS（气场强大）；68. WEDS（结婚）

纵向：1. GMCS（GMC+s）；2. OAHU（瓦胡）；3. RYAN（瑞恩）；4. PAM GRIER（帕姆·格里尔）；5. MURRAY（穆雷）；6. AND（和）；7. MAO（毛）；8. ATOP（在……顶上）；9. SERENA（塞雷娜，即小威廉姆斯）；10. LUMBER JANE；11. SMELL（气味）；12. DANES（丹麦人）；14. LEAPT（跳跃，leap的过去式）；17. BEVELS（斜角）；21. BOI；23. RAG（俚语中指女性生理期）；24. KFED [Kevin Federline（凯文·费德林）的昵称]；26. SECT（教派）；27. OTOE（奥图族印第安人）；28. CHUNKY KNIT（粗棒针织）；29. FOO；33. IRAN（伊朗）；34. BEST（打败……）；36. ELI（以利）；37. DANK（湿冷的）；39. INDUCE（催产）；40. DAIRY COW（奶牛）；43. MGR [manager（经理）的缩写]；46. ELL（字母L的读音）；47. YEASTS（酵母）；48. ROLEOS（水上滚木比赛）；49. ENURE（使……习惯）；50. STASH（一批藏起来的东西）；51. TONKA；54. SAIL（帆）；56. LIKE（赞）；57. IPAD；58. UEYS [俚语中指U-turn（调头）]；61. UPA；62. CTY（县）

参考答案

2）第二次世界大战中的填字游戏

横向：1. AFTERTHOUGHTS（补记）；10. ALL EARS（洗耳恭听）；11. BLADDER（膀胱）；12. BUCKET（水桶）；15. SET OFF（出发，衬托）；16. DECIDED（明确的）；17. UTAH（犹他）；18. FEAT（成就）；19. DECORUM（礼仪）；20. MACE（钉头槌）；22. AMEN（阿门）；24. GALAHAD（加拉哈特）；26. SAMPAN（舢板）；27. RITUAL（仪式）；30. EQUALLY（相等地）；31. CHABLIS（夏布利）；32. REINSTATEMENT（复职）

纵向：2. FELUCCA（三桅小帆船）；3. ELATED（兴高采烈的）；4. TEST（检验）；5. ORBY（1907年爱尔兰德比赛冠军马的名字）；6. GRADED（分级的）；7. TADPOLE（蝌蚪）；8. HARBOURMASTER（码头管理员）；9. PROFIT AND LOSS（损益）；13. TEHRAN（德黑兰）；14. BIVOUAC（露营）；15. SECULAR（世俗的）；21. COMPUTE（估算）；23. MAUDLIN（易感伤的，喝醉酒就哭的）；24. GALLON（加仑）；25. DISARM（解除……的武装）；28. SYLT（叙尔特岛）；29. SCUT（短尾巴）

3）北欧填字游戏

Couple→PAIR（双、对）
Lofty→HIGH（高的）
Rating unit（评价的等级）→STAR（星）
Spring flower（春天的花）→IRIS（鸢尾花）
Flour box（面粉盒子）→CANISTER（金属小罐）
You're looking at it（你正在看的）→CLUE（线索）
African cobras（非洲的眼镜蛇）→ASPS（北非的小毒蛇）
Way in, way out（入口和出口）→DOOR（门）
Fruit farms（水果农庄）→ORCHARDS（果园）
Caveman's weapon（穴居人的武器）→CLUB（棍棒）
Part of a poem（一首诗的一部分）→LINE（诗句）
Clump→TUFT（一簇）
Russo or Clair（罗素或克莱尔的名字）→RENE（雷妮）
Artist, master of shapes（运用形状出神入化的艺术家）→SCULPTOR（雕刻家）
Spare time→LEISURE（闲暇）
Get some air→BREATHE（呼吸）
Molecule part（分子的一部分）→ATOM（原子）

Choir song → HYMN（赞歌）
Food fish（食用鱼）→ SCUP（赤鲷）
Clear soup → CONSOMME（清炖肉汤）
Update → RENEW（更新）
Butterfly → MARIPOSA（蝴蝶）
Power of a number → EXPONENT（指数）
Not here → ABSENT（缺席）
Hen tracks on paper → SCRAWL（潦草地写）
Celtic cat（凯尔特地区的猫）→ MANX（马恩猫）
Picture puzzle → REBUS（画谜）
Furry feet（毛茸茸的脚）→ PAWS（爪）
Egypt's capital（埃及的首都）→ CAIRO（开罗）
School tool（学校用的工具）→ PEN（钢笔）
Mouse clicker（点击鼠标的人）→ USER（用户）
Pueblo brick → ADOBE（土坯砖）
Sky shiner（天上的发光物）→ SUN（太阳）
Chilly powder（冰冷的粉末）→ SNOW（雪）
Minimum → LEAST（最少的）

4）彼得·戈登的火球字谜

横向：1. MIMIC（会模仿人的动物）；6. ACAI；10. DDAY（"二战"时盟军在诺曼底的登陆日）；14. ASANA（瑜伽姿势）；15. SPURN；16. OWED；17. CROSS YOUR FINGERS（交叉手指祈祷好运）；20. TEAL（水鸭蓝）；21. KEEL（龙骨）；22. FRIED RICE（炒饭）；27. AZALEA（杜鹃花）；30. IONA（爱纳）；31. EDAM（埃丹奶酪）；33. ROTS（腐烂）；34. J AND B（珍宝）；36. PIANO BENCH（钢琴凳）；38. IDS（身份证）；39. ABEL（亚伯，《圣经》中亚当与夏娃次子）；41. IZOD；42. REAR；43. DOES；

44. RAF（皇家空军）；47. LASER LEMON；51. SEOUL（首尔）；53. ARCH；54. AS TO；55. NOTE（音符）；56. SPRAWL（四肢摊开着坐、卧）；58. ARCTIC FOX（北极狐）；62. ASIA（亚洲）；63. HALL（大厅）；64. LIGHT IN THE PIAZZA（《广场灯光》，又译《吾家有女初长成》）；72. EDGE；73. KARAT（克拉）；74. AVOID；75. TOYS（玩具）；76. AGED；77. DEEPS

纵向：1. MAC；2. ISR（Israel的缩写）；3. MAO（毛泽东）；4. INSTEAD；5. CASED；6. APU（阿普）；7. CUR；8. ARF；9. INI KAMOZE（艾尼·卡莫泽）；10. DOGEARED；11. DWELL ON；12. AER；13. YDS（yards的缩写）；15. SOLI；18. YAR（叶）；19. NEZ（鼻子，法语）；22. FIJI（斐济）；23. ROAD（道路）；24. INNS（小旅馆）；25. CEIL（装天花板）；26. EDA（艾达）；28. ETC（等等）；29. ASH；32. ANION；35. BAER（贝尔）；36. PERES（佩雷斯）；37. BOSS（老板）；40. BALALAIKA（巴拉莱卡琴）；42. REHASHES；43. DOOR（门）；44. ROOF（上颚）；45. AUTO（自动）；46. FLEX；47. LAS；48. ARP（亚尔普）；49. SCRAGGY（骨瘦如柴）；50. MTA；52. ENCLAVE（飞地）；57. WIT；59. CHET（查特）；60. TAP；61. ILIAD（《伊利亚特》）；64. LET；65. I DO（是的）；66. NAG；67. TRE（三）；68. HAD（have的过去式）；69. ZOE（佐伊）；70. ZIP；71. ADS（广告）

字谜中横向6个最长的答案结尾部分是入选棒球名人堂的球员姓氏，他们的球衣号码已被曾经效力的球队退役。按照从上到下的顺序，这六名球员分别是：罗利·芬格斯［Rollie FINGERS；34号球衣在密尔沃基酿酒人队（Brewers）和奥克兰运动家队（A's）退役］、吉姆·赖斯［Jim RICE；14号球衣在波士顿红袜队（Red Sox）退役］、约翰尼·本奇［Johnny BENCH；5号球衣在辛辛那提红队（Reds）退役］、鲍勃·里蒙［Bob LEMON；21号球衣在克利夫兰印第安人队（Indians）退役］、内利·福克斯［Nellie FOX；2号球衣在芝加哥白袜队（White Sox）退役］，以及麦克·皮亚萨［Mike PIAZZA；31号球衣在纽约大都会队（Mets）退役］。这些球衣号码按照从上到下的顺序分别是：34、14、5、21、2、31。取对应数字的方框（在答案中突出显示）内字母，可以得到J、A、C、K、I、E。

球衣号码退役的Jackie（杰基）只有一位，那就是杰基·罗宾逊（Jackie Robinson）。这位布鲁克林道奇队（Brooklyn Dodgers）[①]的内野手

---

① 成立于1883年，是洛杉矶道奇（Los Angeles Dodgers）的前身，1958年迁至洛杉矶后更名。

于1947年4月15日登上赛场，从此打破了美国职业棒球大联盟的肤色限制。他在10个赛季的生涯中平局击打率达到0.311，于1962年入选棒球名人堂，这一年他才刚刚够资格[①]。1972年，道奇队将他的球衣号码退役。1997年4月15日，也就是他历史性登场竞技的50周年，他的球衣号码在整个大联盟退役。

每年的4月15日被定为杰基·罗宾逊日（Jackie Robinson Day）。近年来，所有的球员、教练、裁判都会在当天身穿罗宾逊的球衣号码。这个球衣号码（根据道格拉斯·亚当斯的《银河系漫游指南》，刚好也是生命、宇宙以及所有一切的终极答案）即本谜题的最终答案：42。

纵向第19条：M. Patate是马铃薯先生（Mr. Potato Head）的法语形式，一部分指的是他的鼻子（NEZ）。

纵向第35条：马克斯·贝尔（Max BAER）在扬基体育场（Yankee Stadium）技术击倒马克斯·施默林（Max Schmeling）的比赛，是《拳台》（*Ring*）杂志评选出的1933年年度最佳格斗。

第四章　回文字谜

1）MOON STARERS（盯着月亮看的人。职业）=ASTRONOMERS（天文学家）

2）BAG MANAGER（管袋子的。职业）= GARBAGE MAN（清洁工）

3）A STEW, SIR?（来份汤吗，先生？职业）= WAITRESS（女侍者）

4）MR. MOJO RISIN'（歌手）= JIM MORRISON（吉姆·莫里森）

5）ONE COOL DANCE MUSICIAN（酷酷的能歌善舞音乐家。歌手）= MADONNA LOUISE CICCONE（麦当娜·路易丝·西科尼）

6）GENUINE CLASS（名副其实。演员）= ALEC GUINNESS（亚利克·基尼斯）

---

① 球员必须有至少10年的美国职业棒球大联盟参赛资历。

7）RADIUM CAME（铀来了。科学家）= MADAM CURIE（居里夫人）

8）CASH LOST IN'EM（现金消失不见。物体）= SLOT MACHINES（老虎机）

9）BUILT TO STAY FREE（为自由而建。地标）= STATUE OF LIBERTY（自由女神像）

10）DIRTY ROOM（脏脏的房间。地点）= DORMITORY（宿舍）

11）VIOLENCE RUN FORTH（暴力向前冲。历史事件）= FRENCH REVOLUTION（法国大革命）

12）漫画家Bil Keane（比尔·基恩，《家庭马戏团》的作者）变成Bike Lane（自行车道）

13）Virgin Wool（初剪羊毛）变成Virginia Woolf（弗吉尼亚·伍尔夫）①

14）1英里（Mile）等于5280英尺（Feet）

15）一个三角形（Triangle）有3条边（Sides）

16）一只手（Hand）有5个指头（Fingers）

17）两周（Fortnight）等于14天（Days）

18）1英寻（Fathom）等于6英尺（Feet）

19）猫（Cat）有9条命（Lives）

第五章　画谜

山姆·劳埃德的《著名的把戏驴》

更多相关介绍见网站thepuzzlerbook.com。

---

① 英国作家，被广泛认为是女性主义的先锋，代表作包括《戴洛维夫人》《灯塔行》等。

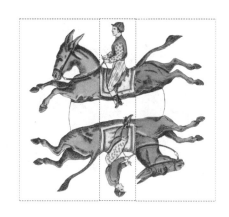

7个历史画谜

1）Potatoes（土豆）。谜面可解释为pot-eight-Os，pot加上8个O。

2）卡片的意思是：我可以送你回家吗，我亲爱的？（May I see you home my dear？）

3）这个画谜的答案是"Horace Greeley"（霍勒斯·格里利）[①]。提示如下：

男性观众在喊叫："Ho（啊）！"

他们正在观看一场"race"（比赛）。

狗的叫声是"Grrrr"。

跑步选手衬衫上有个"E"字母。

女性观众在为"Lee"（李，常见姓氏）喝彩。

4）瓶盖上的画谜是：

Book（书本）R（字母）T（字母）

Wash（洗）ing（字母组合）Ton（吨）

所以答案是Booker T. Washington（布克·T. 华盛顿）[②]。

5）The ball is in your court.（球已经到你那边了，即决定权在你手上；

[①] 美国著名报业人士，《纽约论坛报》的创办者，也是著名政治领袖，美国有多个地名、学校以其命名。

[②] 美国黑人政治家、教育家和作家。

"ball"位于"your"和"court"之间。)

6) Travel overseas(海外旅行; over也有"在……之上"之意。)

7) For once in my life(一生一次,四个1即"four ones",是"for once"的谐音,在"my life"之中。)

第八章 数学和逻辑谜题

莱茵德纸草书第79题

总数为19607。

已知最早的渡河问题

1. 运羊过河,将其留在对岸。

2. 独自返回。

3. 运狼过河,将其留在对岸,把羊收回船上。

4. 运羊返回。

5. 将羊留在起点,运卷心菜过河并留在对岸。

6. 独自返回,运羊到对岸。

9个历史数学和逻辑谜题

1) 将"IX"中的"I"移动到减号"−"上,变成加号"+",就可以得到正确的算式。

VI + IV = X

2) 这两个女孩不是双胞胎,而是三胞胎(或者四胞胎)。

3) 答案是一个人。下面是卡罗尔的示意图:

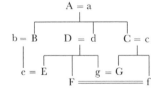

在这个家庭关系图中,大写字母表示男性,小写字母表示女性。总督是E,他邀请的客人是C。

4）消失的日元谜题

来自《东京谜题》：

这个谜题只是个文字游戏。正确分析问题，你就会想到正确答案。

27000日元是收银员收取的25000日元，加上女工拿走的2000日元。因此，再把女工拿走的这2000日元加到27000日元没有任何道理可言。正确的计算方法是把27000日元与女工拿给房客的3000日元相加，总数刚好是30000日元。

5）根据威廉·庞德斯通所著的《你足够聪明在谷歌工作吗？》(*Are You Smart Enough to Work at Google?*)，也就是这个费米问题的出处，覆盖得克萨斯州大约需要2500亿个卫生纸卷。

6）从8品脱杯向5品脱杯倒满酒（剩下3品脱酒）。

然后从5品脱杯向3品脱杯倒满酒（剩下2品脱酒）。

现在8品脱杯中有3品脱酒，3品脱杯中装满酒，5品脱杯中有2品脱酒。

将3品脱杯中的酒全部倒入8品脱杯。8品脱杯中现在有6品脱酒。

现在将5品脱杯中的2品脱酒倒入空的3品脱杯。

从8品脱杯向5品脱杯倒满酒，剩下1品脱。

现在5品脱杯中有5品脱酒，3品脱杯中有2品脱酒，8品脱杯中有1品脱酒。

从5品脱杯向3品脱杯倒满酒，5品脱杯中剩下4品脱酒。

将3品脱杯中的酒倒入8品脱杯。

现在8品脱杯中也有4品脱酒，而且这样倒来倒去，葡萄酒也醒得差不多了。

干杯!

7）在顶部切两刀，在中间水平切一刀，即可将蛋糕分成8块。

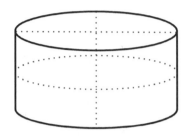

8）"3，4，5"不属于这一类，因为只有这一组是连续数字。

"8，10，12"不属于这一类，因为这一组不符合毕达哥拉斯定理，而且，只有这一组全部都是偶数。

"6.9，$\sqrt{84.64}$，11.5"不属于这一类，因为只有这一组有小数点，或者只有这一组有根号，或者只有这一组的各个数字加起来不等于12（3 + 4 + 5 = 12；8 + 1 + 0 + 1 + 2 = 12；5 + 1 + 2 + 1 + 3 = 12）。

还有许多答案，这里只列举出其中几个。

9）第一个人是无赖，第二个人是骑士。

第一个人是无赖，是因为骑士不说谎，所以骑士不可能说自己是无赖。第二个人是骑士，是因为如果第二个人也是无赖的话，那么第一个无赖所说的"我们都是无赖"就成了真话。而无赖是从不说真话的，所以这两个人一个是无赖，另一个是骑士。

第九章 暗语和密码

1）维多利亚时期的爱情密码

A.B. to M. N.—Tn dvcr trw rhtn yltcfrp drtln yln srsd t s uy dn trw t uy.

这个密码是将单词中的元音省略，然后字母顺序前后颠倒。所以传递的信息类似于：

"Not Received. Write another, perfectly unaltered. Only desirous to see you. Need write to you."（大意为："A. B. 致 M. N.：没有收到。另写一封，

完全不变。只是希望见到你。需要写信给你。"）

2）报纸上的密文

a）Alaska is the only state whose name can be typed on one row of a keyboard.［Alaska（阿拉斯加州）是唯一一个只用键盘上同一排按键就能打出来的州名。］

b）Pink Floyd's lyric "We don't need no education" is a self-defeating argument.（平克·弗洛伊德的歌词"我们不需要什么狗屁教育"是个自相矛盾的观点。）

c）Here comes Santa Claus, here comes Santa Claus, right down Santa Claus Lane. What are the odds?（圣诞老人来了，圣诞老人来了，沿着圣诞老人的小路来了。这事儿的几率有多大？）

d）George Washington's boozy eggnog recipe included this instruction: "Taste frequently."（乔治·华盛顿的蛋酒配方包括下面这条饮用说明："时时品尝。"）

3）埃德加·爱伦·坡的密码

I am a word of ten letters. My first, second, seventh, and third is useful to farmers; my sixth, seventh, and first is a mischievous animal; my ninth, seventh, and first is the latter's enemy; my tenth, seventh, and first supports life; my fourth, fifth, seventh, and sixth is a fruit; my fourth, fifth, and eighth is a powerful implement; my whole indicates a wise man.（我是一个由十个字母拼成的单词。我的第一个、第二个、第七个、第三个字母对农夫有用；我的第六个、第七个和第一个字母是一种会捣乱的动物；我的第九个、第七个、第一个字母是刚才那种动物的天敌；我的第十个、第七个、第一个字母可以维持生命；我的第四个、第五个、第七个、第六个字母是一种水果；我的第四个、第五个、第八个字母是一种强大的工具；而整个的我反映着智者的品质。）

答案是"temperance"（节制）。

谜语中提到的单词包括"team"（团队）、"rat"（老鼠）、"cat"（猫）、"pear"（梨）等。

暗码转换如下：

A 9 / C 6 / D : / E 8 / F s / G；/ H 7 / I o / L n / M？/ N 5 / O a / P！/ R d / S—/ T 3 / U h / V x / W 2 / X g / Y †

4）美国航空航天局的密码

太阳射出的光线是摩尔斯电码（长短交替的光线形式），可以破译为"Explore as one"（共同探索）。

这个短语是美国航空航天局喷气推进实验室（Jet Propulsion Laboratory）的口号。

第十章　视觉谜题

隐藏的标识

1）巴斯金·罗宾斯冰激凌（Baskin Robbins）——"BR"颜色较浅的部分是数字"31"，代表该品牌冰激凌的31种口味。

2）三角巧克力（Toblerone）——山峰中有熊的轮廓，熊是瑞士城市伯尔尼（Bern）的象征，该城市盾徽上也有熊的形象，而三角巧克力正是伯尔尼出产的。

3）环法自行车赛（Tour de France）——字母"R"是骑手，两个圆圈则是自行车的轮子。

4）太阳微系统（Sun Microsystems）——菱形图案中包含着单词"sun"（太阳）。

5）匹兹堡动物园（Pittsburgh Zoo）——树的两边分别是大猩猩和狮子的侧脸。

6）丢失的方格谜题

两个图形只是看起来像三角形，但实际并不是三角形。两条斜边都不是直线，一条略凸，一条略凹。两个图形的面积之差相当于一个方格。这个谜题通常会在几何课上使用，用来告诫学生们不要过于相信自己的眼睛。

7）苏联露营谜题

  a）有四个旅行者。野餐毯上有四套餐具，值日表上有四人的名字。

  b）他们是在几天以前抵达的——蜘蛛在帐篷和树之间结网需要一定的时间。

  c）通过树旁靠着的桨来看，他们是乘船来的。

  d）最近的村落不会太远——不然不可能会有家养的鸡在附近走动。

  e）此时是南风。帐篷顶部的旗子显示了风向，根据树的生长方向判断，朝南的树枝通常会更长。

  f）此时是早上。阴影表明太阳在他们的东方。

  g）亚历克斯（Alex）正在捕蝴蝶——可以看到帐篷后面的网兜。

  h）昨天是科林（Colin）值日做杂务。他此时正在翻背包找东西，背包上有字母"C"。亚历克斯正在捕蝴蝶。詹姆斯（James）在拍照，有字母"J"的背包内有三脚架。彼得（Peter）今天值日，正在做饭。

  i）今天是8月8日——因为彼得值日，地上放着西瓜，而西瓜是在8月成熟。

邦加德问题

8）左边的螺旋都是顺时针方向；右边的螺旋都是逆时针方向。

9）左边图形的颈部都是水平的，右边图形的颈部都是垂直的。

10）左边各图形内的点比图形外的点密集，而右边则相反，图形外的点比图形内的点密集。

11）第二、第三个培养皿完全相同，第一、第四个培养皿完全相同。

第十一章　数独和聪明格

本杰明·富兰克林的幻方

来自《绅士杂志》(*The Gentleman's Magazine*)

数字的神奇属性在富兰克林博士之幻方中逐一体现。

整个大正方形分成了16横行、16纵列，共有256个小方格，分别填入从1到256的数字。这些数字的属性如下：

每一行、每一列的数字相加之和都是2056。

每半行、每半列的数字相加之和都是1028，即2056的一半。

从大正方形的任何一个顶点为起点画向中心点，或由任何一边的中点画向邻边的中点。这些向上半对角线和向下半对角线①构成的"人"字形路线上16个数字相加之和是2056。

在大正方形内画半对角线的平行线，其中任意两条首尾相接、构成"人"字形的平行线上16个数字相加之和是2056②。

注意：这些半对角线及其平行线可以在大正方形的任意边角向内画，也可以从大正方形或小正方形的中心点、小正方形任意一边的中点开始画。

大正方形4个角的数字与中心4个数字相加之和是1028，是任意行、列的16个数字相加之和的一半。

在一张纸上剪出一个与大正方形中4×4小正方形等大的孔，将纸盖在大正方形上，通过正方形孔看到的任意4×4小方格中的16个数字相加之和，与大正方形任意一行、任意一列的数字相加之和相等，即2056。

---

① 把大正方形分成4个8×8的小正方形，在小正方形中画出的对角线即半对角线，每条半对角线上有8个数字。

② 每条半对角线平行线有8个数字，有时可能画出分别位于半对角线上下或左右的两条平行线，构成首尾相接的"人"字形和首尾不相接的"八"字形，这4条两两平行线上的16个数字相加之和仍是2056。

宫本的最难聪明格

6	5	9	1	8	3	7	2	4
7	6	1	2	9	4	8	3	5
8	7	2	3	1	5	9	4	6
4	3	7	8	6	1	5	9	2
9	8	3	4	2	6	1	5	7
3	2	6	7	5	9	4	8	1
2	1	5	6	4	8	3	7	9
1	9	4	5	3	7	2	6	8
5	4	8	9	7	2	6	1	3

Copyright Tetsuya Miyamoto

四个历史网格类谜题

1）填数字

1

4	2	3	9	8	1	7	5	6
7	5	8	4	6	3	2	1	9
9	1	6	2	5	7	3	4	8
5	8	4	3	1	9	6	2	7
6	9	2	8	7	5	1	3	4
1	3	7	6	2	4	9	8	5
3	7	5	1	4	6	8	9	2
8	4	1	7	9	2	5	6	3
2	6	9	5	3	8	4	7	1

2

6	8	7	2	5	3	4	1	9
4	1	2	7	8	9	6	5	3
3	9	5	6	4	1	2	8	7
7	2	4	3	9	5	8	6	1
9	5	8	1	6	2	7	3	4
1	6	3	4	7	8	5	9	2
8	7	6	3	9	4	1	2	5
5	3	1	8	2	7	9	4	6
2	4	9	5	1	6	3	7	8

Copyright 2022 by PennyDellPuzzles.com

2）托马斯·斯奈德艺术数独

2	6	4	9	1	5	7	3	8
8	1	7	2	3	4	9	5	6
3	9	5	6	8	7	2	1	4
9	8	1	4	2	6	3	7	5
5	2	6	8	7	3	1	4	9
7	4	3	5	9	1	8	6	2
1	5	8	3	6	2	4	9	7
6	3	2	7	4	9	5	8	1
4	7	9	1	5	8	6	2	3

Courtesy of Thomas Snyder

参考答案

3）第一个聪明格

6			7
2	1	3	4
8	7	5	
1	4	2	3
4	3	1	2
3	7 2	4	1

(注：Copyright Tetsuya Miyamoto)

4）星之战

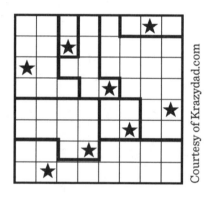

(Courtesy of Krazydad.com)

第十二章　象棋谜题

库贝尔（Kubbel）最难的一步将杀棋谜：

白后a3

八个历史象棋棋谜

1）八皇后问题

解法共12种，在网上都能找到。这里是其中一种：

2) 瓜里尼问题

  黑马a3→c2

  黑马c3→b1

  白马c1→a2

  白马a1→b3

  黑马c2→a1

  黑马b1→a3

  白马a2→c3

  白马b3→c1

  黑马a1→b3

  黑马a3→c2

  白马c3→b1

  白马c1→a2

  黑马b3→c1

  黑马c2→a1

  白马b1→a3

  白马a2→c3

3）一步杀棋谜1号

　　白后b7

4）一步杀棋谜2号

　　白兵b7

5）纳博科夫的棋谜

　　1. h3 Kh4

　　2. Rxg6 gxh3

　　3. Bf6#

或：

　　1. 白兵h3，黑王h4

　　2. 白车吃g6，黑兵吃h3

　　3. 白象f6将杀

还可以有这样的变招：

1. h3！ h4 2 Rh7！ hxg3 3 h4将杀，以及

1. h3！ Kh6 2 h4！ g5 3 hxg5将杀

6）山姆·劳埃德的"细刨花"

　　1. b4！

　　　　有威胁的2.Rf5 任意3.Rf1# 或 2.Rd5 任意3.Rd1#（通过2…Rc5 3.bxc5 任意4.R 将杀也可能延长战局）。白方无法以1.Rf5开始，因为黑方的1 … Rc5会困住白车。这样就有许多可能的走法，防住唯一的威胁，还有一种无关主题的次要防守方式：1…Rxc2 2.Nxc2！ a2 3.Rd5（或Rf5）a1=Q 4.Nxa1 任意5.R 将杀。

　　1 … Rc5+ 2. bxc5！

　　　　威胁3.Rb1#。

　　2 … a2 3. c6！

再次使用与第一步相同的威胁,即4.Rf5 任意5.Rf1# 或者4.Rd5 任意5.Rd1#。

3…Bc7

因为Rd5和Rf5都会受到威胁;3 … Bf6或3 … Bg5 只能防住其中一个。就4.Rd5 Bxg3 5.Rd1 + Be1 6.Rdxe1# 要花五个回合以上而言,这样走棋的确可以防住Rd5,而4. Rf5 Bf4的结果也相似。

4. cxb7 任意5. bxa8=Q/B#

从b2开始的兵最后将杀黑王。

解法来自维基百科。

7)给黑猩猩读的莎士比亚(卡斯帕尔扬的棋谜)

1. Bh6!!

引离。白方将象也置于可能被吃的位置上。当我看到这要多疯狂有多疯狂的一步棋,我脑子里原来对于国际象棋的认识全都没了意义。这步棋就像白方开的一个玩笑,但Fritz 17[①]评估位置在-0.57(很快就达到0.00),黑方半个兵都不剩。片甲不留!

不是1 Ka2? Nd7,黑方稳扎稳打。

1 … Qxh6 在1 … Qxd4 + 2 Ka2 Qa4 +(2 … Nd7 3 g7 + Qxg7 4 Bxg7 + Kxg7 理论上的和棋)3 Kb1 Qb3 + 4 Ka1 Qa3 + 5 Kb1之后结果相似,只要白王守住a1和b1,就一直可以应将。

2. Nf5! 这样马就不会悬着。而在2 Ne6? Qc1 + 3 Ka2 Qd2 + 之后,白王收到致命限制,需要弃马应将。比如:4 Ka1(或者4 Kb3 Qe3 + 5 Kb4 Nd5 + 6 Ka4 Qe4 + 7 Kb5 Qb4 + 8 Kc6 Ne7 +

---

① 国际象棋游戏程序,曾赢过加里·卡斯帕罗夫和弗拉基米尔·克拉姆尼克(Vladimir Kramnik),玩家可以在游戏中进行国际象棋对战,用棋谱记录对战过程,还可以进行残局训练。

9 Kd7 Nxg6，黑方消除所有威胁并取胜）4 … Qe1+ 5 Kb2（5 Ka2 Qxe6+ 取胜）5 … Nd3+ 6 Kc2 Nb4+（活像三个穷凶极恶的大汉逼近一个无助的孩童）7 Kb2 Qe2+ 8 Ka3 Nc2+ 9 Kb2 Ne3+ 10 Ka1 Qd1+ 11 Ka2 Qa4+ 12 Kb2 Nec4+ 13 Kc3 Qa3+ 14 Kc2 Qa2+ 15 Kd3 Qd2+ 16 Ke4 Qe3+ 17 Kf5 Qe5 将杀。

2 … Qc1+ 3 Ka2 Qc2+ 4 Ka1

（出自塞勒斯·拉克达瓦拉的《重塑国际象棋思维》）

8）协助将杀

1 … Qh8

2. Qb3 将杀

第十三章　谜语

《埃克塞特书》第4条谜语

糟糕的是，《埃克塞特书》的这条谜语很难。

最棒的是，天地间任何对谜底的猜测都有道理。下面列出一些备选谜底：

一桶水

铃铛

狗

锁

魔鬼

一群公牛

里程碑

通灵术

连枷（打谷工具）

手磨机

笔

阴茎

十二条历史谜语答案

1）影子

2）时间

3）Seven（数字7）

4）水

5）笔

6）邮票

7）Woman（女人，woe + man）。没错，这条谜语非常排斥性少数群体，还有性别歧视的意味，但请别指责我，要怪就去怪简·奥斯汀。

8）Spider（蜘蛛，"spy" + "d" + "er"）

9）To the mooo-vies！（看电影！moo是牛"哞哞"的叫声）

10）风车磨坊

11）一个。根据《心理牙线》（*Mental Floss*）杂志的解释，这个谜语"是经典的陷阱问题。如果说谜语的人去圣艾夫斯，那么路上遇到的人都是朝相反的方向走。所以说谜语的人（一个人）去圣艾夫斯，所有的老婆、猫、小猫都是为了引开猜谜人注意力的不相关信息（按照字面的意思理解）"。

12）火柴

第十六章 藏词游戏

《每日电讯报》在"二战"期间用来招募密码破译员的字谜答案

横向：1. TROUPE（剧院）；4. SHORT CUT（捷径；被切短的东西）；9. PRIVET（女贞）；10. AROMATIC（芳香的）；12. TREND（趋势）；13. GREAT DEAL（大量，划算的交易）；15. OWE（欠债）；16. FEIGN（假

装）; 17. NEWARK（纽瓦克）[NEW+ARK（方舟）]; 22. IMPALE（刺穿）; 24. GUISE（装束）; 27. ASH（梣树）; 28. CENTRE BIT（中心钻）; 31. TOKEN（代币）; 32. LAME DOGS（跛腿的狗）; 33. RACING（赛跑）; 34. SILENCER（消音器）; 35. ALIGHT（点燃的）

纵向: 1. TIPSTAFF（法警）[TIP（给……小费）+ STAFF（职员）]; 2. OLIVE OIL（橄榄油）; 3. PSEUDONYM（笔名）; 5. HORDE（一大群人）; 6. REMIT（汇款，赦免）; 7. CUTTER（小船）; 8. TACKLE（器具）; 11. AGENDA（议程）; 14. ADA（艾达）; 18. WREATH（花圈）; 19. RIGHT NAIL（指甲）(NAIL 也有"钉子"的意思); 20. TINKLING（发出叮当声）; 21. SENNIGHT（一星期）; 23. PIE（喜鹊，馅饼，旧时印度铜币）; 25. SCALES（天秤座）; 26. ENAMEL（牙釉质）; 29. RODIN（罗丹）; 30. BOGIE（转向车）

一个历史藏词游戏

横向: 1. MUNICIPALISE（划归市有）; 9. INCUR（招致）; 10. MERRIMENT（欢庆）; 11. HEINOUS（极为凶恶的）; 12. EVERTON（埃弗顿）; 13. PALLIATIVE（缓解剂）; 15. CARE（照料）; 18. CONE（圆锥）; 19. OESOPHAGUS（食道）; 22. NEWPORT（纽波特）; 24. BATHBUN（巴斯圆面包）; 25. ENDOSCOPY（内窥镜检查法）; 26. NURSE（护士）; 27. CHEMOTHERAPY（化学疗法）

纵向: 1. MACMILLAN（麦克米伦）; 2. NARCOTIC（催眠药）; 3. CAMUS（加缪）; 4. PARLEYVOO（讲法语）; 5. LOITER（闲站着）; 6. STENT（支架）; 7. MISHAP（灾祸）; 8. STANCE（站立）; 14. THEFTBOOT（盗窃引导）; 16. ARGYBARGY（争论）; 17. PHOTINIA（石楠）; 18. CANCER（癌症）; 20. SUNSET（日落）; 21. POSSUM（负鼠）; 23. WIDTH（宽度）; 24. BOYLE（波义耳）

第十七章 寻物解谜和解谜大赛

1）欢乐涂鸦

　　Palm Sunday（圣枝主日，复活节前的星期日）

　　Fairy Tale（童话故事）

　　Pause Button（暂停按钮）

　　Capital Letter（大写字母）

　　Sales Tax（营业税）

　　Check Point（检查站）

　　方框内的字母可以拼成"Artist"（艺术家）。

2）第一届麻省理工学院解谜大赛

　　a）Messier 3星团，简称M3，对最终答案的贡献只有数字"3"。许多高阶天文爱好者不假思索就能说出这个答案。

　　b）叮当兄（Tweedledum）的rank是"4"，出自《爱丽丝镜中奇遇记》(*Through the Looking-Glass*) 的棋局。

　　c）"WELCOME"（欢迎）。语出自莎士比亚的《哈姆雷特》。

　　d）"THE"。属于陷阱题。看到该问题的第一反应可能是想到《圣经》的内容。谜面"《圣经》的第一个词"对应英语是"First word of The Bible"，该问题实际是在问"The Bible"的"第一个词"，因此答案是"THE"。

　　顺便说一下，第一届麻省理工学院解谜大赛的元谜题答案是：

　　ROOM 13-E124，"WELCOME TO THE MONKEY HOUSE"（房间号13-E124，"欢迎来到猴子馆"）

　　这个房间是备用阅览室。目的是要寻找库尔特·冯内古特（Kurt Vonnegut）的小说《欢迎来到猴子馆》(*Welcome to the Monkey House*)。（答案来自布拉德利·谢菲尔）

3)

山 猫

由贾斯汀·格雷厄姆设计
答案：BASSISTS（低音乐器演奏者）

这些都是以动物为名的乐队（如甲壳虫乐队、威豹乐队、老鹰乐队等）。每条趣闻都是某一乐队的知名歌曲。将歌曲（趣闻）与乐队（动物）匹配，再按照图中动物之路的顺序排列。用趣闻旁的数字定位歌名中的字母。将字母按照图中道路的顺序排列。

甲壳虫乐队（Beatles；披头士）	……在吃了麦金托什的甜点之后	10《美味的松露》（Savory Truffle）	F
飞鸟乐队（Byrds）	……在对流层上空几公里处	8《八英里高》（Eight Miles High）	L
嘻哈斗牛犬（Pitbull）	当树倒下时，这只动物大声发出警告。	5《树要倒啦》（Timber）	E
老鹰乐队（Eagles）	这些动物在西海岸经营一家小旅馆。	15《加州旅馆》（Hotel California）	A
海龟乐团（Turtles）	这些动物喜欢待在同一个地方。	2《欢乐相聚》（Happy Together）	A
蓝色牡蛎崇拜（Blue Öyster Cult）	这只动物为你放火燃烧自己。	6《为你燃烧》（Burnin' For You）	N
鱼乐队（Phish）	这些动物的头上长满棉花糖。	9《轻佻女子》（Fluffhead）	D
三犬之夜（Three Dog Night）	这些动物要向全球表达快乐。	13《普世欢腾》（Joy To The World）	D
威豹乐队（Def Leppard）	请把甜味剂洒在这只动物身上。	3《在我身上撒些糖》（Pour Some Sugar On Me）	U
大猩猩乐队（Gorillaz；街头霸王虚拟乐团）	这些动物组成了一个欢乐的团体。	11《感觉良好》（Feel Good Inc）	C
约翰·"美洲狮"·麦伦坎普（John Cougar Mellencamp）	这种动物喜欢玫瑰色的民居。	4《粉色房子》（Pink Houses）	K
猴子乐队（Monkees）	这些动物崇拜天马行空的想象力。	1《白日梦信徒》（Daydream Believer）	D
蝎子乐队（Scorpions）	这些动物会让你摇来荡去，就像在热带风暴中一样。	14《像飓风一样摇滚》（Rock You Like A Hurricane）	U

| 数乌鸦合唱团（Counting Crows） | ……在降水量方面称雄。 | 7《雨之王》(Rain King) | N |
| 白蛇乐团（Whitesnake） | 当心！这只动物又要开始了。 | 12《我又来了》(Here I Go Again) | N |

这样就可以得到信息FLEA AND DUCK DUNN（弗利"跳蚤"和达克"鸭子"邓恩），两人都是贝斯手。

彩页图9、图10　丢失的自行车谜题

秘密在于，第13个人是由其他12个人的二分之一的特征创造出来的。比如第4个人的脸同时也是第11个人的脸。

> 本章附录
>
> # 格雷格谜题大挑战参考答案

1 "谜题之谜"的谜题

每条线索都可以用叠声词来回答，取这些单词的第一个字母可以拼出答案**DOUBLE BOND**（双键）。

1. Dik-dik（犬羚）
2. Once, once（从前）
3. Up, up（up, up, and away 意为"远走高飞"）
4. Bora Bora（波拉波拉岛）
5. Lang Lang（郎朗）
6. Extra! Extra!（号外！号外！）
7. Baden-Baden（巴登-巴登）
8. Out, out（熄灭吧，熄灭吧）
9. Nae nae
10. Dee Dee（迪迪）

2 数据错误

谜题中横向与纵向字母不能匹配的方格中有12对字母组合，这些"不匹配的字母组合"在网格呈对称分布，涵盖了字母表中的24个字母。（每对字母组合按照字母顺序排列，横向所需字母在前，纵向所需字母在后。所有字母组合在网格内的位置也按照字母顺序排列。）

未包括在内的字母组合IO，就是本谜题的最终答案。

横向： 1. AIDA（阿依达，百老汇音乐剧《阿依达》的主角）；5. B SIDE（唱片的B面，往往是不太重要的作品）；10. CALM（平静）；14. AKIN（近似，有关系）；15. OP ART（欧普艺术）；16. AREA（领域）；17. BERG（冰山）；18. BOGIE（亨弗莱·鲍嘉的昵称）；19. ICON（图标）；20. SAKES；22. NOV（11月）；23. ALONE（独自）；24. READ（阅读）；26. ERDA（厄尔达）；28. DIA；31. ELAPSED（"时间消逝"的过去式）；33. FEE（小费）；36. ONE A；38. I IS；39. DUSTED（"掸灰、撒粉"的过去式）；41. MISMATCHED PAIRS（不成对）；44. EGOIST（利己主义者）；45. AVE（大道，avenue的缩写）；46. OPIE（奥佩，《安迪·格里菲斯秀》中的角色）；47. NOG（蛋奶酒）；48. SLOWISH（速度稍慢的）；51. EEK；52. BEEP（哔哔响）；53. CTRL；55. SPORT（运动）；58. ENT（恩特，树人）；60. SALES（促销）；64. ALKA；65. ANAIS（阿内丝）；67. GILL（鳃）；68. GERI（洁芮）；69. DEPOT（公交车站）；70. EMMA（艾玛）；71. ADAM（亚当）；72. TRANQ（tranquil的缩写）；73. ROOT（根）

纵向： 1. JABS（疫苗接种）；2. IKEA（宜家）；3. DIRK（德克）；4. ANGER（愤怒）；5. ROB（抢夺）；6. SPONDAIC（扬扬格）；7. IAGO（埃古）；8. DRIVE（驾驶）；9. ETE（法语，"夏天"）；10. ZAILA（扎依拉）；11. ARCO（用琴弓拉）；12. LEON（里昂）；13. MANE（马鬃）；21. SEX（性）；23. ADD UP（可信的）；25. A LITTLE（有一点）；27. REDDEST（脸因羞惭、愤怒等涨得通红）；28. WOMEN（女性）；29. INIGO（伊尼戈）；30. AESOP（伊索）；32. PSHAW（哼！）；33. STIPE（斯泰普）；34. EERIE（可怕的）；35. EDSEL（埃德塞尔车型）；37. AM I；40. SAO；42. ASSET（资产）；43. EVICTION（驱逐）；49. OPENER（开场白）；50. YRS（years，"年"的缩写）；52. BRAIN（脑子）；54. LAGER（拉格）；55. SAGA（传奇）；56. PLED（"辩护"的

过去式); 57. OKRA（秋葵）, 59. NAPA（纳帕）, 61. LIMO（limousine, "豪华轿车"的缩写), 62. ELMO（艾摩）, 63. SLAV（斯拉夫人的）, 65. ADT（安达泰安防）, 66. STU

3 三阶魔方

每个面的单词都可以与这个面的颜色组成常见的词组，如white elephant（白象）、green beret（绿色贝雷帽）等。

剩下的三字母组合可以调整字母顺序，拼出HARRY POTTER WIZARD WITH SURBNAME BLACK（《哈利·波特》中以布莱克为姓氏的巫师），这一线索指向本谜题最终答案**SIRIUS**（小天狼星）。

白色：BREAD（white bread = 白面包），CHOCOLATE（white chocolate = 白巧克力），ELEPHANT（white elephant = 白象，大而无用的东西），RHINO（white rhino=白犀牛）

绿色：BERET（green beret = 绿色贝雷帽，美国特种部队的别称），GIANT（green giant = 绿巨人），LANTERN（green lantern = 绿灯侠，DC漫画中多位超级英雄的总称），SALAD（green salad = 蔬菜沙拉），THUMB（green thumb = "绿拇指"，园艺方面的才能）

红色：CHINA（Red China = 红色中国），CRESCENT（Red Crescent

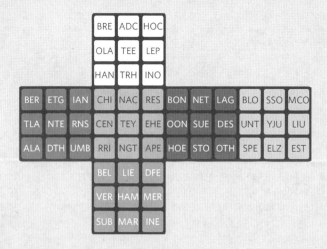

=红新月会，与国际红十字会相当的伊斯兰国家国际组织），EYE（red eye＝红眼睛，指夜航航班或廉价的威士忌酒），HERRING（red herring＝红鲱鱼，俚语指转移注意力的事），TAPE（red tape＝红带子，官僚作风）

蓝色：BONNET（blue bonnet＝蓝帽子，矢车菊的俗称），LAGOON（Blue Lagoon＝蓝色潟湖，冰岛著名温泉），SUEDE SHOES（Blue Suede Shoes＝《蓝色麂皮舞鞋》，猫王的歌名），TOOTH（blue tooth＝蓝牙）

橙色：BLOSSOM（orange blossom＝橙花），COUNTY（Orange County＝橙郡，奥兰治县），JULIUS（Orange Julius＝连锁果汁饮料店），PEEL（orange peel＝橙皮），ZEST（orange zest＝橙皮碎）

黄色：BELLIED（yellow-bellied＝黄肚皮的，俚语指懦弱的），FEVER（yellow fever＝黄热病），HAMMER（yellow hammer＝黄色锤子，指金翼啄木鸟），SUBMARINE（Yellow Submarine＝《黄色潜水艇》，披头士乐队的歌名）

4 诗谜回文

每段"谜题诗"的谜底如下所示。加粗字体的单词拼出的线索是OH! NEED CRIME FOES HIT TITLE，将字母顺序调整后，可以得到本谜题最终答案**HOMICIDE: LIFE ON THE STREET**（《情理法的春天》）。

1. **oh**（哦），eau（法语，"水"），owe（欠），haut（法语，"高的"）
2. New Ager（新纪元主义者），wagered（打赌，下注），**need**（需要）
3. Crimea（克里米亚），**crime**（罪）
4. hounds（猎狗），bounds（界限）；foxes（狐狸），**foes**（敌人）
5. Chianti（基安蒂葡萄酒），tai chi（太极），Chita（奇塔），itch（渴望），**hit**（成功）
6. Bible（《圣经》），**title**（标题）

5 标志与符号

每个画谜都代表黄道十二宫的一个星座。根据数字指示选取的字母可以拼出线索ITEM LEFT OUT（遗漏的项目），也就是本谜题的最终答案，未提到的星座CRAB（巨蟹座）。

1	VI（6个）R gin（琴酒）	VIRGIN（处女座）(2)	I
2	TW in（在……里）S	TWINS（双子座）(1)	T
3	音阶（scale）组成的S	SCALES（天秤座）(5)	E
4	R a.m.（上午）	RAM（白羊座）(3)	M
5	L ion（离子）	LION（狮子座）(1)	L
6	arch（拱形的）ER	ARCHER（射手座）(5)	E
7	F is（是）H	FISH（双鱼座）(1)	F
8	go（走吧）AT	GOAT（摩羯座）(4)	T
9	S, C or（或者）pi on（在……之上）	SCORPION（天蝎座）(3)	O
10	B. U.（Boston University；波士顿大学）LL（Cool J；埃勒·酷，美国著名说唱歌手、演员）	BULL（金牛座）(2)	U
11	water（水）bear（支撑）ER	WATER BEARER（水瓶座）(3)	T

6 完美组合

下面的网格图就是拼好的零片。构成的紧缩词是：

1. Britain（英国）+ exit（出口）= Brexit（英国脱欧）
2. lollipop（棒棒糖）+ icicle（冰柱）= popsicle（冰棒）
3. three（三）+ repeat（重复）= threepeat（三连胜）
4. Labrador（拉布拉多）+ poodle（狮子狗）= labradoodle（拉布拉多德利犬）
5. bunny（兔子）+ Dracula（吸血鬼德古拉）= Bunnicula（兔古拉）

6. Yellow Pages（黄页）+ help（帮助）= Yelp（美国点评网站）

7. shark（鲨鱼）+ tornado（龙卷风）= Sharknado（《风飞鲨》）

8. American（美国的）+ track（轨道）= Amtrak（美国国家铁路客运公司）

9. robot（机器人）+ blocks（积木）= Roblox（罗布乐思）

10. clam（蛤蜊）+ tomato（番茄）= Clamato（蛤肉番茄汁）

11. fourteen（十四）+ night（夜）= fortnight（两星期）

12. apple（苹果）+ martini（马提尼）= appletini（苹果马提尼）

13. spiced（调味的）+ ham（火腿）= Spam（斯帕姆午餐肉）

14. June（6月）+ 19th（19日）= Juneteenth（六月节，纪念美国奴隶制终结的节日）

15. sunflower（向日葵）+ artichoke（洋蓟）= sunchoke（洋姜）

16. spoon（羹匙）+ fork（餐叉）= spork（叉匙）

17. pocket（口袋）+ monster（怪物）= Pokemon（宝可梦）

	THIN			FLOOR		NAIL		PLUS	
LETTERS		BRITAIN	EXIT		LOLLIPOP	ICICLE		THREE	REPEAT	MOUSE
		LABRADOR		BUNNY			YELLOW PAGES		SHARK	
	POODLE		DRACULA			HELP		TORNADO	
TEN		AMERICAN	TRACK		ROBOT	BLOCKS		CLAM	TOMATO	BALLERINA
	14		APPLE			SPICED		JUNE	
	NIGHT			MARTINI		HAM		19TH	
IN		SUN-FLOWER	ARTICHOKE		SPOON	FORK		POCKET	MONSTER	CAN
	PAIR			STAR		MOVIE		YIELD	

网格外缘的单词（自左上顺时针）是：thin floor nail plus mouse ballerina can yield movie star pair in ten letters（曲头钉+芭蕾舞鼠是十个字母的一对电影明星），这条线索指向本谜题的最终答案，也是一个紧缩词，即BRAD（曲头钉）+ ANGELINA（美国动画片《芭蕾舞鼠》主角的名字）= BRANGELINA（布拉吉丽娜，即布拉德·皮特和安吉丽娜·朱莉）。

7 我们的目标就是让你开心

最短路线如阴影方格所示，可以拼出单词NECKTIE（领带）。

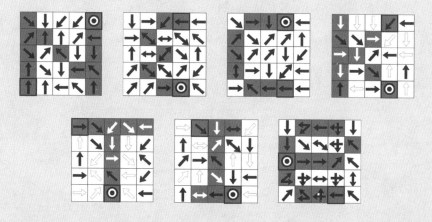

8A 最新时装

答案如下表所示。根据展示时间对应的数字从设计师名字拼写中选取字母，根据套装数量从面料的拼写中选取字母，拼出本谜题的最终答案**NEW CLOTHES**（新衣服）。

时间	姓名	套装数量	面料
1点	NIKITA（尼基塔）	5	TAFFETA（塔夫绸）
2点	KWAME（夸梅）	1	CORDUROY（灯芯绒）

续表

时间	姓名	套装数量	面料
3点	SALMAN（萨尔曼）	2	COTTON（纯棉）
4点	BAUTISKA（包蒂斯塔）	4	CASHMERE（羊绒）
5点	MEIFENG（美凤）	3	MUSLIN（平纹细布）

感谢谜题测试员约书亚·考斯曼（Joshua Kosman）为我们提供了一种解题思路。括号内的数字表明是哪条陈述支持该推理。

萨尔曼展示2或4套（1）。包蒂斯塔展示2或4套（4）。尼基塔和夸梅一共展示了6套，二人展示的数量都不可能是2或4套，应是1和5套，对应关系待定。由此推知美凤展示3套。

展示5套的设计师的出场时间为1点或2点（3），设计师为尼基塔或夸梅。所以尼基塔和夸梅两人的出场时间为1点和2点，或者2点和3点，顺序待定。这样包蒂斯塔的出场时间就不可能是2点，而是4点。因此，他展示的套装为4套，而萨尔曼展示2套。

萨尔曼紧跟着某位展示1套套装的设计师（尼基塔或夸梅）展示2套。这样萨尔曼的出场时间只能是3点，展示1套的设计师在2点出场，展示5套的设计师在1点出场。展示羊绒的设计师在4点出场，即展示5套的设计师出场之后3个小时（3）。尼基塔和夸梅在1点和2点出场，顺序待定，美凤在5点出场，展示套装为3套。

在2点展示的1套套装所用面料为灯芯绒（1），萨尔曼于3点展示2套套装，面料为纯棉（1），包蒂斯塔于4点展示4套套装，面料为羊绒。这样一来，1点展示的5套套装和5点展示的3套套装面料分别为塔夫绸和平纹细布。在1点展示5套塔夫绸套装的设计师是尼基塔，不是夸梅（2），夸梅是在2点出场。

8B 真实的数字

歌名、对应艺术家、缺失的字母或数字如下表所示。这些字母和数字拼出BASEBALL POSITION 7 8 OR 9（棒球位置7、8或9号），线索指向本谜题最终答案OUTFIELDER（外野手）。

线索	歌名	艺术家	缺失字母或数字
1 S F, 3 S ___	1 Step Forward, 3 Steps Back（《进一步，退三步》）	奥利维亚·罗德里戈（Olivia Rodrigo）	B
9 I T ___	Nine in the Afternoon（《下午九点》）	迪斯科瘟三（Panic! at the Disco）	A
___ O 69	Summer of '69（《69年夏天》）	布莱恩·亚当斯（Bryan Adams）	S
___ O 17	Edge of Seventeen（《17的边缘》）	史迪薇·尼克斯（Stevie Nicks）	E
3 L ___	Three Little Birds（《三只小鸟》）	鲍勃·马利与恸哭者乐队（Bob Marley and the Wailers）	B
___ 1 B T D	Another One Bites the Dust（《又一个倒下了》）	皇后乐队（Queen）	A
50 W T ___ Y L	50 Ways to Leave Your Lover（《离开你的情人的50种方式》）	保罗·西蒙（Paul Simon）	L
___ O 1000 D	Land of 1000 Dances（《千舞之地》）	威尔逊·皮克特（Wilson Pickett）	L
99 ___	99 Problems（《99个问题》）	杰斯（Jay-Z）	P
2 ___ O 3 A B	Two Out of Three Ain't Bad（《三人有两人成双也不错》）	肉卷（Meat Loaf）	O
G 3 ___	Gimme Three Steps（《给我三步》）	雷纳·史金纳乐队（Lynyrd Skynyrd）	S
___ G B（500 M）	I'm Gonna Be（500 Miles）（《我将远行500英里》）	宣告者乐队（The Proclaimers）	I

续表

线索	歌名	艺术家	缺失字母或数字
___ 5	Take Five（《休息五分钟》）	戴夫·布鲁贝克（Dave Brubeck）	T
___ W D 4 U	I Would Die 4 U（《我将为你而死》）	普林斯（Prince）	I
25 ___ 6 T 4	25 or 6 to 4（《25、6分钟到四点》）	芝加哥乐队（Chicago）	O
19th ___ B	19th Nervous Breakdown（《第19次精神崩溃》）	滚石乐队（The Rolling Stones）	N
___ N A	Seven Nation Army（《七国联军》）	白线条乐队（The White Stripes）	7
___ D A W	Eight Days a Week（《一周八天》）	披头士乐队（The Beatles）	8
D 63（___ W A N）	December '63（Oh What a Night）（《63年12月》）	四季乐队（The Four Seasons）	O
7 ___	7 Rings（《七枚戒指》）	亚莉安娜·格兰德（Ariana Grande）	R
L P N ___	Love Potion No. 9（《爱情魔药9号》）	搜索者乐队（The Searchers）	9

9 重新合成

线索、规则、答案、转换结果如下表所示。

11个转换结果都与蓝色有关，选取的字母可以拼出本谜题最终答案，知名蓝调歌手的名字**BESSIE SMITH**（贝西·史密斯）。

1	CORNCTRLONDELTHEESCBLANKTAB		
	线索：CORN ON THE BLANK（玉米粒长在上面）	答案：COB（玉米芯）	
	规则：加在电脑键盘的按键之前	转换：COBALT（钴蓝）（3/6）	B

续表

2	TINGERXHOSECIGIITXASLISSGROMBSOS		
	线索：SINGER WHOSE BIG HIT WAS KISS FROM A ROSE（热门歌曲《玫瑰之吻》的歌手）	答案：SEAL（席尔）	
	规则：首字母在字母表上后移一位	转换：TEAL（水鸭蓝）（2/4）	E
3	GLYDEDOWNHYLLLYKELYNDSEYVONN		
	线索：GLIDE DOWNHILL LIKE LINDSEY VONN（像林赛·沃恩一样滑下山）	答案：SKI（滑雪）	
	规则：将I变成Y	转换：SKY（天蓝）（1/3）	S
4	PNOITATIPICERMGNIXIRNIAADNSWON		
	线索：PRECIPITATION MIXING RAIN AND SNOW（雨雪交加）	答案：SLEET（雨夹雪）	
	规则：除首字母外所有字母前后颠倒	转换：STEEL（钢蓝）（1/5）	S
5	USAUTRALIANILWIDOGDOROFRMAMFAOUSERMEYLTRSTEEPINLIE		
	线索：AUSTRALIAN WILD DOG FROM FAMOUS MERYL STREEP LINE（梅丽尔·斯特里普著名台词中提到的澳洲野狗）	答案：DINGO（澳洲野狗）	
	规则：将第一个字母放到第三位，后面接原单词的第二个字母	转换：INDIGO（靛蓝）（1/6）	I
6	LZUNDMZUASUREEZUUALLING4ZU40SZUUAREYZURDS		
	线索：LAND MEASURE EQUALLING 4840 SQUARE YARDS（相当于4840平方码的面积）	答案：ACRE（英亩）	
	规则：将第二个字母换成ZU	转换：AZURE（蔚蓝）（5/5）	E
7	PRESIDENTPOFPMOSCOWPORPSTPPETERSBURG		
	线索：RESIDENT OF MOSCOW OR ST PETERSBURG（莫斯科或圣彼得堡的居民）	答案：RUSSIAN（俄罗斯人）	

续表

			转换：PRUSSIAN（普鲁士蓝）（4/8）	S
	规则：单词前加P			
8	**WODRIGHTTHTAIGHTCNAIGHTFOLLWOIGHTHIEVIGHTMASTREIGHTROIGHTNEVREIGHT**			
	线索：WORD THAT CAN FOLLOW HIVE MASTER OR NEVER（可以放在HIVE MASTER或NEVER之后的词）		答案：MIND（思想；介意）	
	规则：将后两个字母前后颠倒，再加IGHT		转换：MIDNIGHT（午夜）（1/8）	M
9	**PEOIBTOXPERITEATMENTPEAITRGET**			
	线索：BOTOX TREATMENT TARGET（肉毒杆菌素的治疗对象）		答案：WRINKLE（皱纹）	
	规则：第二个字母前后加PEI，将该字母组合放在最前面		转换：PERIWINKLE（长春花蓝）（4/10）	I
10	**ANBCYDOEFMESTICFEGHLINE**			
	线索：ANY DOMESTIC FELINE（任何家养的猫科动物）		答案：CAT（猫）	
	规则：第一个字母在字母表上的后两位加到第二个字母之后		转换：CADET（灰蓝）（5/5）	T
11	**HAPPOBBITSHAPPOMEIAPPNLAPPORDOAPPFTAPPHERAPPINGS**			
	线索：HOBBITS HOME IN LORD OF THE RINGS（《指环王》中霍比特人的家园）		答案：SHIRE（夏尔）	
	规则：第一个字母后插入APP		转换：SAPPHIRE（宝石蓝）（5/8）	H

10 穿越边境

国家的组合（以及名字被混在一起的首都）见下表。

每一组国家的名称中有一个字母在两国名中出现的位置相同。这些字母拼出本谜题最终答案UNITED NATIONS（联合国）。

字母	国家1	国家2	首都1	首都2
U	UKRAINE（乌克兰）	URUGUAY（乌拉圭）	KIEV（基辅）	MONTEVIDEO（蒙得维的亚）
N	JAPAN（日本）	YEMEN（也门）	TOKYO（东京）	SANAA（萨那）
I	CHILE（智利）	HAITI（海地）	SANTIAGO（圣地亚哥）	PORT-AU-PRINCE（太子港）
T	TANZANIA（坦桑尼亚）	THAILAND（泰国）	DODOMA（多多马）	BANGKOK（曼谷）
E	GREECE（希腊）	SWEDEN（瑞典）	ATHENS（雅典）	STOCKHOLM（斯德哥尔摩）
D	EL SALVADOR（萨尔瓦多）	SOUTH SUDAN（南苏丹）	SAN SALVADOR（圣萨尔瓦多）	JUBA（朱巴）
N	NEPAL（尼泊尔）	NIGER（尼日尔）	KATHMANDU（加德满都）	NIAMEY（尼亚美）
A	CHINA（中国）	LIBYA（利比亚）	BEIJING（北京）	TRIPOLI（的黎波里）
T	AUSTRIA（奥地利）	VIETNAM（越南）	VIENNA（维也纳）	HANOI（河内）
I	INDIA（印度）	ITALY（意大利）	NEW DELHI（新德里）	ROME（罗马）
O	MOZAMBIQUE（莫桑比克）	SOUTH KOREA（韩国）	MAPUTO（马普托）	SEOUL（首尔）
N	FRANCE（法国）	GUINEA（几内亚）	PARIS（巴黎）	CONAKRY（科纳克里）
S	HONDURAS（洪都拉斯）	BARBADOS（巴巴多斯）	TEGUCIGALPA（特古西加尔巴）	BRIDGETOWN（布里奇顿）

11 达成共识

谜题破解之后，两个网格内有填入相同位置的数字，如下图阴影方格所示，这些数字是4，9，1，2，15，12，9，3，1，12，对应字母表中的字母顺序，拼出本谜题最终答案**DIABOLICAL**（恶魔的，穷凶极恶的）。

4	5	7	3	6	8	1	2	9
2	9	1	7	4	5	6	8	3
3	8	6	1	9	2	5	4	7
9	7	8	6	2	4	3	1	5
1	2	5	8	3	7	9	6	4
6	3	4	5	1	9	8	7	2
5	4	3	2	8	6	7	9	1
8	1	2	9	7	3	4	5	6
7	6	9	4	5	1	2	3	8

4	8	2	5	1	6	7	3	9
9	6	1	8	3	7	5	4	2
5	3	7	9	4	2	8	6	1
7	4	9	2	8	3	6	1	5
1	2	6	4	7	5	3	9	8
3	5	8	1	6	9	4	2	7
2	9	3	6	5	8	1	7	4
6	1	5	7	2	4	9	8	3
8	7	4	3	9	1	2	5	6

12 希腊人对罗马人

行棋的路线如下图所示。

黑马行棋路线上的字母拼出ANOTHER NAME FOR THE ORACLE AT DELPHI（德尔斐的先知的另一个名字），该线索指向本谜题最终答案

之一 **PYTHIA**（皮提亚）。

白马行棋路线上的字母拼出 VILLAIN WHO RACES WITH BEN-HUR IN FILM（在电影中与宾虚进行战车比赛的反派），该线索指向本谜题另一最终答案 **MESSALA**（米撒拉）。

13 我们是谁？

谜底与解释如下。将谜底连在一起，拼出线索 ABOLITIONISTS JACKSON AND CRANDALL（废奴主义者杰克逊和克兰德尔），两人的名字 **FRANCIS**（弗朗西斯）和 **PRUDENCE**（普鲁登丝）即本谜题的最终答案。

1. ABO	metABOlism（新陈代谢）、seABOrne（海上运输的，漂流的）、lavABOs（洗手盆）都有这一字母组合；血型也用这三个字母表示
2. LIT	同义词包括 drunk、exciting、not pitch-black、fine writing；前后颠倒的 TIL
3. ION	potION（魔药），billION（十亿），passION（激情），erosion（侵蚀）
4. ISTS	It's surely this simple 的首字母缩写；做后缀时意为"信徒，支持者"
5. JACK	杰克·布莱克（Jack Black；演员），杰克·怀特（Jack White；音乐家）；扑克牌中介于10和Q的J
6. SON	儿子，经典谜语
7. AND	FANBOYS 一词可用来辅助记忆连词 for（因为）、and（和）、nor（也不）、but（但是）、or（或）、yet（然而）、so（因此）

8. C　　　　　每个部分都可以用C或c来表示

9. RAND　　　南非的货币兰特，参议院兰德·保罗（Rand Paul），erRAND、RANDomly两个词中也有这一字母组合

10. ALL　　　ALLigators、swALLows、shALLows、gALLeries、digitALLy中都有这一字母组合

14 日本机关盒

402页表格是八个类型与每一栏中填入的单词。得到的十个字母拼出本谜题最终答案**VANNA WHITE**（凡娜·怀特，美国电视明星，《幸运之轮》的主持人）

15 1/3说和1/2说

以下是组合的线索及对应答案：

1/3说

1	French Sudan, today（如今的法属苏丹）(4)	MALI（马里）
2	Lakers' owner Jerry（湖人队的老板杰莉）(4)	BUSS（巴斯）
3	Desegregation pioneer Leona（废除种族隔离先驱李奥娜）(4)	TATE（泰特）
4	Surgeon Antoine-Hippolyte（外科医生安托瓦-伊波利特）(4)	CROS（克罗斯）
5	Participate in karaoke（参与卡拉OK）(4)	SING（唱）
6	Endorse a check（为支票背书）(4)	SIGN（签字）
7	NWA definite article（阿肯色州西北部口音的定冠词）(3)	THA（the在该地区的发音）
8	"America" lyric contraction（《美国》歌词中的缩写）(3)	TIS（it is，"它是"的缩写）

日本机关盒方框答案（最终答案见401页）

沙拉调味酱	语言	有蹄动物	PUZZLE（使……困惑）的同义词	纽约州的城市	掌上电脑厂商	树木	手臂部位
	JAPANESE（日语）		PUZZLE			BOX（黄杨树）	
	MANDARIN（普通话）		PERPLEX			BAOBAB（猴面包树）	
	ARABIC（阿拉伯语）		FLUMMOX			BALSA（轻木树）	
	PUNJABI（旁遮普语）		CONFUSE			LAUREL（月桂树）	
	PORTUGUESE（葡萄牙语）		BAFFLE			ALMOND（杏树）	
RUSSIAN（俄式）	RUSSIAN（俄语）	BUFFALO（美洲野牛）	BUFFALO	BUFFALO（布法罗）	PALM（奔迈）	PALM（棕榈树）	PALM（手掌）
GREEN GODDESS（绿色女神）	TURKISH（土耳其语）	GIRAFFE（长颈鹿）	BAMBOOZLE	ALBANY（奥尔巴尼）	APPLE（苹果）	MAPLE（枫树）	ARMPIT（腋窝）
CAESAR（凯撒）	BURMESE（缅甸语）	LLAMA（美洲驼）	BEMUSE	NEW YORK（纽约）	BLACKBERRY（黑莓）	ASPEN（白杨树）	WRIST（手腕）
RANCH（牧场）	GREEK（希腊语）	CAMEL（骆驼）	BEFUDDLE	SYRACUSE（锡拉丘兹）	MOTOROLA（摩托罗拉）	CYPRESS（柏树）	RADIUS（桡骨）
VINAIGRETTE（油醋汁）	GERMAN（德语）	ANTELOPE（羚羊）	BEWILDER	ROCHESTER（罗切斯特）	NOKIA（诺基亚）	CHESTNUT（栗树）	SHOULDER（肩膀）

1/2说

1	500, in Roman numerals（罗马数字中的500）（1）	D
2	Symbol for carbon（碳元素的符号）（1）	C
3	Opposite of acid, chemically（化学上与酸相对）（4）	BASE（碱）
4	Event for Cinderella（灰姑娘参加的活动）（4）	BALL（舞会）
5	Nam _____（fish sauce）（鱼露）（3）	PLA
6	With "out," an ump's call（裁判的命令，与"out"一起用）（3）	YER（口语中you的非正式说法）
7	Took a chair（拿过一把椅子）（3）	SAT（坐下了）
8	Big coffee server（大的咖啡容器）（3）	URN（咖啡壶）
9	Winter time zone in Nova Scotia（新斯科舍的冬令时）（3）	AST（Atlantic Standard Time，大西洋标准时间）
10	Royal title for Haile Selassie（海尔·塞拉西的王室头衔）（3）	RAS（王公）
11	Golfer's shout（高尔夫球手的呐喊）（4）	FORE（前面注意，警告人们球手即将击球）
12	Paddington or Fozzie（帕丁顿或福滋）（4）	BEAR（熊）

以上答案按顺序组合在一起，拼出五条线索：

1/3说

1	MALIBU'S STATE（马里布所在的州）	CA（加利福尼亚州，California的简写形式）
2	CROSSING SIGN（铁路交叉路口标志）	RR
3	THAT IS（就是说，即）	IE

1/2说

1	DC BASEBALL PLAYER（华盛顿哥伦比亚特区的棒球运动员）	NAT
2	SATURN ASTRA'S FOREBEAR（土星汽车阿斯特拉车型的前身）	ION（埃恩）

用这些字母组合拼出本谜题最终答案CARRIE NATION（嘉莉·纳西翁）[①]。

16 大西洋彼岸

包含额外单词的五条横向线索是：

第9条（these，这些），第12条（answers，不止一个答案），第14条（make，制作），第26条（another，另一个），第29条（clue，线索）= These answers make another clue。（这些答案构成另一条线索。）

线索是：state bond author shortened eleven。

State bond author shortened（联系，作者，简短）(11) = CONNECT + I + CUT = **CONNECTICUT**（康涅狄格州）

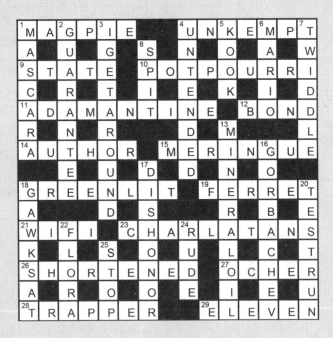

[①] 原名卡罗琳·亚美利亚·摩尔（Caroline Amelia Moore），是禁酒（temperance）运动的激进成员，以手拿斧头攻击提供酒精的场所而闻名。

横向

1. MAGPIE（喜鹊），MA（口语中对妈妈的称呼）+ GP（general practitioner，全科医生）+ IE（that is，即），线索可拆分为一种鸟，写法是doctor和that is都在mother之后
4. UNKEMPT（凌乱的），bUNK EMPTied，线索可理解为从bunk，emptied各取一部分混在一起
9. STATE（州），ST + ATE（"these"= 第一个额外单词），线索中Saint缩写为St，consumed即ate，享用或吃
10. POTPOURRI（干燥的花瓣及香料之混合物），up prior to的回文，crack意为使……破裂，即把up prior to的字母拆开重新组合
11. ADAMANTINE（坚定不移的），ADAM + ANTI + NE，线索中桑德勒可以指演员亚当·桑德勒，not in favor of = anti（反对），northeastern的缩写是NE
12. BOND（邦德；使……牢固结合；联系），双重含义，007的名字是詹姆斯·邦德（James Bond），用强力胶水可以把两样东西粘牢（"answers"= 第二个额外单词）
14. AUTHOR（作者），AU + THOR，线索中Au = gold黄金的化学符号，Thor指雷神索尔，是漫威漫画电影中的角色（"Make"= 第三个额外单词）
15. MERINGUE（蛋白酥皮小饼），MERING（U）E，是regimen（养生法）的回文，gets you in the end是使用回文的线索
18. GREENLIT（开绿灯），lean grit Spoonerism，Spoonerism指首音调换，比如把Harry Potter说成Parry Hotter，源自于原牛津大学的校长Spooner常犯的错误；线索中的slim= lean（瘦的），courage=grit（勇气）
19. FERRET（雪貂），FE（RR）ET，feet是脚的复数，英语漫画中常用Rrrrrrrr来表示犬吠，读音即R的拉长形式，线索中的twice要用两个R
21. WIFI（无线网络），WI（F）I，任天堂推出名为WII的家用游戏机，F可以表示full
23. CHARLATANS（骗子；庸医），CHAR + LA + TANS，线索中的blacken=char（使燃烧而变黑），the =法语中的La，bronzes可以理解为古铜色，即tans，皮肤黝黑
26. SHORTENED（变短），The Drones回文（"Another"=第四个额外单词）
27. OCHER（赭色），O + CHER，意为dear，歌手雪儿（Cher）曾获得过奥斯卡（Oscar）金像奖
28. TRAPPER（设陷阱捕捉鸟兽的人），TRAP + PER（顺序前后颠倒），trap是捕动物的器具，陷阱；agent的近义词representative缩写是rep，字母顺序颠倒即为per
29. ELEVEN（11），EL（E）VEN，Rivendell是《指环王》中中土的精灵（Elven）前哨（"clue"=第五个额外单词）

纵向

1. MASCARA（睫毛膏），MASC + A + RA（MAC's的回文），A级即顶级，ra是rare的一半
2. GUARANTEE（保证），GUA（m）+ RANTE（d）+E，missing finals指去掉最后的字母，Guam关岛是美国领土，ranted是咆哮的过去式，对应sounded off
3. I GET AROUND（我四处走走），IG + ETA + ROUND，IG是Instagram的简写
4. UN（in）TENDED（无意的），neglected的同义词是untended，dropping in指去掉了in
5. KOOK（怪人），正读反读都一样，对应either way
6. MARIO（马里奥），miniature avatar running in overalls的首字母缩写
7. TWIDDLE（旋弄），（gr→TW）IDDLE，pair—双或一对，指tweezers的两个字母，half—半，指grub四个字母中的两个

8. SPIT（吐口水；口吐恶言），双重含义
13. MINERAL OIL（矿物油），Mail Elinor 的回文，different暗示要用回文
16. GORBACHEV（戈尔巴乔夫），GOR（BACH）E+V，Bach指巴赫，德国作曲家，V是罗马数字的5
17. DISHONOR（玷污……名誉），DI（S+HON）OR，DIOR是法国奢侈品牌，S对应sounthern，HON是honey的口语声音形式，对应sweetheart
18. GAWKS AT（呆呆地瞪眼看着……），GAW+KSAT，字母顺序前后颠倒，task对应job，wag对应joker
20. TESTRUN（测试运行），T（EST R+U）N，TN是Tennessee的缩写形式，rest的回文，U指university
22. FLORA（植物群落），F（L）ORA，favor的拼写包括F、O、R、A几个字母，surrounding lake对应L的周围
24. RUDE（粗鲁的），rued是regretted的同义词，意为"感到懊悔"，与rude发音相同
25. STOP（停止），stop的字母顺序前后颠倒，即为pots，pot = weed，即俚语中的"大麻"

17 汉诺摩天大楼

线索指向的答案可按与摩天大楼名称相关的规则分类填在环形标签里。如果答案填写正确，可以从左至右、从上到下拼出WORLD'S TALLEST IS FOUR SEVEN（世界最高，两个词分别为4个字母和7个字母），所以本谜题的最终答案是**BURJ KHALIFA**（哈里发塔）（见右页图）。

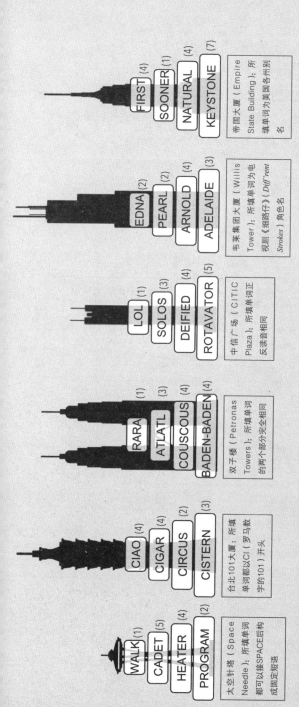

参考答案

407

18 重大秘密

所有谜题的答案（按题目说明加上A.J.和格雷格）可以关联传统塔罗牌[①]的大秘仪（或大阿尔克那，Major Arcana；major = big，arcana = secrets，两个词字面上可以理解成big secrets，即"重大秘密"）。

本谜题说明中"A.J.兴高采烈地开始工作，希望能涉足未知领域，无惧失败或尴尬"是塔罗牌中"愚者"的描述。而格雷格是"聪明的谜题设计师，可以凭空想象出智力游戏的设计方法"，符合"魔术师"的特征。

其他对应关系，以及从相关答案中抽取的字母如下表所示。

编号	塔罗牌	相关答案	索引	字母
0	愚者	AJ	—	—
1	魔术师	格雷格	—	—
2	女祭司长	PYTHIA（皮提亚；德尔斐的女祭司）	3	T
3	女帝	BESSIE SMITH（贝西·史密斯；蓝调女王）	11	H
4	皇帝	NEW CLOTHES（新衣服，新装）	2	E
5	法皇	FRANCIS（弗朗西斯；教皇方济各，Pope Francis）	1	F
6	恋人们	BRANGELINA（布拉德和安吉丽娜）	3	A
7	战车	MESSALA（米撒拉；宾虚在战车比赛中的对手）	4	S
8	正义	OUTFIELDER（外野手大卫·贾斯提斯，David Justice）	3	T
9	隐者	CRAB（巨蟹座）	3	A
10	命运之轮	VANNA WHITE（凡娜·怀特；美国智力答题节目《幸运之轮》的主持人）	3	N
11	力量	DOUBLE BOND（双键或双纽带）	1	D

① 非传统的韦特（Rider-Waite）塔罗牌中调换了"正义"和"力量"的顺序。

续表

编号	塔罗牌	相关答案	索引	字母
12	倒吊人	NECKTIE（领带）	5	T
13	死神	HOMICIDE LIFE ON THE STREET（《情理法的春天》）	1	H
14	节制	CARRIE NATION（嘉莉民族）	6	E
15	恶魔	DIABOLICAL（恶魔的）	8	C
16	塔	BURJ KHALIFA（哈里发塔）	2	U
17	星星	SIRIUS（小天狼星）	3	R
18	月亮	IO（木卫一；木星的卫星也称作moon）	1	I
19	太阳	CONNECTICUT（康涅狄格州；美国国家女子篮球联盟中有康涅狄格太阳队）	2	O
20	审判	PRUDENCE（普鲁登丝；审慎）	3	U
21	世界	UNITED NATIONS（联合国）	13	S

抽取的字母拼出的正是优秀解谜者所需的品质：**THE FAST AND THE CURIOUS**（速度与好奇心）①。

---

① 戏仿《速度与激情》（*The Fast and the Furious*）。

参考答案

参考资料

我整理出了一份(我希望是)有趣的,同时(我知道)并不全面的资料清单,列出了一些可以帮助你继续探索谜题和解谜话题的书籍和网站。

解谜式思维与解决一般问题

The Puzzle Instinct: The Meaning of Puzzles in Human Life by Marcel Danesi(2004).

多伦多大学的人类学教授对解谜冲动是人类本能的论述。

The Sweet Spot: The Pleasures of Suffering and the Search for Meaning by Paul Bloom(2021).

心理学教授探究我们坦然接受填字游戏和马拉松等痛苦事物的原因。

A Brief History of Puzzles: Baffling Brainteasers from the Sphinx to Sudoku by William Hartston(2019).

简洁而有趣的谜题集,包括兔子繁殖谜题和牛吃草问题等许多古老数学问题。

The Scout Mindset: Why Some People See Things Clearly and Others Don't by Julia Galef(2021).

作者是我最喜欢的一位思想家和播客主播。该书对与动机性推理相反的好奇心与理性探究大加赞扬。

Problem-Solving Techniques That Work For All Types of Challenges by Spencer Greenberg.

https://www.spencergreenberg.com/2017/06/1514/. 身为数学家和科学家的作者针对现实生活中各种谜题的深入思考。

Wired to Create: Unraveling the Mysteries of the Creative Mind by Scott Barry Kaufman and Carolyn Gregoire（2016）.

心理学家和播客主播斯科特·巴里·考夫曼与科普作家卡罗琳·格雷瓜尔合作，奉献了这本颇有见地的创造性解决问题指南。

Think Again: The Power of Knowing What You Don't Know by Adam Grant（2021）.

与茱莉亚·加勒夫的著作一样，组织心理学家亚当·格兰特的这本书褒扬开放思维模式的优点。作者论述了我们应该努力像科学家般思考，而不能学传教士、检察官或政治家。

Gödel, Escher, Bach: An Eternal Golden Braid by Douglas R. Hofstadter（1979）.

非虚构类经典著作，深入探讨认知与逻辑——以及书名中提到的三位天才的智慧。

填字游戏

Fireball Crosswords

https://www.fireballcrosswords.com

彼得·戈登设计的填字游戏，极为烧脑。

Inkubator Crosswords

https://inkubatorcrosswords.com

劳拉·布朗斯坦和特蕾西·贝内特在此更新和维护由女性创作的填字游戏。

Two Nerdy Obsessions Meet—and It's Magic

TED 演讲，邝大卫（David Kwong）（2014）

https://www.davidkwongmagic.com

邝大卫是我最喜欢的一位填字游戏设计师，我非常喜欢他结合了填字游戏和魔术的非百老汇演出《恩尼格玛密码员》(*The Engimatist*)。他的TED演讲也十分精彩。

Queer Qrosswords

https://queerqrosswords.com/

内特·卡尔丁（Nate Cardin）打造的网站，收录由性少数群体设计的填字游戏，网站收入用于支持面向该群体的慈善活动。

***Thinking Inside the Box: Adventures with Crosswords and the Puzzling People Who Can't Live Without Them* by Adrienne Raphel（2020）.**

对填字游戏领域的有趣探索，包括作者本人的填字游戏主题邮轮之旅。

黛博·艾姆伦（Deb Amlen）在《纽约时报》上的填字游戏报道

黛博是《纽约时报》的主要字谜设计师，她的文章与那些字谜一样睿智而有趣。她写的《如何破解〈纽约时报〉的填字游戏》(*How to Solve the New York Times Crossword*)简直就是新手必读。此外，她也编辑文字游戏栏目，发表对当天填字游戏的详细分析及其他与解谜相关的文章。

***Gridlock: Crossword Puzzles and the Mad Geniuses Who Create Them* by Matt Gaffney（2006）.**

https://xwordcontest.com

了解字谜设计师思维的有趣读物。网站每周推出一次填字游戏和元谜题竞赛。

***The Curious History of the Crossword: 100 Puzzles from Then and Now* by Ben Tausig（2013）.**

知名填字游戏设计师写的字谜演化史，可以试试破解书中提到的诸多填字游戏。

Brendan Emmett Quigley

https://www.brendanemmettquigley.com

才华横溢（以及有受虐倾向）的填字游戏设计师设计的字谜。

From Square One **by Dean Olsher（2009）.**

对填字游戏和生活的有趣探索。

魔方和其他机关谜题

Cubed: The Puzzle of Us All **by Ernö Rubik（2020）.**

引发魔方狂热之人献给扭转谜题和凌乱房间的一曲颂歌。

Sydney Weaver

http://www.sirwaffle.com

无论对于熟练的魔方选手还是我这样的菜鸟，西德妮都称得上是优秀的魔方教练。

That Guy With the Puzzles

http://www.thatguywiththepuzzles.com

谜题设计师和收藏家布莱特·屈纳（Brett Kuehner）曾是我探索机关类（以及其他）智力游戏时遇到的最可靠的向导之一。网站上有他的收藏品的照片、密室逃脱设计指南等等。

The Shape of Difficulty: A Fan Letter to Unruly Objects **by Bret L. Rothstein（2020）.**

机关类谜题入门读物，印第安纳大学教授旁征博引，介绍了这类谜题的历史和设计理念。

The Jerry Slocum Mechanical Puzzle Collection

https://libraries.indiana.edu/lilly-library/mechanical-puzzles

杰瑞·斯洛克姆有全世界最大的机关类谜题收藏，大部分都捐给了印第安纳大学。你可以在网站上看到成千上万个历史谜题（包括本书没有介绍到的法式纠缠谜题，因为我发现这类谜题不如想象中那么令人感兴趣。但有很多其他有趣的谜题可供浏览）。

Rob's Puzzle Page

http://robspuzzlepage.com

收藏家罗伯·斯特格曼（Rob Stegmann）在网站上分享了藏品的照片和历史，其中包括6600多件实物和250本与谜题相关的图书。罗伯在机关类谜题方面的知识特别丰富。

Chinese Puzzles

张薇和彼得·拉斯穆森的网站https://chinesepuzzles.org，以及二人合著的《中国谜题第一册》(*Chinese Puzzles I*)、《中国谜题第二册》(*Chinese Puzzles II*)都是十分出色的参考资源。

Oskar Puzzle

https://www.youtube.com/c/OskarPuzzle

设计"雅各的天梯"的荷兰天才奥斯卡·范·德文特在YouTube上开设了一个频道，有数百个视频介绍他的其他作品。

回文字谜和文字游戏

The National Puzzlers' League

https://www.puzzlers.org

Word Ways

https://digitalcommons.butler.edu/wordways

"娱乐符号学"期刊《词汇之道》，内容涵盖"谜题、新奇诗歌、回文词句、游戏、魔术、罕见事物荟萃等"。

Beyond Wordplay

https://beyondwordplay.com

包括语言学家、《华尔街日报》专栏作家本·齐默（Ben Zimmer）在内的多位知名撰稿人为文字迷提供的新闻和谜题。

***Puzzlesnacks: More Than 100 Clever, Bite-Size Puzzles for Every Solver* by Eric Berlin（2019）.**

现代著名谜题设计师创作的创意字谜精选，难度适中。

Sunday NPR Puzzle

每到周日，威尔·肖茨就会在美国国家公共电台上发布一个字谜。登录https://www.npr.org/series/4473090/sunday-puzzle可以获取这些字谜。有位爱好者将这些字谜收集起来，与解谜讨论一并发布在https://puzzles.blainesville.com上。

拼　图

Stave puzzles

https://www.stavepuzzles.com

史戴夫拼图制作刁钻、美妙（而且昂贵）的木工切割拼图。

USA Jigsaw Puzzle Association

http://usajigsaw.org

获取建议、准备比赛的良好资源。创立者之一是拼图吉尼斯世界纪录的保持者泰米·麦克劳德（Tammy McLeod），他为本书的拼图及其他谜题章节贡献了大量智慧。

The World Jigsaw Puzzle Federation

https://worldjigsawpuzzle.org

世界拼图锦标赛的主办方，我们一家没有在比赛中获得最后一名。

Karen Puzzles

https://www.youtube.com/c/KarenPuzzles

YouTube人气主播，提供拼图建议，以及古怪但令人放松的消磨时间的视频。

***The Jigsaw Puzzle: Piecing Together a History* by Anne D. Williams（2004）.**

我所找到的介绍拼图历史最全面的书，甚至包括这样的记录：20世纪90年代，加拿大某公司同意给顾客邮寄世界地图拼图的升级零片，以适应国际边界变化。

迷宫和迷园

The Labyrinth Society

https://labyrinthsociety.org

迷园的最佳参考资源，有关于迷园的一切。迷园协会组织会议、出版会刊，还可以帮你找到你附近的迷园。

Eric Eckert's Mazes

https://www.ericjeckert.com/mazes

埃里克·埃克特创作的铅笔迷宫以名流［如鲍勃·鲁斯（Bob Ross）、帕姆·格里尔（Pam Grier）等］主题为特色，也可以为你或朋友定制迷宫。

***The Curious History of Mazes: 4000 Years of Fascinating Twists and Turns with Over 100 Intriguing Puzzles to Solve* by Julie E. Bounford（2018）.**

一本不错的书，内容从庞贝的迷宫涂鸦到20世纪80年代风靡一时的日本木制迷宫等应有尽有。

Adrian Fisher

https://www.mazemaker.com

亚德里安·费舍尔是一位极为高产的迷宫设计师和作家。

***Labyrinths & Mazes: A Complete Guide to Magical Paths of the World* by Jeff Saward（2003）.**

内容丰富，从古埃及碑铭文字到紫外线灯下显现的迷园无所不有，此外还有大量照片。该书作者是迷宫与迷园专业期刊 *Caerdroia* 的创刊编辑。

数学和逻辑谜题

Tanya Khovanova's Math Blog

https://blog.tanyakhovanova.com

麻省理工学院的坦妮娅·霍瓦诺娃博士14年来一直在撰写有关数学和谜题的有趣博文。

TED-Ed 谜题栏目

https://ed.ted.com

精彩纷呈的视频集（据最新统计共63部），主打逻辑谜题，如鸡蛋掉落问题（Egg Drop Riddle）、瓦迪种族的诞生谜题（Cuddly, Duddly, Fuddly, Wuddly Riddle）等。

Mathematical Puzzles: A Connoiseur's Collection by Peter Winkler（2020）.

从切蛋糕到掷硬币，再到正方体上的蜘蛛一应俱全。这些谜题都不简单，但非常美妙。

The Moscow Puzzles by Boris Kordemsky（1992）.

最早出版于前苏联赫鲁晓夫执政时期，这本谜题经典中有许多广为人知的逻辑谜题，比如插彩旗问题！

Tokyo Puzzles by Kōzaburō Fujimura（1978）.

内容精彩的逻辑与数学谜题集，包括一些经典的火柴棍谜题。

Entertaining Mathematical Puzzles by Martin Gardner（1961）.

已故《科学美国人》（*Scientific American*）传奇专栏作家马丁·加德纳出版过一系列与谜题相关的书籍，这本只是其中之一。如果你喜欢逻辑和数学解谜，他的书都值得一读。

The Riddle of Scheherazade: And Other Amazing Puzzles by Raymond Smullyan（1998）.

雷蒙德·斯莫林是数学家和悖论与趣味逻辑大师，著作颇丰。这本书是我个人最喜欢的一本。

暗语和密码

Elonka Dunin's Kryptos website

https://elonka.com/kryptos

克里普托斯的顶级参考资源,出自顶级密码专家埃隆卡·杜宁。

***Codebreaking: A Practical Guide* by Elonka Dunin and Klaus Schmeh(2021).**

对密码破解新手和专家都极为有用的一本书。

***The Codebreakers: The Comprehensive History of Secret Communication from Ancient Times to the Internet* by David Kahn(1996).**

如果你喜欢暗语和密码,这本1200页、重量约1.8千克的经典值得一读(稍显过时)。

***Cipherbrain* blog by Klaus Schmeh**

https://scienceblogs.de/klausis-krypto-kolumne

克劳斯·施梅是我在密码学界最喜欢的人之一,他的博客主打历史上未被破解的密码和暗语——读者中不乏能解开密码的能人。

American Cryptogram Association

cryptogram.org

美国密文协会专注于娱乐性的密码破解,举办会议,每两个月出版一期《密文》(*The Cryptogram*)杂志。

视觉谜题

***Quest for the Golden Hare* by Bamber Gascoigne(1983).**

令人着迷的读物,审视20世纪80年代早期在英国由《假面舞会》引发的寻宝热。

***The 12-Hour Art Expert: Everything You Need to Know About Art in a Dozen Masterpieces* by Noah Charney(2022).**

艺术史学家诺亚·查尼撰写的出色的艺术入门读物，其中还有些隐藏符号的零散资料。

数独、聪明格和其他网格类谜题

The Art of Sudoku by Thomas Snyder（2012）.

世界数独冠军托马斯·斯奈德分享了120个数独，根据书中的说法，这些谜题"根本不可能靠计算机随机程序设计出来"。

The 15 Puzzle Book: How It Drove the World Crazy by Jerry Slocum and Dic Sonneveld（2006）.

书中详细探讨了19世纪80年代的解谜热潮以及山姆·劳埃德的"15格"骗局。

Puzzles Old & New: How to Make and Solve Them by Jerry Slocum and Jack Botermans（1986）.

书中照片颇多，回顾了千百年来的许多著名谜题，如德国多巧板（Zornbrecher Puzzle）、阿基米德十四巧板（The Loculus of Archimedes）等。

象棋棋谜

Rewire Your Chess Brain: Endgame Studies and Mating Problems to Enhance Your Tactical Ability by Cyrus Lakdawala（2020）.

塞勒斯创作的50多本书之一，是非常有意思的棋谜指南，书中的棋谜从简单到烧脑，难度不等。

Prepare With Chess Strategy by Alexey W. Root（2016）.

我最喜爱的国际象棋作者。该书是象棋策略的出色入门读物，棋谜在书中随处可见。

The Immortal Game: A History of Chess by David Shenk（2007）.

非常吸引人的一本书，是本书关于马塞尔·杜尚故事的资料来源。

我也非常喜欢封面上的副标题：棋盘上的32颗棋子如何启发我们对战争、科学和人类大脑的理解（*How 32 Carved Pieces on a Board Illuminated Our Understanding of War, Science and the Human Brain*）。

谜　语

The Riddle Ages website

https://theriddleages.com

由伯明翰大学的梅根·卡维尔（Megan Cavell）创立，是充满学究气但出奇好玩的中世纪谜语宝藏。

Lewis Carroll's Games & Puzzles by Lewis Carroll and Edward Wakeling（1992）.

大师创造的离合诗、密码，还有极其折磨人的精彩文字游戏。

The Curious History of the Riddle by Marcel Danesi（2020）.

谜语编年史，从古希腊到中世纪，再到《哈利·波特》。

机关盒

Karakuri

https://karakuri.gr.jp/en

有各种原创机关盒。正是这群设计师引发了日本机关盒的狂热。

Kagen Sound

https://kagensound.com

卡根·桑德为达伦·阿伦诺夫斯基设计了谜题之桌，他创造的谜题美妙又难解。

Stickman

stickmanpuzzlebox.com

介绍了家住俄克拉荷马州的罗伯特·亚尔格（Robert Yarger）设计的

精致而富有创意的机关盒。

Chris Ramsay

https://www.youtube.com/c/ChrisRamsay52

一身文身的加拿大魔术师克里斯·拉姆齐破解最难（也最贵）的机关盒的视频资料库。

Boxes and Booze

https://www.boxesandbooze.com

斯蒂夫·坎菲尔德（Steve Canfield）的网站，有个与众不同的规矩：每个机关盒都搭配一款鸡尾酒。（顺便说一下，有少量证据表明，喝一点点酒有助于解决问题，但喝得越多这种效果就越小。）

睡美人问题

***The Best Writing on Mathematics, 2018* edited by Mircea Pitici.**

对睡美人问题最清楚的介绍，也许就是这本数学论文集中收录的彼得·温克勒（Peter Winkler）的文章。

The Halfers' side

睡美人问题的爱好者主要持两种观点：1/2说和1/3说。如果你想深入了解1/2说的观点，麦克·杰弗斯（Mike Gefers）在本书网站thepuzzlerbook.com提供了一个备忘录。

寻物解谜

Watson Adventures

https://www.watsonadventures.com

该公司策划妙趣横生的高雅寻物解谜活动，可以亲身体验（在博物馆和历史街区），也可以通过网络参与。他们的业务遍及美国50个州，还拓展到其他一些国家。另提供"解谜不死不休"（Puzzled to Death）项目，我也参与了创作。公司由布莱特·华生（Bret Watson）创建，总裁刚好是一位叫作朱莉·雅各布斯（Julie Jacobs）的了不起的人物。

MIT Mystery Hunt

麻省理工学院解谜大赛是著名的解谜马拉松，挑战性十足，每年1月举办。官方网站为puzzles.mit.edu。

下面的网站收录了自1994年开始的3000多个解谜大赛题目。

https://devjoe.appspot.com/huntindex

Room Escape Artist

https://roomescapeartist.com

这个专攻密室逃脱的网站对自己的描述十分中肯，的确"调研全面、理性，具有恰到好处的幽默"。网站创始人是大卫和丽莎·斯派拉（David and Lisa Spira），提供数百个线上、线下密室逃脱的点评，还有这类谜题的历史和破解建议。

How to Puzzle Cache **by Cully Long（2019）.**

受本书篇幅所限，我没有探讨地理藏宝这个话题，但如你所知，在这种世界范围内的寻宝游戏里，宝箱会藏在树下、墙缝等隐秘之处（宝箱里装着的可能是贴纸、塑料小饰品、笔记等——没有钻石或黄金）。很多时候，你需要解开谜题才能知道藏宝处，该书是这方面的优秀指南。

The Joyful, Perplexing World of Puzzle Hunts **by Alex Rosenthal**

精彩的TED演讲，演讲者是我的"塞泰克天文学"队友，也是TED-Ed的团队成员。

Puzzled Pint

https://www.puzzledpint.com

每月一次的线下活动，举办地点在世界各地的数十家酒吧。参与者可以获得一系列颇有难度的谜题，与朋友一起（或独自）解谜。活动于每月的第二个周二举办，如果想找到所在城市的酒吧，你需要破解活动前一个周五发布在网站上的谜题。

致　谢

来自A. J.：

我在《解谜》之前写的那本书里提到，我早上喝到的一杯咖啡有一千人的功劳，无论他们在咖啡生产的整个过程中扮演着多么不起眼的角色，我都要向他们表示谢意。如今在这本书里，我要感谢的人没有那么多，但说实话，数量也很接近。这是因为多亏有了谜题设计师、解谜爱好者、读者、编辑，以及CIA前探员等如此之多的人士的慷慨相助，我才能够写出这本书。所以接下来：

感谢本书才华横溢、创意十足的编辑吉莉安·布莱克（Gillian Blake），她拥有我所见过的最优秀的解谜思维模式，只不过她把自己大部分的解谜技巧用来修订我的手稿，而不是去做填字游戏。

还要感谢我出色的经纪人斯隆·哈里斯（Sloan Harris），没有他就不会有这本书。他第一个建议我写写自己沉迷多年的爱好。

我深深地感激皇冠出版集团的团队，成员包括但不限于艾米·李（Amy Li）、卡罗琳·雷（Caroline Wray）、黛安娜·摩西纳（Dyana Messina）、歌塞塔·史密斯（Cozetta Smith）、梅丽莎·埃斯纳（Melissa Esner）、艾米莉亚·扎尔克曼（Amelia Zalcman）、玛姬·哈特（Maggie Hart）、西蒙·沙利文（Simon Sullivan）、泰德·艾伦（Ted Allen）、大卫·戈林（David Goehring），以及尼基亚·豪威尔（Nikeeyia Howell）。

我知道，包括艺术和竞争在内的所有要素才能造就这样一本烧脑的读物。

我要感谢格雷格·普里斯卡（Greg Pliska），他是伟大的谜题设计师，也是优秀的合作伙伴，他在博学联盟（Learned League）的排名比我高出太多。我还要感谢莎拉·古德柴尔德（Sara Goodchild），她为本书设计了一个藏词游戏，让我重新喜欢上了这类谜题。

感谢维克多·奥佐尔斯（Victor Ozols），他是调研员，也是我的朋友，他知识渊博，贡献了许多笑话。还要感谢不知疲倦地搜索图片、制作图表的安妮卡·罗宾斯（Annika Robbins），代表解谜界未来的尼可·拉米雷兹（Niko Ramirez），做了许多调研、对双关语颇有心得的杰西·里夫金（Jesse Rifkin），在图片制作方面得心应手的科林·麦格里尔（Colin McGreal），才能非凡的南茜·希德（Nancy Sheed），以及约瑟夫·欣森（Joseph Hinson）和内森·托伦斯（Nathan Torrence）。

非常感谢慷慨的朋友和同事们就我的手稿提出意见，在从情节安排到英国乐队The Vapors的历史等一切方面给予我帮助，他们是：彼得·格里芬（Peter Griffin）、尼利·洛曼（Neely Lohmann）、亚历克斯·罗森塔尔（Alex Rosenthal）、彼得·戈登（Peter Gordon）、斯图尔特·吉布斯（Stuart Gibbs）、斯蒂芬·弗里德曼（Stephen Friedman）、布莱恩·塔夫特里（Brian Raftery）、保罗·夏皮罗（Paul Shapiro）、凯文·鲁斯（Kevin Roose）、莫莉·布克（Mollie Book）、安迪·博罗维茨（Andy Borowitz）、夏农·巴尔（Shannon Barr）、理查德·帕内克（Richard Panek）、斯图尔特·哈尔彭（Stuart Halpern）、坎蒂丝·布劳恩（Candice Braun）、杰克·基尔（Jake Kheel）、加里·鲁多伦（Gary Rudoren）、萨姆·艾巴尔（Sam Aybar）、亚当·杜尔塞（Adam Dorsay）、南多·佩鲁西（Nando Pelusi）、卡加·佩里纳（Kaja Perina）、吉姆·温多尔夫（Jim Windolf），以及罗根·沙利文（Logan Sullivan）。特别感谢凯兰·哈里斯（Keiran Harris）和克洛伊·哈里斯（Chloe Harris）的朗读和模仿。

来自解谜爱好者们的支持令人难以置信，他们不厌其烦地解答我有时显得很无知的问题，他们是：彼得·戈登（Peter Gordon）、泰米·麦克劳德（Tammy McLeod）、安德鲁·罗达（Andrew Rhoda）、杰瑞·斯洛克姆（Jerry Slocum）、汤姆·约翰逊（Tom Johnson）、安德鲁·杨（Andrew Young）、马可·布雷曼（Marc Breman）、斯科特·巴里·考夫曼（Scott Barry Kaufman）、詹姆斯·艾尔塔彻（James Altucher）、汤姆·伍杰克（Tom Wujec）、葆拉·塔迪（Paula Tardie）、埃德·沙伊特（Ed Scheidt）、马克·塞特杜卡提（Mark Setteducati）、内特·卡尔丁（Nate Cardin）、罗伯·斯特格曼（Rob Stegmann）、杰夫·塞沃德（Jeff Saward）、阿列克谢·鲁特（Alexey Root）、贾斯汀·卡勒夫（Justin Kalef）、大卫·费尔德曼（David Feldman）、莎拉·里克特曼（Sara Lichterman）、阿尔特·钟（Art Chung）、黛博·艾姆伦（Deb Amlen）、弗朗西斯·西尼（Francis Heaney）、布雷特·罗特斯坦（Bret Rothstein）、乔什·杰（Josh Jay）、斯蒂夫·坎菲尔德（Steve Canfield）、派特·巴塔格利亚（Pat Battaglia）、汤姆·约翰逊（Tom Johnson）、艾莉·格鲁斯金（Ellie Grueskin）、米雪尔·安·克洛（Michelle Ann Crowe）、罗斯·罗伯茨（Russ Roberts）、茱莉亚·加勒夫（Julia Galef）、约翰·斯瓦茨（John Schwartz）、乔丹·哈宾格（Jordan Harbinger）、马特·加夫尼（Matt Gaffney）、乔·波斯南斯基（Joe Posnanski）、邝大卫（David Kwong）、劳伦·罗斯（Lauren Rose）、本·巴斯（Ben Bass）、克劳斯·施梅（Klaus Schmeh）、埃里克·柏林（Eric Berlin）、斯宾塞·格林伯格（Spencer Greenberg）、克里斯·拉姆齐（Chris Ramsay）、山姆·埃泽尔斯基（Sam Ezersky）、彼得·诺威格（Peter Norvig）、柯妮利亚·雷米（Cornelia Remi）、凯伦·卡维特（Karen Kavett）、米凯拉·基纳（Michaela Keener）、尼古拉斯·里基茨（Nicolas Ricketts）、凯·惠普尔（Kay Whipple）、迈克·赖斯（Mike Reiss）、贝丽尔·雅各布斯（Beryl Jacobs）、威利·拉莫斯（Willy Ramos）、斯科特·尼科尔森（Scott Nicholson）、菲利普·柯西（Phillip Cohe）、库里·隆（Cully Long）、保罗·布鲁姆（Paul Bloom）、汤姆·库特罗菲洛（Tom Cutrofello）、迈克尔·斯隆·沃伦（Michael Sloan Warren）、布兰登·艾米特·奎格利

（Brendan Emmett Quigley）、西德妮·韦弗（Sydney Weaver）、杰西·伯恩（Jesse Born），以及哈利·方达里斯（Harry Foundalis）。

感谢与我一同进行实地考察的杰伊·柯尼斯（Jay Kernis）和玛莎·泰希纳（Martha Teichner）。感谢帮助格雷格·普里斯卡设计本书解谜竞赛的塔尼斯·奥康纳（Tanis O'Connor）、盖伊·雅各布森（Guy Jacobson）、马特·格鲁斯金（Matt Gruskin）、麦克斯·沃吉伦（Max Woghiren）。

谢谢你，威尔·肖茨（Will Shortz），你与山姆·劳埃德（Sam Loyd）一样伟大，而且比他可靠得多。既然说到这儿，我还要特别感谢《纽约时报》的在线谜题编辑团队。在过去的几个月里，他们非常准时，而且开始将第二天的填字游戏设定在晚上10：00发布，而不是在晚上10：01。我很感激你们每天晚上为我节约了一分钟的时间。

和往常一样，我要感谢罗伯·韦斯巴赫（Rob Weisbach）给了我机会，否则我今天不可能成为一名作家。

当然，还要感谢我的家人：我的母亲和父亲，他们在我小时候给我买了许多迷宫类的图书和那个（至今未被复原的）魔方。还有与我一起解谜、给我加油鼓劲的外甥女和外甥、侄女和侄子：安德莉亚（Andrea）、艾莉（Ally）、娜塔莉亚（Natalia）、亚当（Adam）、伊莎贝拉（Isabella）、米凯莱（Micaela）。

我尤其要感谢我的儿子们：

贾斯珀（Jasper），我的国际象棋和TED-ED谜语指导。

赞恩（Zane），了不起的解谜和谜题设计伙伴。

卢卡斯（Lucas），我最好的编辑和宣传人员之一。

还要感谢朱莉（Julie），我的一生挚爱（我努力想把the love of my life用回文的方式呈现出来，但只能想到"movie fly floe"，所以我这里就不抖机灵了）。

来自格雷格：

首先我要感谢我的父母，埃德和路易莎·普里斯卡（Ed and Luisa Pliska），他们培养了孩子们的好奇心，教育我们跟随着灵感自由发展。这不但是有益的生活建议，也是我解谜道路上的重要指导原则。我的父亲已经去世，我要特别感谢他容忍我早期设计填字游戏的尝试，当时我在家里那本足本词典里翻找了许多堪称最晦涩难懂的词汇。

如果没有优秀的谜题测试员，就不可能有好的谜题，我很幸运，能拥有以下三位朋友和解谜同好，他们也是我的王牌谜题测试员：约书亚·考斯曼（Joshua Kosman）、盖伊·雅各布森（Guy Jacobson）、菲丽西亚·岳（Felicia Yue）。他们让所有这些谜题变得更好，如果仍有错误或语义含糊，那都是我的责任。

如果没有威尔·肖茨的美国填字游戏锦标赛，我可能根本没有机会发现快乐又机智的解谜人群，包括全国解谜者联盟以及与我一起参加麻省理工学院解谜大赛的队友们。正是威尔令我见识到了在莫宏克山庄（Mohonk Mountain House）举办的"周末精彩单词世界"（Wonderful World of Words Weekend）的乐趣，我因此与许多文字方面的专家高手成了朋友和同事，其中就有A. J. 雅各布斯。谢谢你，A. J.，笨到邀请我一起进行这次神奇的探险！

我感激威尔和美国填字游戏锦标赛的另一个原因是，我得以结识了一位最重要的解谜者，那就是我的妻子杰西卡（Jessica），她的耐心与支持是我完成这一切的关键。她已经破解了如何忍耐我的谜题，现在我们是如何养育玛格特（Margot）和尼姬（Nicky）两个出色的孩子这一谜题的最佳解谜搭档。

图片来源

（以下为原书页码）

- 9　Courtesy of Stan Chess
- 17　Courtesy of Inkubator
- 19　Permission from © Ratselmeister | Dreamstime.com
- 20　Courtesy of Peter Gordon
- 29　Credit: Daniel Karmann / dpa / Alamy Live News
- 31　Courtesy of Jeff Varasano
- 35　Credit: Emma Weaver
- 40　Credit: Lucas Jacobs
- 58　Courtesy Clipart Library and Openclipart
- 61　(top left) Sam Loyd
- 61　(top right) Courtesy of Getty Images / Daniel Zuchnik
- 61　(bottom) Sam Loyd's Famous Trick Donkeys
- 62　Courtesy of Lilly Library, Indiana University, Bloomington, Indiana
- 66　Courtesy of Alan Mays, *May I See You Home?*
- 67　(bottle cap) Courtesy of Lee Helzer, lonestarbottlecaps.com
- 67　(boxed rebuses) Graphics by Lucas Jacobs
- 81　By permission of the British Library
- 85　Courtesy of Stave Puzzles
- 89　Courtesy of Division of Medicine and Science, National Museum of American History, Smithsonian Institution
- 90　Courtesy PA Images / Alamy Stock Photo / Sean Dempsey
- 100　Courtesy of Gregory Wild-Smith
- 103　Courtesy of Mike Boudreau
- 109　(top) Courtesy of Adrian Fisher
- 109　(bottom) Courtesy of Michelle Boggess-Nunley
- 114　Graphics by Annika Robbins

118 Image by Colin McGreal, colinmcgreal.com
126 Courtesy of Inanna Donnelley
128 Courtesy of Jim Sanborn and the CIA
131 Credit: Suzy Gorman
141 Courtesy of NASA / JPL-Caltech
145 Currier and Ives Lithograph. Courtesy of Library of Congress.
146 Courtesy of Josh Mecouch (illustrator; @ pantspants) and Sarah Adams (writer; @ sarahgadams)
148 This image is actually a reproduction of the original *Last Supper*. I used it here because Da Vinci's original is faded and harder to see.
151 Used with permission of J. Boylston & Company, Publishers.
156 The Baskin-Robbins trademark is owned by BR IP Holder, LLC. Used under license.
156 Courtesy of Toblerone
156 Courtesy of Tour de France
156 Courtesy of Oracle Corporation
157 (top) Courtesy of the Pittsburgh Zoo & PPG Aquarium
157 (middle) Courtesy of Peter de Padua Krauss
158 Courtesy of Harry Foundalis
160 Courtesy of Elisabeth Bik
162 Graphics by Lucas Jacobs
163 Image by Colin McGreal, colinmcgreal. com
171 Courtesy of Thomas Snyder / GMPuzzles. com
206 Courtesy of Steven Canfield
210 Courtesy of Kagen Sound
211 Courtesy of Kagen Sound
214 Courtesy of iStock, C taehoon bae and Gunay Aliyeva
215 Courtesy of Peter Winkler
232 Courtesy of Justin Graham
239 Courtesy of WatsonAdventures. com
240 Courtesy of Justin Graham
242 (bottom left) By Nevit Dilmen, courtesy of Creative Commons
242 (bottom right) By Yves Guillou, courtesy of Open Clip Art Library
243 Photo by Lucas Jacobs (this is not part of Wei's and Peter's collection) 244 Graphics by Lucas Jacobs
245 Courtesy of Creative Commons
248 Credit: Julie Jacobs
301 Courtesy of Inkubator
302 (top) Permission from © Ratselmeister | Dreamstime. com
306 Image by Colin McGreal, colinmcgreal. com
311 Courtesy of Thomas Snyder

新知文库

01 《证据:历史上最具争议的法医学案例》[美]科林·埃文斯 著　毕小青 译
02 《香料传奇:一部由诱惑衍生的历史》[澳]杰克·特纳 著　周子平 译
03 《查理曼大帝的桌布:一部开胃的宴会史》[英]尼科拉·弗莱彻 著　李响 译
04 《改变西方世界的 26 个字母》[英]约翰·曼 著　江正文 译
05 《破解古埃及:一场激烈的智力竞争》[英]莱斯利·罗伊·亚京斯 著　黄中宪 译
06 《狗智慧:它们在想什么》[加]斯坦利·科伦 著　江天帆、马云霏 译
07 《狗故事:人类历史上狗的爪印》[加]斯坦利·科伦 著　江天帆 译
08 《血液的故事》[美]比尔·海斯 著　郎可华 译　张铁梅 校
09 《君主制的历史》[美]布伦达·拉尔夫·刘易斯 著　荣予、方力维 译
10 《人类基因的历史地图》[美]史蒂夫·奥尔森 著　霍达文 译
11 《隐疾:名人与人格障碍》[德]博尔温·班德洛 著　麦湛雄 译
12 《逼近的瘟疫》[美]劳里·加勒特 著　杨岐鸣、杨宁 译
13 《颜色的故事》[英]维多利亚·芬利 著　姚芸竹 译
14 《我不是杀人犯》[法]弗雷德里克·肖索依 著　孟晖 译
15 《说谎:揭穿商业、政治与婚姻中的骗局》[美]保罗·埃克曼 著　邓伯宸 译　徐国强 校
16 《蛛丝马迹:犯罪现场专家讲述的故事》[美]康妮·弗莱彻 著　毕小青 译
17 《战争的果实:军事冲突如何加速科技创新》[美]迈克尔·怀特 著　卢欣渝 译
18 《最早发现北美洲的中国移民》[加]保罗·夏亚松 著　暴永宁 译
19 《私密的神话:梦之解析》[英]安东尼·史蒂文斯 著　薛绚 译
20 《生物武器:从国家赞助的研制计划到当代生物恐怖活动》[美]珍妮·吉耶曼 著　周子平 译
21 《疯狂实验史》[瑞士]雷托·U.施奈德 著　许阳 译
22 《智商测试:一段闪光的历史,一个失色的点子》[美]斯蒂芬·默多克 著　卢欣渝 译
23 《第三帝国的艺术博物馆:希特勒与"林茨特别任务"》[德]哈恩－克里斯蒂安·罗尔 著　孙书柱、刘英兰 译
24 《茶:嗜好、开拓与帝国》[英]罗伊·莫克塞姆 著　毕小青 译
25 《路西法效应:好人是如何变成恶魔的》[美]菲利普·津巴多 著　孙佩妏、陈雅馨 译

26 《阿司匹林传奇》[英]迪尔米德·杰弗里斯 著　暴永宁、王惠 译
27 《美味欺诈：食品造假与打假的历史》[英]比·威尔逊 著　周继岚 译
28 《英国人的言行潜规则》[英]凯特·福克斯 著　姚芸竹 译
29 《战争的文化》[以]马丁·范克勒韦尔德 著　李阳 译
30 《大背叛：科学中的欺诈》[美]霍勒斯·弗里兰·贾德森 著　张铁梅、徐国强 译
31 《多重宇宙：一个世界太少了？》[德]托比阿斯·胡阿特、马克斯·劳讷 著　车云 译
32 《现代医学的偶然发现》[美]默顿·迈耶斯 著　周子平 译
33 《咖啡机中的间谍：个人隐私的终结》[英]吉隆·奥哈拉、奈杰尔·沙德博特 著　毕小青 译
34 《洞穴奇案》[美]彼得·萨伯 著　陈福勇、张世泰 译
35 《权力的餐桌：从古希腊宴会到爱丽舍宫》[法]让-马克·阿尔贝 著　刘可有、刘惠杰 译
36 《致命元素：毒药的历史》[英]约翰·埃姆斯利 著　毕小青 译
37 《神祇、陵墓与学者：考古学传奇》[德]C.W.策拉姆 著　张芸、孟薇 译
38 《谋杀手段：用刑侦科学破解致命罪案》[德]马克·贝内克 著　李响 译
39 《为什么不杀光？种族大屠杀的反思》[美]丹尼尔·希罗、克拉克·麦考利 著　薛绚 译
40 《伊索尔德的魔汤：春药的文化史》[德]克劳迪娅·米勒-埃贝林、克里斯蒂安·拉奇 著　王泰智、沈惠珠 译
41 《错引耶稣：〈圣经〉传抄、更改的内幕》[美]巴特·埃尔曼 著　黄恩邻 译
42 《百变小红帽：一则童话中的性、道德及演变》[美]凯瑟琳·奥兰丝汀 著　杨淑智 译
43 《穆斯林发现欧洲：天下大国的视野转换》[英]伯纳德·刘易斯 著　李中文 译
44 《烟火撩人：香烟的历史》[法]迪迪埃·努里松 著　陈睿、李欣 译
45 《菜单中的秘密：爱丽舍宫的飨宴》[日]西川惠 著　尤可欣 译
46 《气候创造历史》[瑞士]许靖华 著　甘锡安 译
47 《特权：哈佛与统治阶层的教育》[美]罗斯·格雷戈里·多塞特 著　珍栎 译
48 《死亡晚餐派对：真实医学探案故事集》[美]乔纳森·埃德罗 著　江孟蓉 译
49 《重返人类演化现场》[美]奇普·沃尔特 著　蔡承志 译
50 《破窗效应：失序世界的关键影响力》[美]乔治·凯林、凯瑟琳·科尔斯 著　陈智文 译
51 《违童之愿：冷战时期美国儿童医学实验秘史》[美]艾伦·M.霍恩布鲁姆、朱迪斯·L.纽曼、格雷戈里·J.多贝尔 著　丁立松 译
52 《活着有多久：关于死亡的科学和哲学》[加]理查德·贝利沃、丹尼斯·金格拉斯 著　白紫阳 译

53	《疯狂实验史Ⅱ》[瑞士]雷托·U.施奈德 著　郭鑫、姚敏多 译
54	《猿形毕露：从猩猩看人类的权力、暴力、爱与性》[美]弗朗斯·德瓦尔 著　陈信宏 译
55	《正常的另一面：美貌、信任与养育的生物学》[美]乔丹·斯莫勒 著　郑嬿 译
56	《奇妙的尘埃》[美]汉娜·霍姆斯 著　陈芝仪 译
57	《卡路里与束身衣：跨越两千年的节食史》[英]路易丝·福克斯克罗夫特 著　王以勤 译
58	《哈希的故事：世界上最具暴利的毒品业内幕》[英]温斯利·克拉克森 著　珍栎 译
59	《黑色盛宴：嗜血动物的奇异生活》[美]比尔·舒特 著　帕特里曼·J.温 绘图　赵越 译
60	《城市的故事》[美]约翰·里德 著　郝笑丛 译
61	《树荫的温柔：亘古人类激情之源》[法]阿兰·科尔班 著　苜蓿 译
62	《水果猎人：关于自然、冒险、商业与痴迷的故事》[加]亚当·李斯·格尔纳 著　于是 译
63	《囚徒、情人与间谍：古今隐形墨水的故事》[美]克里斯蒂·马克拉奇斯 著　张哲、师小涵 译
64	《欧洲王室另类史》[美]迈克尔·法夸尔 著　康怡 译
65	《致命药瘾：让人沉迷的食品和药物》[美]辛西娅·库恩等 著　林慧珍、关莹 译
66	《拉丁文帝国》[法]弗朗索瓦·瓦克 著　陈绮文 译
67	《欲望之石：权力、谎言与爱情交织的钻石梦》[美]汤姆·佐尔纳 著　麦慧芬 译
68	《女人的起源》[英]伊莲·摩根 著　刘筠 译
69	《蒙娜丽莎传奇：新发现破解终极谜团》[美]让–皮埃尔·伊斯鲍茨、克里斯托弗·希斯·布朗 著　陈薇薇 译
70	《无人读过的书：哥白尼〈天体运行论〉追寻记》[美]欧文·金格里奇 著　王今、徐国强 译
71	《人类时代：被我们改变的世界》[美]黛安娜·阿克曼 著　伍秋玉、澄影、王丹 译
72	《大气：万物的起源》[英]加布里埃尔·沃克 著　蔡承志 译
73	《碳时代：文明与毁灭》[美]埃里克·罗斯顿 著　吴妍仪 译
74	《一念之差：关于风险的故事与数字》[英]迈克尔·布拉斯兰德、戴维·施皮格哈尔特 著　威治 译
75	《脂肪：文化与物质性》[美]克里斯托弗·E.福思、艾莉森·利奇 编著　李黎、丁立松 译
76	《笑的科学：解开笑与幽默感背后的大脑谜团》[美]斯科特·威姆斯 著　刘书维 译
77	《黑丝路：从里海到伦敦的石油溯源之旅》[英]詹姆斯·马里奥特、米卡·米尼奥–帕卢埃洛 著　黄煜文 译

78	《通向世界尽头：跨西伯利亚大铁路的故事》[英]克里斯蒂安·沃尔玛 著　李阳 译
79	《生命的关键决定：从医生做主到患者赋权》[美]彼得·于贝尔 著　张琼懿 译
80	《艺术侦探：找寻失踪艺术瑰宝的故事》[英]菲利普·莫尔德 著　李欣 译
81	《共病时代：动物疾病与人类健康的惊人联系》[美]芭芭拉·纳特森-霍洛威茨、凯瑟琳·鲍尔斯 著　陈筱婉 译
82	《巴黎浪漫吗？——关于法国人的传闻与真相》[英]皮乌·玛丽·伊特韦尔 著　李阳 译
83	《时尚与恋物主义：紧身褡、束腰术及其他体形塑造法》[美]戴维·孔兹 著　珍栎 译
84	《上穷碧落：热气球的故事》[英]理查德·霍姆斯 著　暴永宁 译
85	《贵族：历史与传承》[法]埃里克·芒雄-里高 著　彭禄娴 译
86	《纸影寻踪：旷世发明的传奇之旅》[英]亚历山大·门罗 著　史先涛 译
87	《吃的大冒险：烹饪猎人笔记》[美]罗布·沃乐什 著　薛绚 译
88	《南极洲：一片神秘的大陆》[英]加布里埃尔·沃克 著　蒋功艳、岳玉庆 译
89	《民间传说与日本人的心灵》[日]河合隼雄 著　范作申 译
90	《象牙维京人：刘易斯棋中的北欧历史与神话》[美]南希·玛丽·布朗 著　赵越 译
91	《食物的心机：过敏的历史》[英]马修·史密斯 著　伊玉岩 译
92	《当世界又老又穷：全球老龄化大冲击》[美]泰德·菲什曼 著　黄煜文 译
93	《神话与日本人的心灵》[日]河合隼雄 著　王华 译
94	《度量世界：探索绝对度量衡体系的历史》[美]罗伯特·P.克里斯 著　卢欣渝 译
95	《绿色宝藏：英国皇家植物园史话》[英]凯茜·威利斯、卡罗琳·弗里 著　珍栎 译
96	《牛顿与伪币制造者：科学巨匠鲜为人知的侦探生涯》[美]托马斯·利文森 著　周子平 译
97	《音乐如何可能？》[法]弗朗西斯·沃尔夫 著　白紫阳 译
98	《改变世界的七种花》[英]詹妮弗·波特 著　赵丽洁、刘佳 译
99	《伦敦的崛起：五个人重塑一座城》[英]利奥·霍利斯 著　宋美莹 译
100	《来自中国的礼物：大熊猫与人类相遇的一百年》[英]亨利·尼科尔斯 著　黄建强 译
101	《筷子：饮食与文化》[美]王晴佳 著　汪精玲 译
102	《天生恶魔？：纽伦堡审判与罗夏墨迹测验》[美]乔尔·迪姆斯代尔 著　史先涛 译
103	《告别伊甸园：多偶制怎样改变了我们的生活》[美]戴维·巴拉什 著　吴宝沛 译
104	《第一口：饮食习惯的真相》[英]比·威尔逊 著　唐海娇 译
105	《蜂房：蜜蜂与人类的故事》[英]比·威尔逊 著　暴永宁 译

106	《过敏大流行：微生物的消失与免疫系统的永恒之战》［美］莫伊塞斯·贝拉斯克斯－曼诺夫 著 李黎、丁立松 译	
107	《饭局的起源：我们为什么喜欢分享食物》［英］马丁·琼斯 著　陈雪香 译　方辉 审校	
108	《金钱的智慧》［法］帕斯卡尔·布吕克内 著　张叶、陈雪乔 译　张新木 校	
109	《杀人执照：情报机构的暗杀行动》［德］埃格蒙特·R.科赫 著　张芸、孔令逊 译	
110	《圣安布罗焦的修女们：一个真实的故事》［德］胡贝特·沃尔夫 著　徐逸群 译	
111	《细菌：我们的生命共同体》［德］汉诺·夏里修斯、里夏德·弗里贝 著　许嫚红 译	
112	《千丝万缕：头发的隐秘生活》［英］爱玛·塔罗 著　郑嬛 译	
113	《香水史诗》［法］伊丽莎白·德·费多 著　彭禄娴 译	
114	《微生物改变命运：人类超级有机体的健康革命》［美］罗德尼·迪塔特 著　李秦川 译	
115	《离开荒野：狗猫牛马的驯养史》［美］加文·艾林格 著　赵越 译	
116	《不生不熟：发酵食物的文明史》［法］玛丽-克莱尔·弗雷德里克 著　冷碧莹 译	
117	《好奇年代：英国科学浪漫史》［英］理查德·霍姆斯 著　暴永宁 译	
118	《极度深寒：地球最冷地域的极限冒险》［英］雷纳夫·法恩斯 著　蒋功艳、岳玉庆 译	
119	《时尚的精髓：法国路易十四时代的优雅品位及奢侈生活》［美］琼·德让 著　杨冀 译	
120	《地狱与良伴：西班牙内战及其造就的世界》［美］理查德·罗兹 著　李阳 译	
121	《骗局：历史上的骗子、赝品和诡计》［美］迈克尔·法夸尔 著　康怡 译	
122	《丛林：澳大利亚内陆文明之旅》［澳］唐·沃森 著　李景艳 译	
123	《书的大历史：六千年的演化与变迁》［英］基思·休斯敦 著　伊玉岩、邵慧敏 译	
124	《战疫：传染病能否根除？》［美］南希·丽思·斯特潘 著　郭骏、赵谊 译	
125	《伦敦的石头：十二座建筑塑名城》［英］利奥·霍利斯 著　罗隽、何晓昕、鲍捷 译	
126	《自愈之路：开创癌症免疫疗法的科学家们》［美］尼尔·卡纳万 著　贾颐 译	
127	《智能简史》［韩］李大烈 著　张之昊 译	
128	《家的起源：西方居所五百年》［英］朱迪丝·弗兰德斯 著　珍栎 译	
129	《深解地球》［英］马丁·拉德威克 著　史先涛 译	
130	《丘吉尔的原子弹：一部科学、战争与政治的秘史》［英］格雷厄姆·法米罗 著　刘晓 译	
131	《亲历纳粹：见证战争的孩子们》［英］尼古拉斯·斯塔加特 著　卢欣渝 译	
132	《尼罗河：穿越埃及古今的旅程》［英］托比·威尔金森 著　罗静 译	

133《大侦探：福尔摩斯的惊人崛起和不朽生命》[美]扎克·邓达斯 著 肖洁茹 译

134《世界新奇迹：在20座建筑中穿越历史》[德]贝恩德·英玛尔·古特贝勒特 著 孟薇、张芸 译

135《毛奇家族：一部战争史》[德]奥拉夫·耶森 著 蔡玳燕、孟薇、张芸 译

136《万有感官：听觉塑造心智》[美]塞思·霍罗威茨 著 蒋雨蒙 译 葛鉴桥 审校

137《教堂音乐的历史》[德]约翰·欣里希·克劳森 著 王泰智 译

138《世界七大奇迹：西方现代意象的流变》[英]约翰·罗谟、伊丽莎白·罗谟 著 徐剑梅 译

139《茶的真实历史》[美]梅维恒、[瑞典]郝也麟 著 高文海 译 徐文堪 校译

140《谁是德古拉：吸血鬼小说的人物原型》[英]吉姆·斯塔迈耶 著 刘芳 译

141《童话的心理分析》[瑞士]维蕾娜·卡斯特 著 林敏雅 译 陈瑛 修订

142《海洋全球史》[德]米夏埃尔·诺尔特 著 夏嫱、魏子扬 译

143《病毒：是敌人，更是朋友》[德]卡琳·莫林 著 孙薇娜、孙娜薇、游辛田 译

144《疫苗：医学史上最伟大的救星及其争议》[美]阿瑟·艾伦 著 徐宵寒、邹梦廉 译 刘火雄 审校

145《为什么人们轻信奇谈怪论》[美]迈克尔·舍默 著 卢明君 译

146《肤色的迷局：生物机制、健康影响与社会后果》[美]尼娜·雅布隆斯基 著 李欣 译

147《走私：七个世纪的非法携运》[挪]西蒙·哈维 著 李阳 译

148《雨林里的消亡：一种语言和生活方式在巴布亚新几内亚的终结》[瑞典]唐·库里克 著 沈河西 译

149《如果不得不离开：关于衰老、死亡与安宁》[美]萨缪尔·哈灵顿 著 丁立松 译

150《跑步大历史》[挪]托尔·戈塔斯 著 张翎 译

151《失落的书》[英]斯图尔特·凯利 著 卢葳、汪梅子 译

152《诺贝尔晚宴：一个世纪的美食历史（1901—2001）》[瑞典]乌利卡·索德琳德 著 张婍 译

153《探索亚马孙：华莱士、贝茨和斯普鲁斯在博物学乐园》[巴西]约翰·亨明 著 法磊 译

154《树懒是节能，不是懒！：出人意料的动物真相》[英]露西·库克 著 黄悦 译

155《本草：李时珍与近代早期中国博物学的转向》[加]卡拉·纳皮 著 刘黎琼 译

156《制造非遗：〈山鹰之歌〉与来自联合国的其他故事》[冰]瓦尔迪马·哈夫斯泰因 著 闾人 译 马莲 校

157《密码女孩：未被讲述的二战往事》[美]莉莎·芒迪 著 杨可 译

158 《鲸鱼海豚有文化：探索海洋哺乳动物的社会与行为》［加］哈尔·怀特黑德［英］卢克·伦德尔 著　葛鉴桥 译

159 《从马奈到曼哈顿——现代艺术市场的崛起》［英］彼得·沃森 著　刘康宁 译

160 《贫民窟：全球不公的历史》［英］艾伦·梅恩 著　尹宏毅 译

161 《从丹皮尔到达尔文：博物学家的远航科学探索之旅》［英］格林·威廉姆斯 著　珍栎 译

162 《任性的大脑：潜意识的私密史》［英］盖伊·克拉克斯顿 著　姚芸竹 译

163 《女人的笑：一段征服的历史》［法］萨宾娜·梅尔基奥尔－博奈 著　陈静 译

164 《第一只狗：我们最古老的伙伴》［美］帕特·希普曼 著　卢炜、魏琛璐、娄嘉丽 译

165 《解谜：向18种经典谜题的巅峰发起挑战》［美］A.J.雅各布斯 著　肖斌斌 译